BELLA TOSCANE

Vertaald door Dons Reerink

Frances Mayes

BELLA TOSCANE

Het zoete leven in Italië

1999 Prometheus Amsterdam

Eerste druk mei 1999
Tweede druk juli 1999
Derde druk augustus 1999
Vierde druk augustus 1999

Oorspronkelijke titel *Bella Tuscany*
© 1999 Frances Mayes
© 1999 Nederlandse vertaling Uitgeverij Prometheus en Dons Reerink
Omslagontwerp Tessa van der Waals
Foto omslag Paolo Busato, Florence
ISBN 90 5333 793 8

Voor Edward

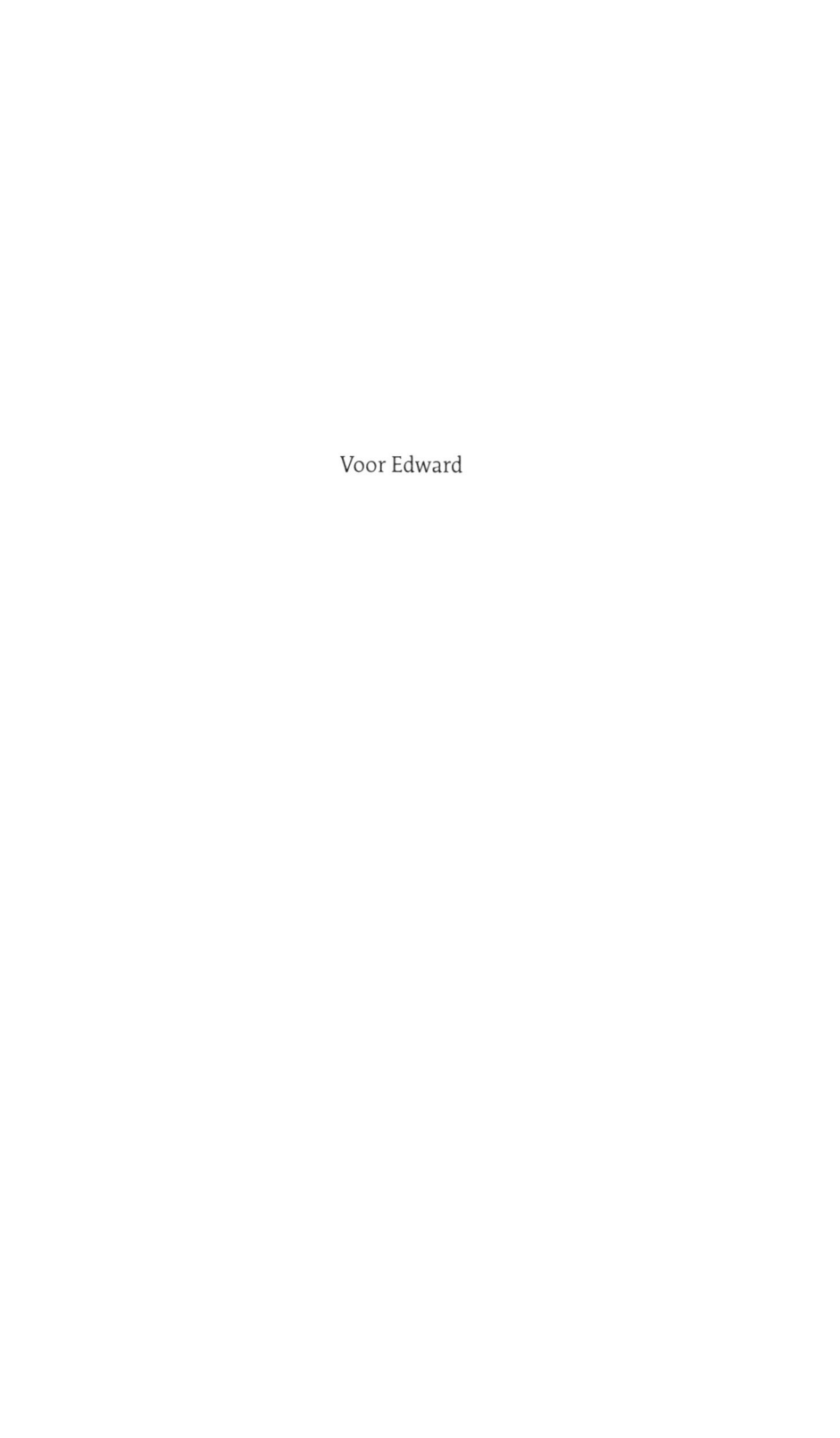

WOORD VOORAF

❧

Als ik de bakkerij binnenkom word ik plotseling omgeven door de warme geuren van pasgebakken brood. 'Leuk dat u er weer bent,' zegt een vrouw uit Cortona tegen me. Ik ben de avond tevoren uit Californië aangekomen – een beproeving van twintig uur – en zie er misschien versuft uit, want ze vraagt: 'Wat doet u aan de jetlag?'

'Die laat ik meestal gewoon uitwoeden. Ik ben zo blij dat ik hier ben dat ik er niet veel van merk – ik sta gewoon een paar dagen 's morgens om vier uur op. Wat doet u eraan?'

'Ik staar naar de zonsondergang. Dan weet het lichaam hoe laat het is.'

Ik glimlach alleen, maar in gedachten maak ik een buiginkje voor haar. Misschien leven we in een kleine wereld, misschien bestaat er een wereldeconomie, en misschien smelten we langzaam samen in één pot, maar in landelijk Italië heeft het dagelijks leven nog een totaal eigen karakter. Neem op een willekeurige plaats een steekproef: het blijft puur Italiaans.

Als Beppe, die ons met de tuin helpt, zegt: '*La luna è dura*,' de maan is hard, en dat we vandaag de uien moeten oogsten, weet ik weer dat de maan de scepter zwaait. 'Maar we moeten pas sla zaaien *quando la luna è tenera*,' als de maan zacht is, gaat hij door. Als ik naar de stad loop om koffie te drinken zie ik een ober naar buiten komen met een kom water voor de hond van een klant. Boven me hoor ik: '*Buon giorno, una bella giornata*,' goedemorgen, mooi weertje vandaag. Een stokoude man, die in een toestand van tevreden dementie is geraakt, hangt wuivend en roepend uit zijn raam op de eerste verdieping. Iedereen groet hem even enthousiast. Winkeliers sprenkelen met gieters water rond hun ingangen, glippen de bars in om vlug een kop koffie te drinken, laten hun winkels onbewaakt achter, de deuren open. Na een lui halfuur met een cappuccino en een roman wil ik betalen en krijg te horen dat Simonetta dat al heeft gedaan. Simonetta? De uiterst rustige vrouw die een parfumerie heeft waar ik weleens zeep en lotion koop. Zo'n vriendelijk hoffelijk gebaar komt vaak voor.

In de *frutta e verdura* van Matteo en Gabriella zie ik de eerste mand hazelnoten met de kraagjes er nog om. Het seizoen is aan het veranderen en binnenkort zullen alle heerlijke perziken en paprika's plaats maken voor citrusvruchten en bloemkool, een totaal ander assortiment. 'Kijk,' zegt Matteo, 'de groene walnoot.' Hij kraakt hem, haalt er voorzichtig het velletje af en geeft me een glad ivoorkleurig stukje. 'U moet ze binnen drie of vier dagen opeten. Daarna zijn ze te droog.' Ik ken de smaak van groene walnoten wel. Toen ik klein was, perste onze kokkin Willie Bell er het sap uit en wreef dat in mijn handen als ik uitslag had van gifsumak of dauwworm. De verse walnoten zijn gouden balletjes, een beetje vochtig. 'Heel goed tegen een te lage bloeddruk,' gaat Matteo door, 'maar eet er niet te veel van, want dan gaat je temperatuur omhoog.'

En zo begint er een nieuwe dag in deze Toscaanse heuvelstad. Toen ik naar Italië kwam verwachtte ik avontuur. Op de intens zoete vreugde van het dagelijks leven – *la dolce vita* – had ik helemaal niet gerekend.

In *Een huis in Toscane*, mijn eerste boek met herinneringen, heb ik de ontdekking van Bramasole, een verlaten huis onder een Etruskische muur, beschreven. De prachtige heuvelstad Cortona leren kennen, de opwinding van koken in een vreemd land, de intense inspanning om een huis voor verval en het land voor verwildering te behoeden, en de kennismaking met de mensen hier – die genoegens vormden de omlijsting van het dieper gaande genoegen: leren hoe je een nieuw leven moet leiden. Zelfs de naam van het huis trok me hierheen: Bramasole, iets wat vurig verlangt naar de zon, en dat deed ik inderdaad.

Ik loop van het ene raam naar het andere en neem de uitzichten in me op: toen ik de laatste zin van *Een huis in Toscane* opschreef, schreef ik de eerste zin van *Bella Toscane*. Ik wist dat ik aan het begin stond van mijn ervaring met Italië, zowel de innerlijke ervaring als de uiterlijke. Uitzichten – ze zijn zo afwisselend. Vanuit mijn raam op de eerste verdieping zie ik de groene uitgestrektheid van de Apennijnen. Waar de beboste hellingen naar het dal aflopen, beginnen olijfgaarden, en zacht gekleurde natuurstenen boerenwoningen met pannendaken verankeren elk boerenbedrijf aan het land. Dit uitzicht is tijdloos, op de turkooise postzegel heel in de diepte na: het zwembad van vrienden. Uitkijken – uitkijken naar Italië! In het noorden, zuiden, oosten en westen zie je de bekoring van het hele land. Ik ken het nu, na verschillende seizoenen reizen, beter. Ik ben naar de hiel, naar Sicilië, geweest, naar de waterige uitgestrektheden van de Veneto. Ik ben verliefd geworden op Verona, Basilicata, het Marchégebied, Bellagio, Asolo, Bologna, en steeds meer op de kasteelstadjes rond het Trasimenomeer, dat ik vanaf mijn terrein kan zien.

In concentrische cirkels vanuit Bramasole reizend krijg ik meer inzicht in de eindeloze complexiteit en rijkdom van dit land. Tegelijkertijd brengen mijn reizen me terug naar dit eigenzinnige, roze en abrikooskleurige huis uitziend over de vallei. Omdat ik het als een paradijs ervaar blijf ik eraan werken om dat er ook van te maken. Tuinieren is iets wat ik altijd graag heb gedaan op een grillig niveau. Ik was niet zozeer geïnteresseerd in tuinieren zelf als wel in de effecten – bloembedden die precies op tijd bloeiden – en in het ontwerp van de tuin: waar grote potten moesten staan en hoe je moest zorgen dat je vanuit de ramen uitzicht had op een mooi scala van kleuren. Nu ben ik bekeerd. Ik laat me leiden door het onafgebroken ritme van de tuin. Ik composteer koffiedik en aardappelschillen. Ik heb geleerd om twee keer te spitten.

Ed en ik hebben met twee mannen die alles over de grond weten uitgebreide kruiden- en groentetuinen geschapen. We houden rekening met de verre toekomst door kastanjes, cipressen en naaldbomen te planten – bomen die tijd vergen – en ook de wat bekoorlijker en sneller goed ogende granaatappel-, kersen- en perenbomen. Een bezoek aan een kwekerij eindigt altijd met de aankoop van nog een geurige roos. Als het regent, wordt weer een andere geur geactiveerd: de scherpe, dampende reuk van schapenmest, die door een slimme

Sardinische schaapherder op het tweede terras, net boven de huiskamer, wordt afgeleverd. We kunnen de boordevolle zakken niet verplaatsen, dus verhuizen wij naar de andere kant van het huis als het regent.

Eens leek het kopen van een huis dat ruim tienduizend kilometer van mijn woonplaats lag een enorm risico. Nu wonen we hier gewoon. Hoe moet je geluk meten? Elk geliefd huis waarin je persoonlijk veel werk hebt gestoken, voelt aan als een verlengstuk van jezelf. Veel mensen hebben me verteld dat ze, toen ze in Italië aankwamen, tot hun eigen verbazing dachten: *ik ben thuis*. Toen ik voor de eerste keer hier was had ik dat gevoel ook. Nu is dat gevoel veel sterker geworden. En, net als ten opzichte van iemand die je dierbaar is, heb ik dat meer griezelige gevoel: *zonder jou kan ik niet leven*. Intussen staat het huis daar gewoon, onverschillig, in het veranderende licht en weer.

Cortona
1 september 1998

PRIMAVERA

❖

Wat een geluk dat de schaduwen van de cipressen in brede banen over de door de zon beschenen weg vallen; wat een geluk dat ik op de eerste dag dat ik weer in Cortona ben een timmerman met planken zie lopen; zijn cyperse kat, balancerend op zijn schouders, staart recht omhoog, deint mee als een surfer. De timmerman gooit het hout op een zaagbok en begint te fluiten. De kat buigt mee met zijn bewegingen – een werkkat. Ik blijf even staan kijken en loop dan de stad in om een cappuccino te drinken. *Dankjewel*, denk ik. Wat een geluk dat de gele gloed van forsythia de heuvels doet oplichten. Na zeven zomers op dit terrasvormige land welt er in Ed en mij plotseling een geluksgevoel op als we de sleutel van de voordeur omdraaien. Ik ben betoverd door de rondingen van de Apennijnen, door dit eigenzinnige huis dat de zon opzuigt, door de dagelijkse ritmen van het leven in een Toscaanse heuvelstad. Hij is tot over zijn oren verliefd op de grond. Hij kent nu de gewoonten van elke olijfboom.

Wat een geluk. Anders zouden we tien minuten na aankomst misschien een bordje TE KOOP aan het hek willen hangen, want geen van de twee putpompen werkt: de schakelaar van de oude put maakt een schurend geluid, die van de nieuwe zoemt. We turen in het reservoir – er is ten minste genoeg water voor een paar dagen.

Toen ze zes jaar geleden de pomp in de nieuwe put lieten zakken, verwachtte ik hem nooit meer te zien. Nu, op onze eerste ochtend, trekken drie loodgieters met inspanning van al hun krachten touwen omhoog, hun hoofden in de put. Het is een joekel van een ding. Dan gaat Giacomo op de muur van de put staan met de anderen naast zich. Ze tellen *uno, due, tre,* en hup! Algauw hebben ze vloekend en lachend alles uitgetrokken behalve hun broek. Daar komt de pomp omhoog, en Giacomo valt bijna achterover. Ze dragen het apparaat naar de truck.

De pomp van de oude put – die vorig jaar net is vervangen – rukken ze er met gemak uit. Het roestige geval komt naar boven met bengelende vijgenboomwortels en wordt bij aankomst dood verklaard. Waarom? Ze beginnen de leidingen op te graven. Tegen het middaguur ligt het tuinpad in puin, zijn er sloten in het grasveld gegraven, en is het raadsel opgelost. Muizen hebben het isolatiemateriaal van de leidingen opgegeten. Waarom zouden ze plastic eten als ze hazelnoten en amandelen kunnen krijgen? Er is kortsluiting ontstaan in de pompen.

De pomp van de nieuwe put blijkt ook dood te zijn. Verschroeid. Kapot. Op de derde dag hebben we nieuwe pompen, nieuwe, met silicium geïsoleerde leidingen – wat de oorspronkelijke elektricien had verzuimd – grote hoeveelheden water, een opgelapt tuinpad en een geplunderde bankrekening. Als muizen plastic eten, waarom zouden ze dan van silicium afblijven?

Wat een geluk dat we 's avonds fazant met gebakken aardappels te eten krijgen in de *trattoria* op de heuvel, en dat begin maart het donker miljoenen fonkelende sterren uitstrooit. Anders zou onze nieuwe lijst afschrikwekkend kunnen lijken: nieuw gras, bomen snoeien, een schuur bouwen voor gereedschap, twee oude badkamers renoveren, een nieuwe septic tank, luiken schilderen, bureau kopen en iets met ruimte om kleren in te hangen, bomen planten, tuin uitbreiden.

Primo Bianchi, een metselaar die hier heel veel werk heeft gedaan tijdens onze restauratie, komt over de projecten praten. Hij kan in juli beginnen. 'In januari ben ik hier het dak op geweest,' vertelt hij. 'Uw vriendin Donatella belde en zei dat het ergens lekte.' We hebben de vlek op de gele muur van mijn studeerkamer gezien. 'Het kwam door de wind. Er waren een paar pannen van het dak gewaaid. Toen ik 's middags aan het werk was, stak de wind weer op en toen waaide mijn ladder om.'

'Nee toch!'

Hij lacht, wijst met beide wijsvingers naar de grond, het gebaar dat betekent: *laat het hier niet gebeuren*. 's Winters wordt het vroeg donker. Ik stel me hem voor: met zijn rug tegen de schoorsteen zit hij op de koude pannen, zijn bleekblauwe ogen turen naar de weg beneden, zijn haren staan overeind door de wind. 'Ik wachtte. Er kwam niemand langs. Toen een auto, maar die hoorde me niet. Na ongeveer twee uur liep er een vrouw voorbij en ik riep om hulp. Dit huis had al zo lang leeg gestaan – ze dacht dat ik een geest was en schreeuwde het uit toen ze me zag. U moet binnenkort over een nieuw dak gaan denken.'

Hij neemt met stappen de maat op van de buizen die we nodig zullen hebben voor het nieuwe afvoersysteem. Het lijkt wel een plan voor een loopgravenoorlog. 'Als u in juli alles in huis wilt hebben moet u snel de materialen voor de badkamers bestellen.'

Gelukkig is het huis gerestaureerd – centrale verwarming, nieuwe deuren, afgewerkte keuken, één prachtige badkamer, opnieuw bewerkte balken, blikken nieuwe verf, herbouwde stenen muren, aangepaste *cantina*, kelder voor olie en wijn. Anders zouden deze nieuwe projecten veel weg hebben van de restauratie zelf. 'Bij oude huizen kun je wel denken dat je ermee klaar bent,' zegt Primo tegen ons, 'maar ze zijn nooit klaar met jou.'

Zachte lentelucht, een vreugde-elixer om gewoon in en uit te ademen. Op de terrassen ontstaan snelle stroompjes. Ik trek mijn schoenen uit en baad mijn voeten in het koude, koude water. Op de rotsachtige heuvels schieten glanzend groene varens op. Een jong hagedisje rent over mijn teen en ik voel de greep van de piepkleine voetjes.

Primavera, eerste groen, en het natte gras glinstert. Een Europese lente, mijn eerste. Ik heb alleen gelezen over de bloeiende kastanjes van Proust, de lindelanen van Nabokov, de dubbelrode viooltjes van Colette. Maar niemand heeft me ooit verteld over kweeperen, hun plotselinge roze gloed tegen stenen muren. Niemand heeft gezegd dat lentewinden ineens moorddadig kunnen worden. Niemand heeft het over seringen gehad, en op de een of andere manier heb ik tijdens mijn zomers in Italië de hartvormige bladeren nooit opgemerkt. Nu zie ik dat de Toscaanse heuvels bezaaid zijn met enorme witte of rookkleurige seringenstruiken. In de buurt van ons huis leidt een seringenhaag naar een verlaten boerderij, en in de regen snijd ik armen vol natte takken af om al mijn kannen en vazen mee te vullen. Meer dan bij welke bloem ook lijkt het bedwelmende parfum ervan op de geur van herinneringen, die me terugtrekken naar mijn studietijd in Virginia en mijn eerste kennismaking met de geur van seringen, die in het warme klimaat van mijn ouderlijk huis in Georgia niet groeiden. Ik weet nog dat ik dacht: *hoe kan ik achttien jaar hebben geleefd zonder dit te kennen?* Ik was smoorverliefd op mijn professor filosofie – getrouwd met drie kinderen – en ik draaide steeds maar weer Harry Belafonte: *green grow the lilacs sparkling with dew.* Het raam van mijn kamer keek door een wirwar van kreupelhout uit op de rivier de James. *Springtime is here and it's here without you.* Dat hij zelfstrijkende overhemden droeg, weet ik botweg aan zijn vrouw; dat hij een lange sliert haar over zijn kale schedel kamde, probeerde ik over het hoofd te zien.

Langs de spontaan opborrelende bronnen bloeien viooltjes, die met de verstikkend zoete geur. Op de randen van de terrassen staan massa's vanzelf opkomende dubbele narcissen, *tromboni* in het Italiaans. Langs de boventerrassen drijven de vage wolken meidoorn (*biancospino*, witte meidoorn, of *topospino*, muizenprikker, zoals ze plaatselijk worden genoemd), en daaronder blijven de fruitbomen zichzelf overtreffen. We gaan niet maaien – het weelderige gras wordt bedolven onder witte kamille en margrieten.

Wat is toch dat geluksgevoel dat in golven over ons heen blijft komen? Tijd, tijd als geschenk, de vrije loop van tijd – en Italië bezit er zoveel van. Omdat ik uit het zuiden kom ben ik eraan gewend dat mensen over de Burgeroorlog praten alsof die pas tien jaar geleden is gevoerd. In het zuiden wordt ook gepraat over de mensen die allang dood en begraven zijn. Soms dacht ik dat moeder Mayes weer zou binnenkomen, met haar poederige lavendelgeur, haar sponsachtige lichaam dat ik onder de voile bloemetjesjurk kon voelen. Hier praten ze over Hannibal. Hannibal die hierlangs is getrokken en in 217 voor Christus tegen de Romein Flaminio heeft gevochten. In alle heuvelsteden worden toernooien, bruiloften of veldslagen herdacht die honderden jaren geleden hebben plaatsgevonden. Misschien draagt het feit dat ze zo veel tijd achter zich hebben bij aan het andere tijdsgevoel dat ik in Italië in me opzuig. Geleidelijk laat ik me op de tijd meedrijven. Thuis, in Californië, ga ik ertegen in. Ik heb altijd mijn agenda vol briefjes en visitekaartjes bij me, elke dag volgekrabbeld met afspraken. Soms, wanneer ik naar de komende week kijk, weet ik dat ik die gewoon moet zien door te komen. Zo veel afspraken te hebben, zo vast te zitten, geeft het gevoel dat je leegloopt. Als ik mijn wekelijkse lijst opmaak van dingen die ik moet doen, weet ik dat ik me het vuur uit de sloffen zal moeten rennen om het allemaal voor elkaar te krijgen. Ik heb geen tijd om mijn vrienden op te zoeken, en als ik het dan eens doe hoop ik dat ik het kort kan houden, omdat ik weer aan het werk moet. Ik lees over een Amerikaanse arts die in het snelwegverkeer melk uit haar borsten pompt om haar baby borstvoeding te kunnen blijven geven en tegelijkertijd haar artsenpraktijk uit te oefenen. In de *Wall Street Journal* stond een advertentie voor telefonisch bestelbare verlovingsringen voor stellen die geen tijd hebben om te winkelen. Ben ik er net zo erg aan toe?

Een *sabbatical*, wat een beschaafd idee. Alle banen zouden het moeten hebben. Dit jaar hebben Ed en ik allebei dit gezegende verlof, zodat we, samen met de zomervakantie, zes maanden in Italië kunnen doorbrengen. Dit is mijn eerste verlof in twintig jaar doceren, dus wil ik me er iedere dag in koesteren. Wakker worden zonder ergens heen te moeten, en over de terrassen zwerven om te zien wat er gaat bloeien, lijkt een *paradiso*. Binnenkort gaan de wilde irissen open. Het lijkt wel of hun puntige, gekneusd-blauwe kopjes omhoogkomen terwijl ik sta te kijken. Narcissen, op het punt glorieus open te barsten, tieren welig. De knoppen stralen al geel licht uit.

Elke dag word ik verbijsterd door iets nieuws en ben ik verbijsterd dat dit huis met zijn grond, dat ik door mijn verblijven in de zomer en in december dacht te kennen, me blijft verbazen. Toen we op 15 maart in Florence uit het vliegtuig stapten, was het 21 graden, en zo is het gebleven, alleen was er zo nu en dan wat wind. Nu krijgen de perenbomen na hun bloesem blad. Terwijl witte bloemblaadjes vallen of dwarrelen – ik herinner me dat ik het als kind lilaroze hoorde noemen – schieten nieuwe blaadjes krachtig te voorschijn. Door die energie zijn de takken van alle oude vijgenbomen en de twijgen van de spichtige granaatappel die we net hebben geplant, gezwollen.

Geluk? Het moet een lentegroene kleur hebben, onmogelijk te beschrijven, tot ik een pas uit het ei gekropen hagedis zie zonnen op een steen. Die kleur, de glanzend groene hagedissenhuid, herhaalt zich in elk nieuw blaadje. 'De kracht die de bloem door de groene lont drijft...' heeft Dylan Thomas geschreven. Hij heeft de woorden 'lont' en 'kracht' uitstekend gekozen – de vernieuwende kracht van de natuur ontploft in elke spriet, stengel, tak. Als ik in de zachte zon aan het werk ben voel ik de groene lont van mijn lichaam ook. Vlagen energie, caleidoscopisch zonlicht door de bladeren, de zachte bries die maakt dat ik het woord 'zefier' wil uitspreken – deze gedachteloze eenvoud kan geluk worden genoemd.

Op Bramasole heeft een gewichtige verandering plaatsgevonden. Aan het eind van de vorige zomer heb ik signor Martini gevraagd: 'Kunt u iemand zoeken om voor de tuin te zorgen?' We gingen weg en hadden niemand om in onze tuin de teugelloze natuurkrachten in bedwang te houden. Francesco en Beppe, die dit land al enkele jaren hebben bewerkt, willen alleen zorgen voor fruitbomen, druiven en olijven. We hebben Beppe eens gevraagd om het gras te maaien. Hij ging met zijn bosmaaier tekeer alsof hij braamstruiken uit de weg ruimde en toen hij klaar was, leek het grasveld wel een zandkuil. Toen Francesco en hij de grasmaaier zagen die Ed had aangeschaft, deinsden ze achteruit en zeiden: '*No, no, professore, grazie.*' Als mannen van het land zagen ze zich geen kleine, zoemende maaier over een grasveld duwen.

Signor Martini, die ons het huis heeft verkocht, kent iedereen. Misschien wilde een vriend van hem wel een parttime baan.

Hij duwde zijn bureaustoel achteruit en wees naar zijn borst. '*Io,*' verklaarde hij, 'ik zal voor de tuin zorgen.' Hij haalde een ingelijst iets van de muur boven zijn bureau, blies het stof van de bovenkant, en hield ons zijn landbouwdiploma voor. In een hoek van de lijst zat een kleine foto van hemzelf, twintig jaar oud, met zijn hand op het achterwerk van een koe. Hij is op een boerderij opgegroeid en heeft het plattelandsleven dat hij als kleine jongen heeft gekend altijd gemist. Na de Tweede Wereldoorlog verkocht hij varkens voordat hij naar de stad verhuisde en makelaar werd. Omdat hij in aanmerking komt voor een pensioen was hij van plan zijn kantoor aan het eind van het jaar te sluiten en op een groot landgoed als huisbewaarder te gaan werken, legde hij uit. Omdat zo veel Italianen al gaan werken voor ze twintig zijn, worden ze op betrekkelijk jonge leeftijd *pensionato*, gepensioneerd. Hij wilde een andere koers gaan varen.

Meestal komen we eind mei aan, en dan is het te laat om groenten te zaaien. Tegen de tijd dat we een stuk land hebben gewied, de grond hebben omgespit en zaden hebben gekocht, is het zaaiseizoen voorbij. We kijken verlangend naar de *fagiolini*, snijbonen, die in de tuinen van onze buren tegen wigwams van bamboe op klimmen. Als een paar tomatenplanten toevallig onze onhandigheid en de vertraging overleven, zitten we op de ochtend van ons vertrek naar San Francisco naar de kleine groene bobbels te staren, terwijl we ons hoofd schudden omdat onze droom – heerlijke, door eigen inspanning verkregen tomaten plukken – niet in vervulling is gegaan.

Nu is signor Martini veranderd in een tuinman. Hij komt hier een paar keer per week werken, en vaak brengt hij zijn schoonzuster mee.

Bij elke dag hoort een bezoek aan een kwekerij – binnen een straal van dertig kilometer hebben we ze allemaal bezocht – of een wandeling over de terrassen en door de tuin waarbij we schetsen maken van mogelijke tuinen. Door de winterregens is de grond zacht geworden, zodat ik onder het lopen een beetje wegzak. Omdat we hier op tijd zijn, streef ik ernaar om de meest buitensporige, opzichtige, weelderige tuin aan deze kant van de Boboli in Florence te hebben. Ik wil dat elke vogel, vlinder en bij in Toscane wordt aangetrokken door mijn lelies, surfinia's, jasmijn, rozen, kamperfoelie, lavendel en anemonen, en door de honderd geuren die eruit opstijgen. Hoewel er nog kans is op nachtvorst, kan ik het nauwelijks laten om aan het planten te gaan. In de kassen van de kwekerijen kom ik door de vochtige lucht en het bedwelmende effect van felgekleurde geraniums, hortensia's, petunia's, balsemien, begonia's en tientallen andere rozerood- en koraalkleurigen in de verleiding om de auto onmiddellijk vol te laden.

'Hé, rustig aan,' zegt Ed. 'We moeten alleen kopen wat we nu kunnen planten: lavendel, rozemarijn en salie.' Die moeten de planten vervangen die zijn beschadigd door de verlammende winterbui, waarbij het in één dag tijd sneeuwde, dooide en weer opvroor. 'En we kunnen nu meteen meer bomen planten. We hebben tijd genoeg.'

Tijd genoeg. Die woorden klinken me als muziek in de oren.

De kwekerij heeft vijf cipressen, twee perenbomen, een kersenboom, een perzikboom en twee abrikozenboompjes bezorgd. Ze liggen langs de oprit, in afwachting van Francesco en Beppe, die al ruzie hebben gehad over de vraag waar elke boom de juiste hoeveelheid zon krijgt. Ze hebben de olijven, die ook van de zware vorst te lijden hebben gehad, gesnoeid. Ze zijn met een ladder snel de terrassen langs gegaan, hebben zonder pardon zwart bevroren takken afgesneden en ons toen meegenomen voor een inspectieronde om elke boom te controleren op schade. We staan voor een magere olijfboom op het eerste terras. Ze schudden treurig hun hoofd, alsof het om een overleden vriend gaat. Ed heeft er ook verdriet van, want de gesneuvelde boompjes heeft hij drie jaar geleden zelf geplant. Van de overlevende jonge olijven zijn de meestal glimmende blaadjes droog. Het ergst is een gespleten bast; hoe verder de barst naar beneden doorloopt, hoe groter de schade. Waar de bast helemaal onder aan de stam is gespleten, schudden de mannen hun hoofd en zeggen zacht: '*Buttare via.*' Die moet eruit. We zullen er minstens tien moeten uitgraven; bij andere bomen weten ze het niet zeker – afwachten hoe het loopt. Een paar magere blaadjes aan de ene, scheuten onder aan een andere geven net genoeg hoop om ze te laten staan. Op de lagergelegen hellingen van de stad en in het dal zien veel boomgaarden er dood uit, en mannen zagen met grimmige gezichten dikke takken af. Het doet pijn, maar de les die ze van de recordlage temperaturen in 1985 hebben geleerd is dat de bomen uiteindelijk weer bijkomen als je ze maar zwaar snoeit.

Niets is heiliger dan de olijfboom. Francesco kijkt naar twee eiken op de olijventerrassen en schudt zijn hoofd. 'Goed voor de haard. Te veel schaduw voor de olijven.' Ed spreekt hem niet tegen, maar wijst er ook heel nadrukkelijk op dat de bomen ter wille van mij moeten blijven staan. Onder één ervan heb ik een houten bank en daar zit ik graag te lezen. Anders zouden we op een dag bij thuiskomst weleens kunnen merken dat de bomen zijn gerooid, omdat Francesco aannam dat we het ermee eens waren. Ik krijg de schuld van alle omleidingen van de bosmaaier vanwege bloemen en van elke beslissing die in strijd is met de vanzelfsprekende rechten van olijven en druiven. Ed zou bepaald zijn gezicht verliezen als ze vermoedden dat hij een veldbloem, die op de tractorroute staat, verplant. De mannen zijn de hele ochtend bezig met snoeien en bemesten. Beppe en Francesco binden elke nieuwe cipres tegen een reusachtige staak. Tussen de stut en de boom stoppen ze een handvol gras om te voorkomen dat de staak de tere stam kerft.

Hoewel mijn kruidenhaag en het hangende blauwe loodkruid bij het reservoir in december totaal zijn doodgevroren, maakt de zachte, verrukkelijke vroege lente veel goed. De laurierhaag die Ed niet mooi vindt, terwijl hij het niet over zijn hart kan verkrijgen om hem er uit te gooien, heeft het natuurlijk uitstekend gedaan. We werken de hele ochtend: hakken, uitgraven en de verdroogde planten verwijderen. Ik voel mijn nek en armen rood worden. Is de wind zacht? Of voel ik zijn scherpe oorsprong in de Zwitserse Alpen?

Verreweg het zwaarste verlies is een van de twee palmbomen die aan weerskanten van de voordeur staan. De ene ziet er beter uit dan ooit. De andere is nu een hoge stam met een bruine waaier, die er verloren bij hangt. Vanuit mijn studeerkamerraam op de tweede verdieping zie ik een groen blad te voorschijn komen. Het is maar een hand breed en ziet er niet veelbelovend uit.

We noemen signor Martini nu Anselmo. Hij arriveert in zijn makelaarskleren, in zijn grote Alfa en schreeuwend in zijn *telefonino*, maar algauw komt hij weer te voorschijn uit de *limonaia*, veranderd in een boer – hoge rubberlaarzen, flanellen hemd en een pet. Wat ik niet had verwacht, is dat hij zo compleet de leiding over zou nemen. 'Niet aankomen!' waarschuwt hij. 'Als je de bladeren aanraakt terwijl er dauw op zit, gaan de planten dood.' Ik schrik; hij zegt het zo nadrukkelijk.

'Waarom?'

Hij zegt nog eens hetzelfde. Geen reden. Meestal hebben deze uitspraken wel enige grond. Misschien worden bepaalde schimmels gemakkelijker overgebracht – of zoiets logisch.

'Wat is dat?' vraag ik, en ik wijs naar de welig tierende, kniehoge planten die hij op het derde terras heeft gezet. 'Het zijn er zoveel.' Ik laat mijn blik over de rijen gaan; acht rijen van tien – tachtig planten. Hij heeft verzuimd me te raadplegen over deze ingrijpende uitbreiding van de tuin. Tot nog toe hadden we aardappels, sla, basilicum.

'Baccelli,' antwoordt hij. 'Om bij verse *pecorino* te eten.'

'Wat zijn baccelli?'

Hij is voor zijn doen ongewoon zwijgzaam. '*Baccelli sono baccelli.*' Ze zijn wat ze zijn. Hij blijft onkruid weghakken, haalt zijn schouders op.

Ik zoek het woord op in het woordenboek, maar er staat alleen 'peulen', dus bel ik mijn vriendin Donatella op. 'Ah, si, i baccelli, zoals wij ze noemen – het zijn *fave* die hij heeft geplant, maar in het plaatselijk dialect betekent *fava* penis, en dat woord wilde hij vast niet tegen je zeggen.'

De baccellibloemen zijn tere witte vleugels met een tweede paar bloembladen erin, allemaal gemerkt met een purperzwarte stip. Ik bekijk de bladeren, op zoek naar de donkere aderen die de letter vormen, waardoor de Grieken de fava als gevaarlijk en ongeluk brengend beschouwden, omdat *thanatos* (dood) ook met een thêta begint. Tot nog toe zijn de bladeren gewoon groen en krachtig.

Tijdens onze afwezigheid heeft Anselmo genoeg groenten voor een paar families geplant. Twee terrassen zijn veranderd in een enorme tuin. Een Sardinische schaapherder heeft hem vijftien grote zakken schapenmest verkocht, die hij in de grond werkt. Tot nu toe heb ik, behalve de tachtig favaplanten, veertig aardappelplanten, twintig artisjokken, vier rijen snijbiet, een lapje grond met wortels, een groot bed uien, genoeg knoflook voor alle *ragù* in Cortona, en een prachtige driehoek sla geteld. Hij heeft ook asperges geplant, maar hij zegt dat we de magere sprieten die opkomen, niet moeten afsnijden. Asperge kan pas na twee jaar worden geoogst. Courgettes, meloenen en aubergines zijn in de limonaia aan het ontkiemen, en gepunte bamboestokken – het zijn er heel wat – voor tomaten liggen achter in de tuin opgestapeld tot het weer bestendig wordt. Misschien moet ik wel met een kraampje op de zaterdagmarkt gaan staan om courgettebloemen te verkopen. Aangezien Anselmo per uur wordt betaald, huiveren we bij de gedachte hoeveel hij er al heeft besteed.

Hij heeft ook de rozen gesnoeid en drie van mijn favoriete wilde pruimenbomen, die hinderlijk waren voor de tuin, omgehakt, en hij is begonnen van een rij pruimenbomen langs de rand van het terras leibomen te maken. Ze zien er gefolterd uit. Als hij ziet dat ik ernaar kijk, schudt hij zijn vinger, alsof ik een kind ben dat van plan is de straat op te schieten. 'Wilde bomen,' zegt hij vol verachting. Van wie is dit stuk grond, vraag ik me plotseling af. Net als Beppe en Francesco beschouwt hij alles wat inbreuk maakt op zijn domein als hinderlijk. En net zoals zij weet hij alles, dus doen we wat hij zegt.

'Maar de beste gele pruimen...' Ik moet deze bomen in de gaten houden. Anders vind ik ze op een ochtend misschien terug op de houtstapel, samen met de eiken die Francesco zo graag te lijf zou gaan.

Zelfs de lentenacht is schokkend. De stilte van het platteland klinkt luid. Ik ben nog niet gewend aan de kreten van uilen die de rust verscheuren. Er liggen avonden achter ons van *burrito's* met een film na, avonden dat we Chinees eten laten komen, avonden met zeventien berichten op het antwoordapparaat. Ik word om drie of vier uur wakker en drentel van kamer naar kamer, terwijl ik uit de ramen kijk. Wat is deze stilte, de grote, dromerige nacht waarin een komeetbol over mijn studeerkamerraam en de donkere vallei daar beneden strijkt? Waarom kan ik het beeld dat mijn student opschreef niet van me afzetten: *de komeet, die als een grote wattenstaaf de hemel wist?* Een nachtegaal oefent een nachtegaalachtige toonladder, talmend bij elke noot. Dit lijkt een eenzame vogel; er komt geen antwoord op de klaagzang.

Op het eind van elke middag haalt Ed olijfhout naar binnen. We eten bij de open haard. 'Nou, we zijn er weer,' zegt hij, terwijl hij zijn glas naar de vlammen heft, misschien naar de nederige god van de haard. Geluk, een goddelijk en alledaags woord, een complex begrip, dat zijn grenzen voortdurend verlegt, en dat soms zo ontzettend gemakkelijk aanvoelt. Ik trek een deken om me heen en doezel weg bij Italiaanse uitdrukkingen. Er steekt wind op. Welke? De *tramontana*, met een vleug ijzige lucht van de Alpen, de *ponente* die regen brengt, of de *le-*

vante, die hard en snel uit het oosten blaast? De cipressen, afgetekend in het maanlicht, lijken hun puntige toppen in alle richtingen te zwaaien. Het is bepaald niet de *libeccio*, de warme, droge wind uit het zuiden, of de zomerse *grecale* of *maestrale*. Deze winden die in de schoorsteen loeien zijn serieus en herinneren me eraan dat in maart lente alleen maar een idee is.

BITTERE GROENTEN VAN DE TOSCAANSE LENTE

❖

Door pure opwinding word ik vroeg wakker. Dit is de eerste marktdag sinds ik weer hier ben. Terwijl ik me aankleed vang ik door het achterraam een glimp op van iets wat zich over een van de boventerrassen beweegt. Een vos? Nee, iemand die zich vooroverbuigt, iets plukt. Een vrouw, denk ik, als ik door de melkachtige nevel een ronde vorm en een donkere hoofddoek ontwaar. Dan is ze weg, verborgen achter de *ginestre*, brem, en wilde rozenstruiken. 'Waarschijnlijk iemand die paddestoelen zoekt,' oppert Ed. Als ik wegrijd meen ik beweging te zien in de meidoorn boven de weg.

Drie vrachtwagens zijn helemaal uit het zuiden van Puglia en Basilicata op de donderdagmarkt in Camucia gearriveerd. Aan de achter- en zijkant zijn ze open om hun overvloed te onthullen – artisjokken, nog aan de stelen. De chauffeurs trekken enorme bergen te voorschijn en stapelen ze op onder bordjes waarop staat dat ze 8000 lire per vijfentwintig, ongeveer zesendertig dollarcent per stuk, kosten. Vrouwen drommen eromheen en kopen ze in grote hoeveelheden. De kleinste, met purperen strepen, worden het meest verkocht. Die artisjokken, zelfs de geschilde stengels, zijn buitengewoon mals. Ze hebben nog geen baard en kunnen helemaal worden gegeten, op een paar buitenbladeren na. Ze worden verkocht aan dertig centimeter lange stengels, bijeengebonden in een moeilijk te hanteren bundel die zo zwaar is dat ik meteen een eind moet maken aan mijn marktbezoek. Ik loop er moeizaam het huis mee in, terwijl ik probeer te bedenken hoe ik de vijfentwintig artisjokken, die ik op de een of andere manier onder mijn arm heb gehesen, zal gebruiken. Als ik ze de keuken binnensleep zie ik nog een reusachtige bundel piepkleine purperen artisjokken op het aanrecht. 'Nee toch! Waar heb je die vandaan?'

Ed neemt snel een paar zakken van me over. 'Ik ben even in Torreone geweest en bij de bar stopte een truck vol artisjokken. Iedereen rende naar buiten om wat van die man te kopen, dus heb ik dat ook maar gedaan.' Vijftig artisjokken. Twee mensen.

Alle restaurants en trattorie hebben gebakken artisjokken op het menu. Thuis worden ze vaak rauw gegeten, met gekruide olijfolie, of in vieren gesneden en gekookt met aardappels, lente-uien, citroensap en peterselie. De structuren en geuren vullen elkaar aan. Even gestoomd en besprenkeld met olijfolie lijkt hun wat wrange smaak precies goed op welke lentedag ook.

De winter*rape*, rapen, lopen op hun eind, maar één boer schreeuwde nog: '*Polezze*,' de plaatselijke benaming. Ik heb ze al zien bloeien in tuinen en dacht eerst dat het mosterdplanten waren, die thuis in het Californische wijngebied op dit moment met hun gele bloemen wuiven. Als de rapa bloeit, is het te laat om van de bijzondere smaak te genieten. Wanneer je de planten vroeg plukt, van de stelen ontdoet, stoomt en vervolgens smoort met knoflook, smaken de knoppen en bladeren als een ongetemde neef van broccoli, enigszins bitter en heel apart. Rape (beide lettergrepen worden uitgesproken) smaakt of het goed voor je is; het moet propvol ijzer en stikstof zitten. Als ik het eet heb ik het gevoel dat ik als een sterker mens van tafel opsta.

Een bittere smaak is populair in Italië. Aan al die kruidendrankjes voor na het eten en kruiden-*aperitivi*, samen bekend als *amari*, bitters, die de Italianen achteroverslaan, moet je bepaald wennen. 'Ik heb het gevoel dat de Italianen aan veel meer dingen hebben leren wennen dan velen van ons,' merkt Ed op. Toen ik de eerste keer Cynar, gebaseerd op artisjokkensmaak, probeerde moest ik er weer aan denken hoe mijn moeder me door het huis achtervolgde in een poging me hoestdrank te laten innemen. Zelfs sinaasappelprik heet *amara*. In de winkel voor *pasta fresca* maken ze ravioli met ricotta en *borragine*, wild komkommerkruid. Ravioli met wat dan ook en ricotta heeft meestal een zachte smaak. Als er komkommerkruid in zit, worden de smaakpapillen door de kussentjes geprikkeld. Paardebloem, knolraap en bietengroen – in dit seizoen wordt het allemaal gegeten. Zelfs de gehate brandnetels, waartegen we de hele zomer op een heuvelflank vechten, hebben een pikante smaak wanneer je ze plukt zodra de bladeren zich ontvouwen, ze blancheert, door risotto of pasta roert en er geroosterde pijnboompitten overheen strooit.

De groente die me vreemd en nieuw voorkomt, is *agretti*. Zij moet ergens in Amerika groeien, maar ik heb haar nooit gezien. Samengebonden met een stengel ziet de groente eruit als een bundel wilde grassen, iets om aan een paard te voeren. Je moet haar eerst even snel aan de kook brengen, en dan in de braadpan smoren met olie, zout en peper. Toen ik agretti voor het eerst zag dacht ik: o jee, een van die dingen waaraan je moet wennen. Terwijl de groente kookte rook zij naar grond – de gronderigheid die je bij kokende bieten ruikt – maar ook naar fris groen. Een Italiaanse vriendin raadt aan er citroensap bij te doen, maar zodra ik de agretti rook wilde ik die zonder versiering proeven. Omdat het 'gras' ongeveer zo dik is als vermicelli, ben ik het later daarmee en met snippers *parmigiano* gaan mengen. Spinazie komt het dichtst in de buurt, maar terwijl agretti de minerale scherpte van spinazie heeft, smaakt het levendiger, vol lente-energie.

Tot mijn verbazing zijn de legendarische wilde asperges ook buitengewoon bitter. Chiara, een buurvrouw, staat op haar landje met een handvol spichtige piekjes. Ze duwt stekelige strengen weg om de plant te laten zien, die eruitziet als een grovere, meer schriele uitgave van de aspergevaren. Over het onderwerp *frittata*, omelet, met gehakte wilde asperges heeft ze een heleboel te zeggen. Met gebaren, welteverstaan. Haar snelle beweging, alsof ze een rits voor haar mond dichttrekt, betekent dat iets extra verrukkelijk is. Had ze haar duim tegen haar wang gedrukt en haar vuist heen en weer bewogen, dan zouden we hebben begrepen dat woorden tekortschieten om te beschrijven hoe lekker iets is.

De vroege vogel die ik op de boventerrassen heb gezien, moet achter de asperges aan hebben gezeten. Nu heeft er ook iemand huisgehouden onder de narcissen. Als we een ochtend op zoek zijn geweest naar wc's en tegels voor het renovatieproject in de zomer, merken we bij thuiskomst dat ongeveer tweehonderd tromboni van de heuvel zijn verdwenen. Er zijn er maar een paar voor ons over, en die laten hun kopjes hangen en zijn over hun hoogtepunt heen.

In de late namiddagen lopen overal op de weg vrouwen met stokken en plastic zakken, op zoek naar asperges en *mescolanza* – wilde groenten die meestal bitter zijn – voor de sla bij het avondeten. Ik begin net iets te leren over deze gratis *insalata mista*. Ze zoeken *tarassaco*, dat op een paardebloem lijkt, verschillende soorten *radicchio*, cichorei, komkommerkruid, *barbe dei frati*, 'monnikbaarden', en veel andere soorten groen.

Wat puilt er nog meer uit in die tassen? Waarom staan ze plotseling stil, bekijken ze een paar minuten lang aandachtig een stukje grond, terwijl ze erin prikken met een stok? Ze bukken zich, graven met een mesje – wat wortels, een paar bladeren, paddestoelen – en lopen door. We hebben zelfs gezien hoe goedgeklede mensen hun auto parkeren, een heuvel opklauteren en, zwaaiend met twee of drie bossen venkel voor braadvlees, of een geneeskrachtige plant, naar beneden komen, terwijl het zand van de wortels valt.

Ik ga ook op jacht naar asperges. Ed snijdt de naar ons idee volmaakte stok voor me, een magische stok, alsof ik water wil ontdekken. Vreemd dat je iets helemaal niet ziet, terwijl je het, als iemand het eenmaal heeft aangewezen, overal vindt. Op de boventerrassen tieren de stekelige staafjes welig. Ze schijnen zich goed te voelen onder een boom of in de buurt van een heuvel. Meteen leer ik om op verborgen plekjes te kijken, hoewel er soms een vederachtige overloper gewoon op open terrein groeit. Meestal zit er een warrige bos onkruid tussen mijn hand en de donkere pieken die uit de grond steken. Een piek hier, een piek daar. Asperge moet al vroeg in de voedselketen zijn opgedoken. Gecultiveerde asperge ziet er, ondanks de vele elegante bereidingsmethoden, primitief uit; bij de wilde vorm is dat nog veel sterker. Sommige stengels zijn zo dun als breigaren, en de kleur varieert van felgroen tot purper. De doorns waartussen je hand een weg moet zoeken, zijn messcherp. Het gaat langzaam, maar het is leuk werk.

Ik kook mijn dertig asperges om ze bij gebraden kip te eten, en geen van beiden vinden we de wrange, bijna medicinale smaak lekker. Dan zie ik op de markt een vreemde vrouw, die nauwelijks één meter twintig lang is, een tuit van krantenpapier vol wilde asperges aanbieden.

Ze ziet eruit alsof ze zó uit een sprookje is gestapt en misschien gaat zeggen: 'Kom mee naar het bos, kindertjes.' Maar ze zegt herhaaldelijk: '*Genuino, genuino.*' De enige echte wilde asperges. '15.000 lire' (ongeveer negen dollar). Omdat ik het gevoel heb dat ik zo'n vrouwtje niet vaak meer op de markt zal zien, geef ik haar het geld. Enkel en alleen om nog even in haar buurt te zijn vraag ik haar hoe ik de asperges moet klaarmaken. Net als mijn buurvrouw vindt ze ze fijngesneden in een omelet het lekkerst.

Ed probeert de omelet en krikt die een beetje op met lenteknoflook, maar de aspergesmaak verdwijnt bijna; alleen door het knappen van de knokige stengel weten we dat hij er is.

In Arezzo zie ik op straat nog zo'n bosvrouwtje. Het woord *strega*, heks, komt bij me op, of die oude bron van wijsheid in het zuiden van Amerika: een tovervrouw. Wie zou haar kunnen weerstaan? Uit haar mand koop ik ook asperges. Op de bodem ligt een sikkelvormig mes, het lemmet dun afgesleten. Ze heeft bijna geen tanden meer en is helemaal ingepakt in truien waar stukjes stro uit steken. 'Waar hebt u er zoveel gevonden?' vraag ik. Maar ze legt alleen haar vinger op haar lippen; over dat onderwerp wil ze niets kwijt. Ze hinkt weg en ik zie dat ze helwitte sneakers draagt. Ze hijst zich omhoog naar de winkelgalerij aan de Corso, waar wereldwijze zakenmensen aan een cafétafel om het snelst haar asperges kopen.

Meestal rooster ik asperges in de oven – ik leg ze op folie, besprenkel ze met olie, strooi er zout en peper op en laat ze gaar worden. Zo smaken asperges het best. Zonder contact met water, of zelfs met stoom, behouden ze al hun malsheid en structuur zonder een waterige smaak te krijgen, of nog erger: slap te worden. Maar wilde asperges werden in de oven zo taai als leer, dus stoom ik ze nu heel even, en smoor ze dan in olijfolie. De kwaliteit van de olie is essentieel; als ik de beste niet zou hebben, zou ik roomboter gebruiken. Bij elke hap stel ik me de vrouw voor die het land afschuimt, haar geheime heuvelflanken boven de wijngaarden, de jaren waarin ze dit ritueel heeft uitgevoerd, de zekerheid van haar duim tegen het gebogen mes.

Als ik Beppe, meester-druivensnoeier, de plekjes asperge laat zien, vindt hij dat prachtig. Hij snijdt de droge, gebogen takken af. 'Zo moet u dat doen, laag onder de grond, dan hebt u er volgend jaar meer,' legt hij uit. Als hij zich bukt om het me te laten zien ontdekt hij dat iemand al met snoeien is begonnen. Oude staken zijn diagonaalsgewijs afgesneden, niet afgebroken. De geheimzinnige plunderaar. Of een geest die hier een eeuw geleden heeft gewoond en in de lente terugkomt? Of een slimme ziel die bloemen en asperges op de markt verkoopt? Een vrouw met een gebogen mes? Beppe begint een rauwe asperge te eten en geeft mij er ook een: een smaak om je tanden te slijpen. Ik begin deze lentetraktatie lekker te vinden.

Tijdens winterbezoeken heb ik me erover verbaasd dat het voedsel zo werkelijk anders is dan ik in de zomer ben gewend, het seizoen waarin ik gewoonlijk hier ben. Nu, terwijl de lente zich blijft ontvouwen, brengt bijna elke dag iets nieuws. In de frutta e verdura van Matteo en Gabriella zie ik een mand met iets wat ik nog nooit heb gezien. Knoestige dwergkiwi's? Schimmelige walnoten? Nee, *mandorline*, zegt Matteo, een speciale traktatie in de Val di Chiana, het wijde dal onder Cortona. Matteo zet zijn tanden in een exemplaar en houdt me de mand voor. Ah, bitter én zuur, dit heb ik nog nooit geproefd. Ik weet onmiddellijk dat ik deze nieuwe amandel in zijn jasje lekker zal vinden. Hij eet het hele ding langzaam op, harige huid en al, geniet van het knapperige. Onder de saliegroene buitenkant zit een neongroene laag, dan een gele laag, en dan de malse noot in wording, nog zacht en met een verfijnd vleugje amandelsmaak.

Thuis ga ik op mijn eigen terrein de wilde amandelbomen bekijken, maar ik geloof dat ze geen van alle de juiste variëteit van de mandorline zijn. De doppen zijn hard aan het worden. Ik kraak er een met een steen en proef de noot: vleugje rozen, vleugje perzik, en de nasmaak die me eraan herinnert dat blauwzuur ook van amandelen komt. Als ze rijp zijn behouden deze amandelen hun intense geur, maar van het zuur blijft alleen een zweempje bitterheid over.

Het land is een mysterie voor me. Na zeven jaar denk ik dat ik het ken, en dan blijkt dat plotseling niet zo te zijn. Ik kijk naar de zegeningen van het seizoen. Op de terrassen staan rivieren van wilde irissen op het punt uit te komen. Die delen we ook met de plunderaar, en met de stekelvarkens die zich te goed doen aan de wortelstokken. De iris, symbool van Florence, werd vroeger in Toscane wijd en zijd gecultiveerd omdat de gedroogde wortel (*orris*) werd gebruikt voor de sensuele, zware geur van viooltjes met druiven in parfums. Onvoorstelbaar dat ze hier zomaar in het wild groeien. In San Francisco koop ik in de supermarkt stijve bosjes van vijf, waarvan de vermagerde knoppen zich nauwelijks kunnen openen. Nu schrik ik er bijna van dat er zoveel uit zichzelf opkomen en met slordige losbandigheid bloeien.

Als we na de asperge-expeditie naar huis teruglopen, trekt Beppe een plant met dikke glanzige bladeren uit de grond. 'Kook die maar. Goed voor de lever.'

'Hoe heet hij?'

'Dat ben ik even kwijt. Kijk,' en Beppe wijst naar een varenachtige kruipplant met heel kleine waaiervormige blaadjes. '*Marroncello*.' Ik heb geen idee wat dat is. In het woordenboek staat het niet. Ik ga het proberen – weer een nieuwe groene lentegroente.

Heel vroeg in de morgen hoor ik stemmen op de weg onder het huis, en als ik naar buiten kijk zie ik drie vrouwen, jagers/plukkers, naar ons terrein wijzen. Ik denk dat ze een nieuwe plant hebben ontdekt. Ze staan daar een hele tijd en ik zie geen beweging in de richting van de heuvelflank. Uiteindelijk lopen ze door.

Terwijl ik me aankleed hoor ik gierend remmen en twee keer toeteren, maar als ik uit het raam kijk, rijdt een blauwe Fiat snel door over de weg. We gaan vandaag naar Petroia, de bakermat van handgemaakte terracotta potten. Als we de oprit afrijden, voel ik dat er iets niet in orde is. Als we dichterbij komen zien we dat de weg is bezaaid met grote stenen. We kijken naar boven. De hoge stenen muur die het schaduwrijke deel van onze tuin ondersteunt is tijdens de nacht ingestort, en nu zit er een gat van vijf bij vijf meter, nog lelijker dan missende voortanden. We duwen de stenen van de weg en gaan boven kijken. De prachtige heldere beekjes die uit de heuvels stromen hebben de grond verzadigd en de muur ondermijnd. Zonden blijven je achtervolgen. De grillige bouwer die we zes jaar geleden hebben ingehuurd om de belangrijkste terrasmuren te vernieuwen, heeft te weinig afwateringsgaten gemaakt. Onze lange gele picknicktafel helt griezelig over bij het gat.

We bellen onze vertrouwde Primo en hij komt meteen. '*Ma*,' zegt hij schouderophalend. 'Muren storten in.' Hij komt binnen en belt zijn ploeg.

We weten niet wat we anders moeten, dus vertrekken we naar Petroia, in de provincie Siena. We willen grote terracotta bloempotten kopen voor op de muren – de muren die nog overeind staan. We gaan eerst naar het hooggelegen middeleeuwse stadje om iets te drinken, maar alles is dicht en met de auto wringen we ons ternauwernood door de smalste straat die we tot nog toe zijn tegengekomen. Net buiten de stad zitten verschillende *fabbricanti*, fabrikanten, met honderden potten in alle maten. Eén pot is zo groot als een Californisch bad. In het bedrijf dat we uitkiezen, worden de potten met de hand gemaakt. We hebben al eens massaproducten gekocht en die zijn ook heel leuk. Een man met een verweerd, zelfs terracottakleurig gezicht komt met een verbaasde blik naar buiten. We vragen of we mogen rondkijken en hij legt uit dat hij alleen in het groot verkoopt. Gelukkig praat hij graag over potten. Hij neemt ons mee naar een opslagruimte boven de ovens, waar het zo heet is als in een sauna. Hij heeft kruiken voor olijfolie, geglazuurd aan de binnenkant, in allerlei maten. Ze maken kruidenpotten, tuinpilaren, zonnewijzers, klassieke urnen en amfora's. Bloempotten in elke bekende en ook onbekende vorm zijn in rijen opgestapeld. Deze handgemaakte potten hebben afgeronde randen, een zweempje honingkleur die er warm en levend uitziet, en zo nu en dan de afdruk van een duim. Hij laat ons de initialen of tekens van de maker op de onderkant zien.

Als hij zich bukt om een pot te verzetten, valt zijn bril uit zijn zak op de grond. Een brillenglas valt uit het montuur, maar breekt niet. We knielen alle drie in het fijne kleistof om het piepkleine schroefje te zoeken. Als de eigenaar en ik het opgeven, blijft Ed door zoeken tot hij het in de schaduw vindt. Hij draait het schroefje met zijn pinknagel in, en de bril is weer heel. We bedanken de eigenaar voor de ontvangst en maken aanstalten om te vertrekken.

'Wacht even, hoeveel wilde u er hebben?' vraagt hij.

'O, een paar – alleen voor bloemen bij ons huis.'

'Niet om weer te verkopen?'

'Nee. Drie of vier.'

'Nou, ziet u, ik mag het niet doen, maar drie of vier, dat kan toch geen kwaad?' Hij geeft ons een prijslijst en zegt dat we veertig procent van de prijs moeten aftrekken. We zoeken een urn uit die past bij de drie die we al hebben, en drie grote potten, allemaal met slingers en guirlandes. Als we willen betalen merken we dat we lang niet genoeg geld bij ons hebben. Hij zegt dat er in de stad een geldautomaat is, dus rijden we terug naar de bochtige straten, maar deze keer parkeren we buiten de stad en gaan verder lopen. Petroia betekent 'grote villa' en de stad is nauwelijks groter dan een reusachtig kasteel. Er is niemand op straat. We lopen het hele stadje door en zien geen bank. De oudste kerk, de San Giorgio, is hermetisch gesloten. We zien een man die zijn hond uitlaat en hij leidt ons naar een deur die we niet zouden hebben gevonden. Nergens een bordje, en de geldautomaat is verstopt in een soort kast.

Terug naar de winkel, waar de eigenaar ons helpt om de potten in de auto te laden. We vertrekken en ik vis de kaart vanonder mijn stoel op. 'We zijn in de buurt van Abbadia a Sicille, dat een toevluchtsoord en herberg moet zijn geweest voor pelgrims die op weg waren naar het heilige land. In de muur zit een Maltezer kruis en een embleem van de Tempeliers...'

'Zijn we de muur aan het ontwijken?' valt Ed me in de rede. Ik hoef niet te antwoorden.

Primo's mannen zijn de Ape aan het inladen (spreek uit als Apè, dat 'bij' betekent; een handig klein voertuig, zoiets als een gesloten scooter met een laadbak erachter). De gevallen stenen en zakken cement hebben ze netjes opgestapeld. Een nieuwe onderste rij is al gelegd, stenen met wigvormige openingen waardoor het water kan ontsnappen. Boven zien we dat ze goten hebben gegraven en er pijpen in hebben gelegd van de heuvel naar de rand van het terras. Ik wijs met mijn twee wijsvingers naar de grond. 'Laat het hier niet gebeuren. Niet weer.' Wat een handig gebaar toch.

De beekjes zijn nu gekanaliseerd en er ontstaan verschillende watervallen bij de rand. We zakken tot onze enkels weg in de drassige grond. '*Tutto bagnato*,' zegt Primo, alles is door en door nat. Alle voorbijgangers staan even stil om de ramp in ogenschouw te nemen. Een vrouw vertelt ons dat hier vele jaren geleden een klein kind in een put is gevallen en verdronken, dat je haar kreten 's nachts in het huis kunt horen. Van dat verhaal schrikken we. 'Daarom heeft het huis dertig jaar leeg gestaan. Toen ik klein was durfde ik er 's avonds niet langs te lopen.'

'We hebben nooit kreten gehoord,' zegt Ed tegen haar. Ik wilde dat ze het niet aan ons had verteld. Als ik nu alleen ben, ga ik vast luisteren.

Als ze doorloopt, zegt Primo: 'In alle oude huizen spookt het.' Hij haalt zijn schouders op en spreidt zijn handen uit. 'Spoken doen niets. Water, daar moet je je zorgen over maken.'

's Nachts word ik wakker, maar alles is rustig, op de kleine Niagara's die zich in de sloot storten na.

SFUSO: LOSSE WIJN

❖

Gita, een van mijn lievelingswoorden, een klein tochtje. Vanochtend verwachtte ik dat Ed met zijn schoffel naar de terrassen zou gaan, maar in plaats daarvan keek hij op van Burton Andersons *De wijnatlas van Italië*, waarin hij bij het ontbijt vaak leest, en zei: 'Laten we naar Montepulciano gaan. Onze wijnvoorraad is aardig geslonken.'

'Prima. Ik wil in het tuincentrum daar loodkruid kopen om onder de hazelaar te planten. En we kunnen bij een boerderij langs voor verse ricotta.'

Is dit niet waarvoor we naar Italië zijn gekomen? Soms, tijdens de langdurige restauratie, begon ik te denken dat ik alleen naar Italië was gekomen om klimop van muren te rukken en vloeren opnieuw af te werken. Maar nu de voornaamste projecten zijn voltooid, is het huis – nou ja, niet klaar, want dat zijn oude huizen nooit, maar meer een thuis.

We gaan een nieuwe voorraad *sfuso*, losse wijn, aanschaffen. Veel wijngaarden produceren een huiswijn voor eigen gebruik, voor hun vrienden en plaatselijke klanten. De meeste Toscaners drinken niet dagelijks gebottelde wijn; ze maken hem zelf, kennen iemand die hem maakt, of kopen sfuso. Als voorbereiding maakt Ed onze reusachtige groenglazen mandfles schoon, en ook ons blinkende roestvrijstalen vat met rode kraan, een vernieuwing die de traditionele mandflessen dreigt te verdringen.

We hebben geleerd om na het vullen van de mandfles de wijn tegen de lucht te beschermen met een scheutje olijfolie, die een afdichting vormt, en dan een vuistgrote kurk op de fles te duwen. Het nieuwe vat heeft een plat roestvrijstalen deksel dat op de wijn drijft, en op de kleine ruimte tussen het deksel en de zijkant van het vat wordt een beetje neutrale olie gedruppeld. Daarna gaat er een tweede, goed sluitend deksel bovenop. Als je de kraan aan de onderkant opendraait en je wijn in een kan laat lopen, zakken het deksel en de verzegelende olie ook, zodat de afdichting intact blijft.

Als families zeven of acht mandflessen hebben, slaan ze die meestal op in een speciale koele ruimte, een cantina, en ontkurken ze een fles als ze wijn nodig hebben. Wij hebben dat ook gedaan: onze mandfles op een tafel gehesen, hem scheef gehouden, door een trechter oude wijnflessen gevuld, en vervolgens onze ongeveer twintig flessen verzegeld met olijfolie. We werden er heel handig in om de olie met een rukje uit te schenken als we een fles openmaakten. Maar er bleven altijd een paar druppels op het oppervlak drijven. Twee mandflessen heb ik al decoratietaken in hoeken van kamers toebedeeld. We hebben onze drie flessen bij de glasbak gevonden; iemand anders had het opgegeven en ze afgedankt. Maar hoe konden ze de flessen weggooien? Ik houd van de wulpse, bolle, zwangere vorm en het groene glas waarin belletjes gevangen zitten. We hebben ze geschrobd met flessenborstels die daar speciaal voor gemaakt zijn en nieuwe kurken gekocht. 'Weten we wel zeker dat we de mandfles weer willen gebruiken?' vraag ik voorzichtig.

'Je hebt gelijk. Maar zeg het niet tegen de mannen.' Hij bedoelt natuurlijk Anselmo, Beppe en Francesco, die wat olijven en wijn betreft gekant zijn tegen elke verandering. We zetten twee plastic twintig-literkannen in de achterbak – handig voor vervoer, maar zodra we thuiskomen moeten we de wijn in het vat gieten. Wijn kan heel snel naar plastic gaan smaken.

Het is fantastisch om toerist te zijn. Gids en fototoestel in mijn tas, een fles water in de auto, de kaart uitgespreid op mijn knieën – wat wil je nog meer?

De weg van Cortona naar Montepulciano, een van mijn lievelingsroutes, komt na terrasvormige wijngaarden uit tussen langgerekte, golvende heuvels, waar 's zomers gouden bogen van graan schitteren en die nu in de lente felgroen zijn door klaver en lange grassen. Ik zie bijna voor me hoe in juli de velden in bloei staan met *girasole*, reuzenzonnebloemen, het hallelujakoor onder de gewassen. Vandaag lopen de lammetjes in de wei. De pasgeborene zien er verloren uit op hun wankele pootjes, en de iets oudere springen rond om de uiers van hun moeders. Dit is het lieflijkste landschap dat ik ken. Alleen stankvlagen van varkensfokkerijen herinneren me er zo nu en dan aan dat dit geen paradijs is. In schaduwrijke diepten tussen de heuvels liggen ruigharige kudden in grote witte kluiten te slapen. Korenvelden, boomgaarden en olijven, centimeter voor centimeter perfect verzorgd, maken geleidelijk plaats voor de wijngaarden van Vino Nobile van Montepulciano.

Chianti, Brunello en Vino Nobile, de drie grootste wijnen van Toscane, hebben allemaal een karakteristieke volle, pure druivensmaak. Afgezien daarvan kunnen Toscaners tot diep in de nacht discussiëren over eindeloze gradaties van verschil. Wat mij betreft zijn ze allemaal goed, en vaak heel mooi. De naam van de druif, Sangiovese, doet denken aan veel oudere vinificatie; het woord stamt af van *sanguis*, Latijn voor 'bloed', en van Jupiter – bloed van Jupiter. De plaatselijke soort Sangiovese wordt 'Prugnolo Gentile', aardig pruimpje, genoemd.

We slaan af bij een lange *strada bianca* die omzoomd is door hoge cipressen, een witte weg door een bomentunnel. We rijden door schichten bleekgroen licht dat door ruimten tussen bomen omlaag valt. Ed knikt alleen maar wanneer ik een regel van Octavio Paz aanhaal: 'Licht is tijd die over zichzelf nadenkt.' In een bepaald opzicht kan ik me daarin vinden, aan de andere kant niet. De wijngaarden van Avignonesi liggen rond een van die sublieme landgoederen die me laten dromen van een ander leven in een vroegere tijd. De villa, de familiekapel, de statige bijgebouwen – ik leef in 1780 en schrijf in een zware linnen jurk over de binnenplaats, een witte kan en een ring met ijzeren sleutels in mijn handen. Ik weet niet of ik de *contessa* van deze *fattoria* ben of de dienstmaagd, maar in een flits zie ik mijn stappen, jaren geleden, de omtrek van mijn schaduw op de stenen.

De wijnbouwer Paolo Trappolini, een onthutsend knappe man met een gezicht dat een portret van Raphael zou kunnen zijn, vertelt ons over de experimenten in de wijngaard. 'Ik heb overal in Toscane bijna uitgestorven wortelstokken verzameld en oude druivensoorten bewaard.' We lopen de wijngaard in en hij laat ons nieuwe, ruige wijnstokken zien die in het *settonce*-patroon zijn geplant, een Latijnse manier om één wijnstok midden in een zeshoek van andere planten te zetten. Hij wijst heuvelopwaarts naar een opvallende ronde wijngaard, *la vigna tonda*. 'Dat is ook een experiment in het gebruik van verschillende dichtheden om te zien wat de invloed is op de kwantiteit en kwaliteit van wijn.' Hij laat ons de ruimtes zien waar de wijn moet rijpen – sommige bedekt met dikke grauwe schimmel – en de ruimte voor de *vin santo*, bedwelmend geparfumeerd met rokerige, houtachtige geuren.

Avignonesi maakt een heleboel uitstekende wijnen, die hier geproefd kunnen worden of in hun Palazzo Avignonesi in het centrum van Montepulciano. Ed is vooral geïnteresseerd in hun vin santo, de zachte, nootachtige wijn die je na het diner drinkt bij *biscotti*. Bij mensen thuis is ons op alle uren van de dag vin santo aangeboden, is ons vin santo opgedrongen. Hij staat in elke kast klaar, en je moet hem proberen omdat hij zelfgemaakt is. Die van Avignonesi is iets bijzonders. We kunnen maar één fles kopen; hun beperkte voorraad is uitverkocht. Van een vriend hebben we twee bijzondere oude flessen vin santo gekregen, Ricasoli uit 1953 en 1962, gekocht in New York en nu teruggverhuisd naar hun plaats van oorsprong. Anselmo heeft ons ook een fles gegeven, zelfgemaakte. Nu we de Avignonesi erbij hebben gaan we vrienden uitnodigen voor een proeverij na een groot feestmaal op een zomeravond.

De volgende wijngaard is Tenuta Trerose. Hun meeste gaarden zijn op de gebruikelijke manier beplant, in rijen met stutten, maar een groot veld is beplant als laag prieel, in de Etruskische stijl. Het kantoor is gevestigd in een modern gebouw achter een door cipressen omringde villa. Een jongeman, die verbaasd is dat er bezoek komt, geeft ons een prijslijst en laat ons hun wijnen zien in een vergaderkamer. Ed heeft de nieuwste editie van *Vini d'Italia*, zijn betrouwbare, jaarlijkse gids geraadpleegd en kiest een kist Salterio Chardonnay en een kist gemengde rode wijnen uit. We lopen achter de man een loopbrug op, boven langs een pakhuis waar we roestvrijstalen tanks, een paar eikenhouten vaten en kisten en kisten wijn zien. Hij schreeuwt iets en een vrouw komt te voorschijn vanachter dozen. Ze begint onze kisten samen te stellen, waarbij ze sierlijk als een lynx over en op stapels dozen springt. De prachtige kisten kosten ongeveer veertig dollar per stuk, maar de vele glimlachjes en *arrivederci's* zijn gratis.

Onopvallende gele borden wijzen de weg naar wijngaarden – Palazzo Vecchio, Tenuta Lodola Nuova, Vecchia Cantina, La Calonica, Nottola. We kennen de namen, want we hebben menige fles met deze nobele wijnen ontkurkt. We gaan naar Poliziano voor onze sfuso. Ed wuift naar iemand op het land die ons treft in zijn pakhuis. 'Het beste jaar in tien jaar,' zegt hij, terwijl hij twee glazen op een stapel wijndozen zet. Zelfs om elf uur in de ochtend zijn we aangenaam getroffen door de robuuste rode kleur en het vleugje frambozen in de smaak en nog iets... ja, bijna een geur van mimosa. We hebben onze huiswijn gevonden. Hij vult onze kannen met een slang die aan een enorm vat vastzit. De wet schrijft voor dat hij de kannen verzegelt en plichtsgetrouw onze namen in zijn computer zet. Als hij Eds naam oproept ziet hij dat we hier al eens zijn geweest. 'Amerikanen vinden onze wijn lekker, hè?' vraagt hij, dus zeggen we ja, uit naam van alle Amerikanen. Ed zet de kannen klem achter de autostoelen, in de hoop dat ze niet gaan lekken als we behoedzaam over de ongeplaveide wegen rijden.

De slangachtige stad Montepulciano strekt zich in bochten uit alsof hij een rivier volgt, maar in werkelijkheid klimt hij tegen een lange bergkam op. Henry James beschrijft, na een kijkje tussen booggewelven door, de stad als 'een groot gehavend, gebladderd, te zwaar beladen schip met te veel masten dat in een violette zee drijft'. Toscaanse heuvelsteden doen vaak denken aan reusachtige schepen die boven een vlakte zeilen.

Op het dak van de Sant'Agostino slaat een ijzeren *pulcinella*, hansworst, al sinds de zeventiende eeuw met zijn hamer op de klok om alle uren aan te geven. Ik loop een winkeltje in om kaarten te kopen. En tussen de pannenhouders, sleutelringen, onderzetters en kurkentrekkers ontdek ik daar de schemerige ingang van een Etruskische tombe! 'O ja,' zegt de eigenaar, terwijl hij spotjes aanknipt, 'veel winkeliers stuiten op dit soort verrassingen als ze renoveren.' Hij brengt ons naar een met glas bedekte opening voor in de winkel. We kijken omlaag in een diep reservoir dat in steen is uitgehold. Hij haalt zijn schouders op. 'Het water van het dak liep hierin, zodat ze altijd water hadden.'

'Wanneer was dat?' vraagt Ed.

De eigenaar steekt een sigaret op en blaast rook tegen het raam. 'De Middeleeuwen, misschien vroeger.' Het verbaast ons altijd dat Italianen hun coëxistentie met zulke overblijfselen van het verleden zo nonchalant aanvaarden.

De straat naar het *centro storico*, historisch centrum, buigt af van de belangrijkste winkelstraat, zodat de *piazza* een eindje is verwijderd van de bedrijvigheid van dagelijkse boodschappen. De onvoltooide gevel van de massale kerk versterkt dat verlaten gevoel. Een herdershond op de trap is het enige waakzame wezen op de piazza. We gaan deze keer niet naar binnen, maar terwijl we er voorbijlopen, zie ik de altaarpolyptiek van Taddeo di Bartolo voor me: op een paneel is de stervende Maria afgebeeld, daarna wordt ze, omringd door prachtige engelen, ten hemel gedragen, terwijl de apostelen op aarde staan te huilen. In een hoek van de piazza staan witte plastic stoeltjes tegen hun tafels geleund. We hebben het hele grootse, majesteitelijke plein voor ons alleen. We kijken omlaag in de bodemloze put die wordt bewaakt door twee ijzeren leeuwen en twee griffioenen. Het moet leuk zijn geweest om met je kan op je schouder naar de stadsput te gaan om een praatje te maken met je vriendinnen en zuiver water op te halen.

Verschillende wijngaarden hebben proeflokalen in de mooie *palazzi*. In het proeflokaal van Poliziano hangt een portret van de renaissancedichter naar wie de wijngaard is genoemd. De vrouw die royale proefglazen schenkt beveelt twee van hun wijnen die in een beperkte oplage worden gemaakt aan, en ze heeft gelijk. Drie van hun wijnen zijn genoemd naar gedichten van Poliziano: Le Stanze, Ambrae en Elegia. Strofen en Treurzang begrijpen we, maar wat betekent 'ambrae', de naam van de witte wijn? Ze zwijgt even en schudt dan haar hoofd, probeert een synoniem te bedenken dat we misschien begrijpen. Ten slotte wuift ze met haar handen, glimlacht: '*Solo ambrae,*

ambrae.' Ze maakt weidse gebaren. Ik denk dat ze 'sfeer' bedoelt. We kopen een paar *reserve* en de wijnen van de dichter.

Poliziano heeft het als dichter helemaal gemaakt in Montepulciano. Een bar in de hoofdstraat is ook naar hem genoemd, hoewel de inrichting puur achttiende-eeuws is en niet volgens de periode waarin de dichter leefde. Achter de gebogen marmeren bar liggen twee zaaltjes met donkere betimmering, behang in de stijl van William Morris, bijpassende gestoffeerde banken en keurige ronde tafeltjes: een Victoriaanse tearoom op de Italiaanse manier. In beide zaaltjes kun je van het uitzicht genieten, over ijzeren balkons vol bloemen. We nemen een broodje en een kop koffie en lopen dan snel naar de auto. De dag is zo voorbij. Ik bekijk vlug nog even het interieur van de Chiesa di Gesù, dat ik me herinner, met zijn kleine trompe-l'oeilkoepel, die zo is beschilderd dat het een wentelende trapleuning rond een andere koepel lijkt. Alleen wanneer je voor in de kerk midden in de ingang staat, is het perspectief goed te zien. Vanaf alle andere plaatsen gaat het verloren.

De bloemkwekerij heet naar de massale kerk, de San Biagio, waar we vlug omheen lopen in onze haast om voor sluitingstijd loodkruid te kopen. De San Biagio is een van mijn lievelingsgebouwen op de wereld, vanwege zijn ligging aan het eind van een door cipressen omzoomde oprit, en vanwege de warmte van zijn goudgele steen, die straalt in de namiddagzon en een zachte gloed legt op de gezichten van de mensen die opkijken naar de strenge vlakken van de kerk. Als je op een van de brede richels langs de onderkant zit, komt het licht op je af, terwijl het ook vanuit de muren in je rug lijkt te sijpelen. Een wandeling rond het gebouw, binnen de denkbeeldige stralenkrans die het omringt, geeft me een gevoel van welzijn. Als we op weg naar beneden om de San Biagio heen rijden zien we hem vanuit veranderende hoeken.

We vinden een abrikooskleurige bougainville om het bevroren exemplaar te vervangen, twee loodkruidplanten die zachtblauwe bloemtrossen onder de bomen beloven, en een nieuwe roos, Pierre de Ronsard, een klimroos voor een stenen muur. Een Franse dichter om Poliziano in de auto gezelschap te houden.

'Ach nee.' Ed slaat met zijn vuist op het stuur.

'Wat is er?'

'We zijn de ricotta vergeten.' De ricotta-boerderijen liggen in de buurt van Pienza, kilometers verderop.

De gemengde geuren van planten en gutsende wijn spoelen door de auto, samen met de intens grasachtige reuk van lenteregen die begint te vallen als we richting Cortona rijden.

We hebben in de *rosticceria* een paar goddelijke *gnocchi* van griesmeel gekocht om vanavond te eten. Ik heb sla gemaakt. Ed haalt de Ambrae uit Montepulciano te voorschijn en houdt hem tegen het licht. *Ambrae* staat niet in mijn woordenboek. Het moet Latijn zijn, mogelijk het woord voor schaduw. Ik neem een slokje – misschien betekent het inderdaad sfeer, zoals dauw op seringen en eikenbladeren zou kunnen smaken. Wijn is licht dat bijeen wordt gehouden door water. Ik wilde dat ik dat had verzonnen, maar het is een uitspraak van Galileï.

DE LENTE VOLGEN:
DE PALMEN VAN SICILIË

❖

In Palermo ben ik nog geen vijf minuten het vliegtuig uit of ik heb al een *arancino* in mijn hand, klaar om hét karakteristieke gerecht van Sicilië te proeven. Ed is op zoek gegaan naar de balie voor huurauto's en ik loop naar de bar die midden in de luchthaven ligt. Daar zijn ze: een rij gefrituurde *risotto*bollen met de omvang en de vorm van een sinaasappel. 'Wat zit erin?' vraag ik.

Een man met van die verbazingwekkend zwarte, zo diep als putten liggende Siciliaanse ogen wijst op de ronde exemplaren. 'Ragù, signora. En in de ovale zit *besciamella e prosciutto*,' bechamelsaus met ham. Zijn ogen vind ik net zo fascinerend als de arancini. Overal op het vliegveld heb ik dezelfde Byzantijnse, verborgen, historische ogen gezien. Terwijl ik aan de bar sta te genieten van de knapperige, romige structuur van de rijst, kijk ik naar een optocht van deze Italianen die er zo intens Italiaans uitzien. Vrouwen met golvend omlaag vallende bossen zwarte krullen, slanke mannen die lijken te glijden in plaats van te lopen. Kleine meisjes met miniatuurbossen van dezelfde donkere krullen, en oude, door het werk gebogen mannen met hun hoed in hun hand. Menigten drommen samen om passagiers van de vliegtuigen uit Rome, slechts een uur vliegen, af te halen. Allemaal wuiven ze en schreeuwen ze begroetingen naar arriverende Sicilianen die, naar hun handbagage te oordelen, een paar dagen weg zijn geweest. Ed komt terug met autosleutels. Hij eet ook een arancino en bestelt een espresso. Hij kijkt verbijsterd als hij ziet hoe klein die is, nauwelijks een lepel vol, met een dikke *crema*, schuimlaag, erop. Hij nipt even en raakt in vervoering.

De ober ziet hoe verbaasd hij is. Hij is ongeveer één meter achtenvijftig lang. Hij kijkt op naar Ed, die bijna dertig centimeter langer is. 'Hoe verder naar het zuiden, signore, hoe kleiner en sterker.'

Ed lacht. '*E fantastico*.' Hij rolt onze koffer naar de groene Fiat en zoeft de garage uit.

Langs de kustweg naar Palermo vangen we glimpen op van de zee en kubusachtige huizen in Noord-Afrikaanse stijl in een rotsachtig landschap. Zodra we Palermo binnenrijden zitten we in woest verkeer, slingerend verkeer dat zo snel voortraast dat het ons niet lukt om te zien waar we heen gaan. Rijbanen verdwijnen, namen van wegen veranderen steeds, we draaien rondjes in een doolhof van straten met eenrichtingsverkeer. 'Die *barista* had moeten zeggen: "Kleiner, sterker en snéller,"' schreeuwt Ed. Bij een stoplicht draait hij zijn raam omlaag en roept wanhopig naar een motorrijder die in afwachting van het groene licht vast gas geeft: '*Per favore*, hoe kom ik bij Hotel Villa Igiea?'

'Rij maar achter me aan,' roept hij terug, en weg is hij, tussen auto's door schietend en zo nu en dan achteromkijkend om te zien of we hem nog volgen. Op de een of andere manier lukt dat. Het lijkt wel of Ed gewoon wordt meegetrokken in zijn kielzog. Met autowegsnelheden rijden de auto's neus aan neus door de bebouwde kom. Aan alle vier kanten zijn we maar vijf centimeter verwijderd van andere hapklare vehikels. Als iemand zou remmen, zouden er honderd auto's boven op elkaar zitten. Maar niemand remt. Bij een kruispunt wijst de motorrijder naar links en wuift. Hij maakt zo'n scherpe bocht naar rechts dat zijn oor bijna de grond raakt. We worden op een rotonde gegooid, rondgedraaid en er plotseling in een rustige straat af geworpen. En daar is het hotel. We rijden met een slakkengangetje de parkeerplaats op en stoppen.

'Laten we die auto niet meer gebruiken tot we weggaan. Zoiets verschrikkelijks heb ik nog nooit meegemaakt.'

'Mij best,' zegt Ed. Hij omklemt het stuur nog steeds. 'Laten we taxi's nemen. Overal naar toe. Dit lijkt meer op het drijven van stieren dan op autorijden.' We pakken snel onze koffer, doen de Fiat op slot en willen de auto niet meer zien voor we vertrekken.

Omdat we uiteindelijk in de mooiste kamer van Palermo zijn terechtgekomen (volgens de manager), ben ik klaar om een schuimbad te laten vollopen, koud water uit de minibar te pakken en op adem te komen. Toen het weer in Toscane verslechterde, besloten we om de lente naar het zuiden te volgen. De verrukkelijke dagen van begin maart werden stormachtig en ijskoude regen geselde de ramen. Primo heeft kans gezien om onze wegglijdende heuvelmuur te stabiliseren, en nu zijn ploeg ingezet voor een klus binnenshuis in de stad tot de grond droog wordt. We zaten voor de open haard te roosteren toen Ed zei: 'Ik wed dat het in Sicilië al warm is. Zou het niet leuk zijn om gewoon te vertrekken – er morgen heen te gaan?'

Ik keek op van mijn boek. 'Morgen?'

'Het is eigenlijk vlakbij. Met de auto naar Florence, snelle vlucht – we zijn er in drie uur, van huis tot huis. Het is niet verder dan van Seattle naar San Francisco.'

'Ik ben nooit in Seattle geweest.'

'Dat doet er nu niet toe. We gaan nog weleens naar Seattle. Maar hier wordt voor de hele week regen voorspeld. Moet je zien hoe overal in Sicilië de zon schijnt.' Hij liet me het weerkaartje in de krant zien: grijze strepen in heel Midden-Italië en gele lachende gezichtjes overal op Sicilië.

'Maar ik ben bang voor Palermo. Stel dat we tijdens een begrafenis verzeild raken in een schietpartij van de maffia en eindigen als avondnieuws?'

'We gaan helemaal niet naar begrafenissen. We kennen niet eens iemand op Sicilië. De maffia is niet in ons geïnteresseerd.'

'Nou,' en ik zweeg ongeveer vijftien seconden, 'laten we gaan pakken.'

Een dag later: deze hoekkamer heeft vier stellen immense deuren die op een balkon uitkomen. Zoele lucht, palmen en blauw, blauw, blauw water. De ruim zes meter hoge plafonds passen bij de grootse schaal van het napoleontische meubilair. Tegelvloeren, een groot sleevormig bed – een schitterende kamer, compleet anders dan de eerste die we in een andere vleugel van het gebouw kregen. Die was naargeestig donker, en er lag vaste vloerbedekking waarop ik niet met blote voeten zou willen lopen. De piccolo deed de luiken open en we keken tegen een muur aan. 'Geen palmen,' zei ik.

'Hier staat geen palm,' beaamde hij.

Ik vind klagen vreselijk en Ed heeft er een nog grotere hekel aan, maar na een uur gingen we naar beneden en vroeg ik de manager te spreken. 'De kamer is niet mooi. In zo'n prachtig hotel had ik iets meer verwacht... Hebt u een andere kamer? We zouden de palmbomen graag zien.'

Hij keek naar ons kamernummer en trok een gezicht. 'Komt u maar mee,' zei hij. Vervolgens bracht hij ons door kilometers marmeren gangen naar deze kamer. Hij zwaaide de draperieën weg, duwde de deuren open, en licht van het water sprong de kamer in. '*Ecco, signori, Palermo!*' Hij liet ons een achthoekige zitkamer zien met overal vergulde balzaalstoeltjes, alsof er een strijkkwartet voor ons zou moeten spelen terwijl we sliepen.

'Nu ben ik helemaal tevreden,' zei ik tegen hem.

De taxi is er vlug en we storten ons in het botsautoverkeer. 'Ja, zo is het altijd,' zegt de chauffeur. Nee, er zijn niet veel ongelukken. Waarom? Hij haalt zijn schouders op: iedereen is eraan gewend. We leunen achterover, en hij heeft gelijk: we beginnen het twee keer zo snelle ritme van het rijden hier te voelen. Chauffeurs kijken waakzaam, alsof ze meedoen aan een vechtsport. Hij zet ons af in het centrum, vlak bij een boulevard die is gesloten voor verkeer. We zijn bevrijd van de chaos op straat en worden begroet door bloemengeuren. Verkopers bieden fresia's aan in alle paaskleuren: paars, geel en wit. In plaats van de miezerige boeketjes die ik thuis koop, worden deze bij armen vol verkocht, gewikkeld in een plooikraag van glimmende roze folie met afhangende linten.

We willen geen tijd besteden aan lunchen, proeven *sfincione*, pizza met grote broodkruimels erop, lopen dan weer door – palmbomen, drukbezette buitentafels, kleine winkels met luxueuze tassen en schoenen, obers die bladen met gebak en espresso boven hun hoofd houden.

Gebak! In de cafés zie je verrassend veel verschillende soorten. We zijn gewend aan droge Toscaanse taartjes; hier zitten er bergen slagroom op. Een vrouw richt haar etalage in met natuurgetrouwe marsepeinen ananassen, bananen, vijgendistels, citroenen, kersen en, vanwege Pasen, lammetjes, compleet met krullen. Binnen zijn amandelcakes, taarten met wilde aardbeien en biscotti uitgestald, en natuurlijk *cannoli*, soezen, maar in alle maten, van duimgroot tot een reus zo groot als een lamsbout. Twee bakkers blijven even in de deuropening van de keuken staan, en alle klanten gaan opzij als ze voorzichtig balancerend en met kleine stapjes de winkel inkomen. Ze dragen een boom van kleine cannoli, bijna een meter hoog, een stijve piramide zoals een Franse *croquembouche* met Kerstmis. Er zijn *sfince*, rijstbeignets, met een vulling van ricotta, kaneel, geglaceerde sinaasappel of aardbeien ter ere van San Giuseppe, die op 19 maart, wanneer Italianen ook vaderdag vieren, zijn *onomastico*, naamdag, heeft.

De diepvrieskasten glanzen van de *sorbetti* – pistache, citroen, watermeloen, kaneel, jasmijn, amandel, en ook de gebruikelijke vruchten. De meeste kinderen lijken *gelato* het lekkerst te vinden, niet in een bekertje of hoorntje, maar in een brioche gestopt. We hebben er bijna genoeg aan om alleen maar naar de amandelcake te kijken, maar we delen toch een van de knapperige cannoli met een vulling van chocola en hemelse, romige ricotta. Het kan geen kwaad; we zijn van plan om de rest van de middag te lopen.

Als je voor het eerst in een nieuwe omgeving bent, is het goed om een dag rond te slenteren, kleuren, structuren en geuren in je op te nemen, te zien wie er wonen, en het ritme van de dag te zoeken. Daarna schakelen we wel over op toeristengedrag, zorgen we ervoor dat we de belangrijke bezienswaardigheden niet missen. Lichtelijk verdwaasd dat we echt naar Palermo zijn gegaan, door de vlucht, de espresso en de dag die we achter de rug hebben, lopen we gewoon straten in die ons leuk lijken, draaien we om als ze er gevaarlijk beginnen uit te zien. Overal staan palmen. Ik wilde dat ik er een kon meenemen naar Bramasole ter vervanging van de boom die door de decembervorst waarschijnlijk is doodgegaan. Ik houd niet alleen van palmen omdat ze tropische lucht betekenen, ik houd ook van het beeld van Wallace Stevens: 'De palm aan het eind van de geest.' Om je het eind van de geest niet als een blinde muur, wegversperring of kloof voor te stellen, maar als een hoge, zwaaiende palmboom, vind ik een gelukkig gekozen beeld.

We stuiten op een botanisch park, stoffig en leeg, op cactussen, johannesbrood, moerbeibomen, agaven en struiken met primitieve, brede bladeren na. De palm ziet er inheems uit, maar hij is in de negende eeuw door Arabieren naar Italië gebracht, tegelijk met hun fonteinen, specerijen, arabesken, ijs, mozaïeken en koepels. Palmen en koepels – goud, granaatappel, groenblauw, kopergroen – bepalen het karakter van Palermo. Hoe gedurfd om de vijf koepels van de San Giovanni degli Eremiti roestrood te kleuren. Binnenin overspoelen geurige citrusvruchtbloesem en jasmijn een kloostertuin, een besloten verademing na de kwellingen van de drukke weg erbuiten.

Op de kaart zien we dat het Palazzo dei Normanni vlakbij is en we besluiten vandaag de beroemde Cappella Palatina te bekijken. In de gids staat dat de onderwerpen van de mozaïeken te maken lijken te hebben met de heilige geest en de theologie van licht. Ik ben geïntrigeerd, want volgens mij zijn die twee begrippen identiek aan elkaar.

Het paleis is oorspronkelijk gebouwd door die bedrijvige Arabieren in de negende eeuw, en in de twaalfde eeuw hebben de Normandiërs het uitgebreid en bestempeld tot residentie voor hun koningen. Latere bewoners en vorstelijke personen hebben hun sporen nagelaten, en vandaag de dag hebben de verschillende stijlen zo lang naast elkaar bestaan dat de architectuur gewoon een eigen gezicht heeft. Byzantijnse Grieken zijn in de twaalfde eeuw met de mozaïekversiering begonnen. *Tessera*, mozaïekblokje, voor tessera: het moet een eeuwigheid hebben geduurd; alle bijbelverhalen die ik ooit heb gehoord, en nog meer, glinsteren in deze ruimte. De vloeren zijn ook van mozaïek of ingelegd marmer, met patronen zoals in oosterse tapijten.

De heilige geest en de theologie van licht vormen niet meer dan een laag. Er gebeurt een heleboel. Het lijkt op Palermo – elke vierkante centimeter vol leven. Ik houd van het woord 'tesserae'. Het lijkt zelf zilver en goud uit te strooien. Daar is de hele kroniek van Adam en Eva, de zondvloed, daar worstelt Jacob met de engel, en in de koepel en absis zien we Christus. In de koepel is hij omringd door verkort uitgebeelde engelen, allemaal in zorgvuldig uitgewerkte gewaden. In de absis schenkt Christus een zegening. In beide mozaïeken heeft hij lange, lange vingers. Door mijn toneelkijker kijk ik langdurig naar zijn rechterhand, alleen dit ene kleine moment in de hele kapel – de hand opgeheven, de duim over de ringvinger, de andere drie vingers recht omhoog, allemaal heel fijn en in subtiele kleuren uitgevoerd. De namiddagzon schijnt nog maar zwakjes op de muren, maar toch zingt het goud om hem heen met schitterend amberen licht.

De rest van het palazzo is gesloten. Als we teruglopen naar het centrum komen we langs terreinen vol puin die nog niet zijn opgeknapt na de bombardementen in de Tweede Wereldoorlog. We kijken open winkels binnen waar oerlelijke rommel wordt verkocht en omzeilen overvolle trottoirs met frituurkraampjes waar ze erwtenbeignets verkopen. Mensen slaan op de valreep nog iets in voor het avondeten. Terwijl ze daarmee bezig zijn, zien ze er gesloten, zwijgzaam, vaak moe uit. Als ze een bekende tegenkomen, breekt er een levendige uitdrukking door op hun gezicht. In de taxi naar het hotel merken we de bijna dodelijke verkeerssituaties nauwelijks op.

De eerste twee restaurants die Ed uitzoekt voor het avondeten worden door de receptionist afgekeurd. Gevaarlijke buurten, zegt hij, met het gebaar van iemand die een keel doorsnijdt. Hij pakt een ballpoint en krast hele wijken op onze kaart door. 'En dit?' vraagt Ed, terwijl hij in onze Italiaanse restaurantgids het zeer geprezen, onuitspreekbare N'grasciata aanwijst. 'En wat betekent die naam?'

'In plaatselijk dialect betekent dat "vies", maar schrikt u niet, het is gewoon een manier van uitdrukken.'

Om wat uit te drukken? denk ik. Vies betekent vies. 'Beveelt u dat echt aan?'

'*Sì*. Een authentiek restaurant. Ze hebben hun eigen vissersboot. U zult daar geen toeristen zien. Ik zal opbellen, dan weten ze dat u eraan komt.'

We worden afgezet bij een restaurant dat er vanbuiten eenvoudig uitziet en vanbinnen zo mogelijk nog eenvoudiger is. Geen tafelkleedjes, geluid van een televisie ergens, geen aankleding, geen menu, schelle verlichting en het gezoem van muggen die aan de vliegenvanger blijven kleven. De ober begint ons eten voor te zetten. De *panelli*, erwtenbeignets, en de schotel gebakken artisjokken vind ik heerlijk. Daarna komt pasta met *pomorolo*, die intens smakende, ingekookte tomatensaus, en kleine inktvissen. Van deze schotel ben ik niet zo zeker. Ik kauw een hele tijd. De schotel komt nog eens en Ed neemt een tweede portie. We krijgen nog een pasta, deze keer *bucatini* met sardines, krenten en venkel. De volgende schotel is een gegrilde *orata*, in mijn woordenboek vertaald als 'verguld hoofd', omgeven door gebakken *frutta di mare* – gewoon verschillende soorten vis. Ik doe het wat langzamer aan. Een beetje vis vind ik lekker, maar ik houd niet van veel. Ed vindt alles wat uit zee komt heerlijk en geniet zo duidelijk van het eten dat de ober bij onze tafel blijft staan en commentaar levert op elk hapje. Hij schenkt wijn in tot de rand van het glas. Zijn smartelijke ogen lijken op die van Jezus in de koepel van mozaïek. Op alle kootjes van zijn lange vingers zitten bosjes zwart krulhaar, en een rand haar ontsnapt uit de kraag van zijn overhemd. Hij heeft het lange, tien centimeter brede gezicht dat ik associeer met krantenfoto's van kapers.

Ik leef even op bij de kruidige *melanzane*, aubergines – dit heeft iets Arabisch, met kaneel en pijnboompitten – maar schrik terug voor de gevulde inktvis (al die zuignapjes op de armen) en de zeebrasemworst. Brengt hij ons alles wat er in de keuken voorradig is? Vervolgens komt er een schaal gebakken aardappels. 'Signora,' zegt onze ober. 'Signora.' Hij kan niet geloven dat ik niet meer wil eten. Hij trekt een stoel bij en gaat zitten. 'U moet eten.'

Ik schud glimlachend mijn hoofd. Ik kan niet meer. Hij slaat die smartelijke ogen ten hemel. '*Ho paura*,' ik ben bang, probeer ik te grappen, terwijl ik op de inktvis wijs. Hij vat het letterlijk op en neemt zelf een hap om te bewijzen dat er geen reden tot ongerustheid is. Toch blijf ik nee schudden. Hij pakt mijn vork, grijpt me voorzichtig bij mijn haar en begint me te voeren. Ik ben zo verbaasd dat ik mijn mond opendoe en eet. Ik vind de structuur echt vreselijk: net mals gemaakte vlakgom.

Als nakomertje sleept hij *involtini* aan, in kalfsvlees gerolde kruiden en kaas, maar zelfs Ed kan niet meer. Hij bedankt de ober. 'De beste vis in Palermo,' zegt hij tegen hem.

'Hoe weet je dat?' vraag ik als we naar buiten lopen. De ober ontbloot zijn tanden in een brede grijns. Nee, hij lijkt meer op een wolf dan op Jezus.

'Dat moest wel. Zulke restaurants hebben we thuis ook.'

We zijn al vroeg op pad. De markt in de wijk Vucciria is overweldigend. Ik ben in Frankrijk, Spanje, Peru, San Francisco en overal in Italië naar de markt geweest. Dít is pas een markt. Vanwege de aanslag op je zintuigen, de vervoering. Omdat het dit weekend palmzondag is, is het misschien een zwaardere aanslag dan gewoonlijk. Rijen lammeren hangen, van hun ingewanden ontdaan en druipend, aan hun poten. Hun kleine hoeven en staarten zien er zo triest uit, hun kleine ingewanden zo gruwelijk. De regenbogen van glanzende vis op ijs, de bergen garnalen met nog wriemelende voelsprieten, geschilderde wagens vol citroenen, edelsteenkleurige gekonfijte vruchten, blikken olijven, noten, pitten – alles beheerd door verkopers die schreeuwen, zingen, vleien, grapjes maken, vloeken, marchanderen en sarren. Ze zijn luidruchtig en rauw. Kan het waar zijn dat de maffia hier heroïne verhandelt, zoals ik heb gelezen? Een verkoper steekt een mand met palingen uit die eruitzien als levend zilver. Hij draait met zijn heupen om hun beweging te benadrukken. Dit lijkt eerder op carnaval dan op de meer stijlvolle Toscaanse markten waaraan we zijn gewend. Ik wilde dat ik een keuken had, zodat ik een paar glimmende aubergines en bossen veldsla kon kopen. Mijn maag knort zo dat het wel het gehinnik van een piepklein paard lijkt. Koks leven hier in een paradijs. Ik zal nooit meer lamsvlees eten.

Ed weigert naar de Catacombe dei Cappuccini te gaan, waar 8000 uitgedroogde lijken worden tentoongesteld. Ik heb al een prentbriefkaart gekocht van een meisje met rood haar dat al tientallen jaren onder glas ligt, haar tere neusvleugels nog volgestopt met watten, een lint in haar haren. We hebben in Guanajuato, Mexico, eenzelfde soort tentoonstelling bezocht. Ik was gefascineerd; hij vond het walgelijk. We besluiten naar het Museo Archeologico te gaan, en we komen er pas weer uit als het sluit. Ik vind dit een van de beste musea die ik ooit heb bezocht – zo veel dingen die me interesseren zijn in dit oude klooster bijeengebracht. Op de binnenplaats liggen Fenicische ankers en amfora's die uit zee zijn opgedregd. Op oude kerkhoven in

Marsala zijn mysterieuze *stelae*, grafzuilen, met geschilderde portretten gevonden. Etruskische schatten, sommige met verfsporen, uit de tomben in Chiusi, vlak bij ons in Toscane, zijn op de een of andere manier op Sicilië terechtgekomen. Hier zien we de *metopen*, panelen van het tempelfries, uit de zesde en vijfde eeuw voor Christus, die uit de buurt van Selinunte komen, een van de belangrijkste Griekse opgravingen op het eiland. We zien Demeter, de stier van Kreta; Perseus, Hercules en Athene schitteren in verschillende zegetochten. Hera trouwt met Zeus, en Actaeon verandert in een hert. Nu ik de bekende mythische spelers zie zoals ze in werkelijkheid op de tempels voorkwamen, kan ik me de legenden beter voorstellen. Deze beelden komen uit een tijd waarin ze echt waren voor de mensen, niet alleen maar personen uit de geschiedenis van de mythe – een verbijsterend dichtbij halen van afstand. Ook de enorme schaal bereidt ons voor op de omvang van de ruïnes die we zullen zien.

We kunnen niet alle 12.000 votiefbeeldjes bekijken die ook bij Selinunte zijn opgegraven, maar we kijken tot we niet meer kunnen. Dan rest alleen nog de ene zaal na de andere met Romeins beeldhouwwerk, Griekse vazen, en meer en meer. We slenteren erdoorheen, staan stil bij geschilderde fragmenten uit Pompeji, een fantastische bronzen ram uit de derde eeuw voor Christus, en een waas van ingelegd plaveisel. Dan lopen we naar buiten. Het gewone trottoir op, daas en verbijsterd door wat we hebben gezien.

Palermo is één groot feest. Geen gemakkelijke stad, maar wel een uitdaging. Je blijft alert; je suft niet weg, krijgt geen kans om passief te zijn. Het is een stad waartegen je in het geweer moet komen en daarom blijft hij je bij. We brengen drie dagen door tussen de bewoners van Palermo, geboeid door hun straatleven, verzadigd door hun Siciliaanse barok, die barokker is dan barok; we hebben een stijve nek van het omhoogkijken in koepels. Ervaart het kind in de baarmoeder licht, zoals ik het door mijn hand zie als ik die tegen een sterk licht houd? Als dat zo is lijkt de laatste, wazige impressie van het geboortekanaal die een kind bij de geboorte heeft misschien op de binnenkant van de bakstenen Moorse koepel in de San Cataldo: een concentrische verspreiding van bleek licht.

Wat ons in Palermo verraste, was Siciliës omarming van art nouveau, die in Italië 'Vrijheid' wordt genoemd. De metalen kiosken rond de Quattro Canti, het hoofdkruispunt in het centrum, hadden alle charme van de beroemde metroborden in Parijs. Ons hotel was versierd met uitgebreide schilderingen van Ernesto Basile, die ook de decoratie heeft voltooid van het door zijn vader ontworpen Teatro Massimo, dat na meer dan twintig jaar restauratie onlangs weer is opengegaan. Wat een duo, die vader en zoon. Het was een extra genoegen om hun bronnen te herkennen in de Byzantijnse, Moorse en Griekse motieven overal in de stad. Een frustratie was het dat zo veel gebouwen waren gesloten. Geen bordje, gewoon dicht.

Als de fresia's in onze kamer beginnen te verwelken, besluiten we de volgende ochtend met onze rondreis over het eiland te beginnen. We drinken een glas bloedsinaasappelsap op ons balkon. We horen alleen maar het geritsel van palmen onder ons en het kletteren van de tuigage op de zeilboten in de baai. 'Wil je hier nog eens heen?' vraag ik.

'Ja. We hebben hele stukken van Palermo niet gezien.'

'Het is moeilijk om deze stad een beetje te leren kennen. Zo veel lagen, zo primitief, zo complex – een ontmoedigende stad.'

'Mijn hoofdindruk is: chaos waarmee iedereen heeft leren leven.'

'Ik denk niet dat ik hier zou kunnen wonen. Ik zou nooit ergens met de auto heen kunnen.' Ik rijd niet eens graag op de snelwegen bij East Bay.

'Jawel, dat zou je best kunnen. Je zou een tweedehands mini-auto kopen en als je daar elke dag een paar deuken in kreeg zou het je niets kunnen schelen.'

'En deuken in mijn hoofd dan?' Chaos, denk ik. Ja, die heerst hier. Maar plotseling herinner ik me een verhaal dat een vrouw, die ik in Milwaukee ontmoette, me over een kennis vertelde. 'Een soldaat uit de Midwest zat in de Tweede Wereldoorlog op een schip dat in de haven van Palermo werd gebombardeerd door terugtrekkende Duitsers,' vertel ik Ed. 'Hij overleefde het, hoewel bijna iedereen sneuvelde. Hij zwom naar de kust en strandde hier. Op een avond ging hij naar de opera – daar was hij nog nooit heen geweest. Aan het eind was hij zo geroerd door de muziek dat hij begon te huilen. Alle gruwelijkheden kwamen ineens boven. Tijdens het applaus en daarna stond hij gewoon ongegeneerd te huilen. Het publiek begon de zaal uit te lopen. Een man keek naar hem, stond stil en legde even zijn hand op zijn hoofd, alsof hij hem zegende. En alle mensen die langs hem kwamen stonden stil en deden hetzelfde.'

'Dat is een van de mooiste verhalen die ik ooit heb gehoord. Dus zo is Palermo.'

Iedere opeenvolgende veroveraar van Sicilië – Grieken, Carthagers, Romeinen, Arabieren, Normandiërs en al die anderen – moeten zakken vol veldbloemzaden hebben meegebracht. In de primavera staat het platteland helemaal in bloei: rivieren van geel, purper dat als een waterval rond rotsen omlaag stort, bermen vol piepkleine blauwogige bloemen, en amandelgaarden waar het lange gras is bedolven onder witte madelieven. Naar omstandigheden zijn we vrij snel de stad uitgekomen. We waren maar een halfuur verdwaald. Hoewel Ed was geïntimideerd door het verkeer in Palermo merkte ik, zodra we buiten de stad waren, zijn nieuwe vaardigheden op, aangeleerd op de achterbank van de taxi's. Hij begint zich thuis te voelen met het denkbeeld dat rijbanen eigenlijk niet bestaan; de weg is een open veld om te komen waar je heen wilt. De witte streep is het centrum van een denkbeeldige rijbaan die zo nodig wordt gebruikt.

Als we langs de kust rijden en landinwaarts kronkelen, aan de ene kant de Mar Tirreno in zeven tinten blauw, aan de andere uitbundig bloeiende heuvels, is duidelijk te zien waarom al die horden veroveraars hun zinnen op dit eiland hadden gezet. Overal is het landschap gevarieerd of dramatisch. Steeds wanneer de geur van sinaasappel- en citroengaarden het raam binnenzweeft, moet het menselijk lichaam zich overspoeld voelen door een loom welzijn.

Algauw zijn we bij de afslag naar Segesta, de eerste van de vele Griekse tempels die we op Sicilië hopen te zien – er zijn er niet zoveel als in Griekenland zelf. De Dorische tempel rijst vlak bij de hoofdweg op, waar hij op de heuvelflank is opgedoemd sinds de vijfde eeuw voor Christus, wat bijna eeuwig is. Langs het pad naar boven zien we reusachtige venkel groeien, meer dan drie meter hoog. Ik heb me altijd afgevraagd hoe Prometheus vuur naar de Grieken kon brengen in een venkelstengel. In deze stengels zou je heel wat kooltjes kunnen stouwen. Misschien heeft hij al doende gegrilde venkel uitgevonden.

In de gids staat over Segesta: 'De tempel is gevleugeld, heeft 36 ongegroefde zuilen (zes aan de voorzijde) van 9 meter hoog en 2 meter doorsnee aan de basis, en staat op een stylobates van 58 meter bij 23 meter. De hoge architraaf en de kroonlijsten zijn intact. De knoppen waarmee de blokken van de stylobates op hun plaats werden gemanoeuvreerd, zitten er nog. Verfijningen vindt men onder meer in de kromming van de architraaf en de kapitelen.' Nou, dat klopt, maar de tempel is prachtig.

Dat is het even oude theater dat een eindje lopen verderop ligt ook. Griekenland was het eerste land dat ik ooit wilde zien. Mijn verlangen kwam voort uit een totale onderdompeling in Lord Byron toen ik in de hoogste klas van de middelbare school zat. Op de universiteit volgden mijn vriendin Rena en ik een college Grieks drama. We vroegen brochures aan over Griekse vrachtschepen en besloten onze studie te laten schieten en de wereld te gaan bekijken. We wilden een reis boeken op de Hellenic Destiny, maar onze ouders zeiden dat er niets van in kwam. Ik ben nog nooit in Griekenland geweest. Een paar jaar geleden heb ik de schitterende tempels in Paestum, in het zuiden van Italië, gezien en toen kwam het verlangen weer boven. 'Bergen met zicht op Marathon / en Marathon kijkt uit op zee / en ik, alleen, peins daar een uur / en droom dat Griekenland nog vrij is.' Zoiets – het lijkt in een soort dichtvorm aan me voorbij te trekken.

Net zoals Paestum is Segesta van alles ontdaan, tot pure stilte overblijft, de skeletachtige zuiverheid afgetekend tegen de achtergrond van de hemel. Er waren een paar mensen in het winkeltje, maar hier is niemand. We zijn alleen met de geschiedenis en zwaluwen die in duikvlucht uit hun nesten komen.

We nemen een kamer in een plattelandshotelletje met een vochtig bed waarin we tijdens de siësta tegen elkaar aan kruipen. De lentezon is nog niet door deze muren gedrongen. De charmante binnenplaats met weelderige salie en rozemarijn, en de kamer met kleurige handgeweven kleden en een ijzeren bed zijn geen compensatie. Het uitzicht op zee ook niet. Het is ijskoud. Een zwak vierkantje zonlicht komt halverwege de vloer. Bedlampjes met niet meer watt dan kerstboomlichtjes sluiten lezen uit. Om vier uur zitten we weer in de auto, op weg naar Erice, een rotsachtig middeleeuws stadje, dat vroeger Eryx heette. Waar is iedereen? We zijn alleen, net zoals bij Segesta. Zelfs de bekende banketbakkerij van Maria Grammatico is leeg, op een dikke (wie zou dat in deze winkel niet zijn?), slome bediende na, die zich helemaal in zijn sigaret lijkt te verdiepen. De amandelcake en dikke citroentaart met geroosterde amandelen houden de reputatie van Sicilië hoog: ze smaken overheerlijk. Ik wilde dat ik de rest van die citroentaart mee kon nemen; met de plaatselijke amandelen erop is hij beter dan het recept uit het diepe zuiden dat ik van mijn grootmoeder heb. Hoewel Erice klein is geeft het stadje ons een gedesoriënteerd gevoel. We werpen een blik in de weinige winkels en lopen er helemaal omheen. Alle kerken zijn dicht. We wachten ons er wel voor om het leven in een Italiaanse stad aan de hand van één bezoek te beoordelen. Misschien is Erice op een ander tijdstip op een andere dag heel levendig. Steden hebben hun eigen stille dagen, hun individuele ritmen.

Eindelijk gaan de restaurants open. Op dit vroege uur zijn we alleen. Ha, er zijn weer erwtenbeignets. We bestellen *cuscus alla Trapanese*, couscous gekookt met visbouillon in de door Noord-Afrika beïnvloede stijl van Trapani, dat vlakbij ligt. De ober beveelt *spigola al sale* aan, zeebaars in een zoute korst, een schotel die ik thuis soms maak. Hij brengt een fles Còthon, een rode wijn uit Marsala, onder zijn arm mee, en de schaal met de omhulde vis op een bed van venkelbladeren houdt hij voor zich uit.

Als we na het eten buiten komen merken we dat we helemaal niet meer weten waar we de auto hebben geparkeerd. We doorkruisen het stadje, doorkruisen het nog eens, gaan een donker park in, lopen heuvel op, heuvel af. De straten glimmen als gepoetst tin in het maanlicht. Er is niemand buiten. Waar is het restaurant? Huiveringwekkend Erice.

In onze kamer zijn de lakens weer koud. Ik sla mijn notitieboek open en schrijf: Erice – zendmasten, ongewone stenen straten, en dan val ik in slaap.

We zijn verlost van die vochtige *tomba*; dit wordt een puur Griekse dag. Selinunte, meer vervallen dan Segesta, ligt verspreid tussen een brede heuveltop en de zee. De naam Selinunte, leest Ed, stamt van het Griekse woord voor wilde selderij. Een deel wordt helemaal ingenomen door honderden kolossale, gebroken pilaren. Nu ze zijn omgevallen en daar in stukken liggen, lijken ze nog massaler. We lopen de heuvel af naar de ruïnes aan de oever van de zee. Op die manier zie je de omtrekken van de gouden pilaren uit de zesde eeuw voor Christus afgetekend tegen blauw water. In de zachte lentelucht zitten we op een rots te staren naar wat zeker een van de mooiste klassieke taferelen in het universum is. De namen 'Tempels C, G, E' lijken belachelijk. Weer zijn we alleen op deze plek. Omdat we in Palermo de metopen hebben gezien kunnen we ons die gemakkelijk rond de bovenkant voorstellen, maar het is niet makkelijk om je voor te stellen hoe de Grieken ze naar boven kregen.

Dromerige gedachten over een paradijselijke lente duren niet lang. Algauw gaat het uitzicht uit het autoraam over in velden die helemaal zijn gehuld in afzichtelijk plastic. Groenten kweken onder met plastic overdekte hoepels verlengt inderdaad het kweekseizoen en verbetert de landboweconomie, maar het landschap wordt erdoor verwoest. De kwekers zijn grondig te werk gegaan – de glans van plastic zo ver het oog reikt. Geen groente wordt zo gemangeld en betutteld als de tomaat. De exemplaren die onder plastic zijn gekweekt zien er mooier uit dan ze smaken. Alleen rechtstreeks zonlicht doordrenkt tomaten met aroma, laat de volle smaak tot wasdom komen. Goede Siciliaanse koks moeten op de zomer wachten om hun tomatensaus te kunnen maken.

Veel steden die we aandoen zijn afzichtelijk. Die met aandelen in Siciliaanse cementbedrijven zijn rijk. Er zou een vijftig jaar durend verbod moeten worden opgelegd. Historische centra worden vaak gesmoord door dit naoorlogse beton, voornamelijk in de vorm van appartemententorens, die onmiddellijk achterbuurten worden. De olieraffinaderijen en chemische bedrijven voegen ook niets aan de *bellezza* toe. Veel van de op zich prachtige kust waar we langskomen is verwoest – overal het vreemde verschijnsel van half afgemaakte en dan in de steek gelaten bouwwerken. Het moet heel wat geld hebben gekost om het project te starten, en dan strandt het op de een of andere manier. Te veel steekpenningen?

Waarschijnlijk tonen de meeste mensen niet het normale initiatief omdat er angst in de lucht hangt; beter niet opvallen. Omdat ik hier nog maar een paar dagen ben voel ik daarover vlagen razernij. Ik kan me niet voorstellen hoe het moet zijn om werkelijk te léven onder de sluier van hun grote kwaad. Ik hoor van niemand ooit het woord 'maffia'; als toerist kan ik dat ook niet verwachten. Zelfs veelbetekenende vragen worden zo omgebogen dat de antwoorden geen speculaties over de 'Casa Nostra' hoeven in te houden. Op Mars kunnen steentjes worden onderzocht. Baby's kunnen in reageerbuizen worden gemaakt. Ik begrijp niet waarom de maffia niet kan worden opgerold. Stel je Sicilië zonder de maffia voor, stel je voor hoe de mensen zouden opleven...

Ik ben blij dat ik geen examen hoef te doen over Agrigento. Op een Amerikaan die gewend is aan een betrekkelijk ongecompliceerde geschiedenis, komt het hele Italiaanse verleden hopeloos ingewikkeld over. De kroniek van de Griekse ruïnes maakt het nog eens vele malen ingewikkelder. Agrigento is sedert zijn stichting door de Grieken in de zesde eeuw voor Christus een speelbal geweest van Carthagers, Romeinen, Zwaben, Arabieren, Bourbons en Spanjaarden. Onderworpen aan naamsverandering door Mussolini's ijver om van alles iets Italiaans te maken, werd de oude naam Akragas Agrigento. Ik heb dezelfde ijver gezien op een plaquette aan het huis waarin John Keats in Rome heeft gewoond, afgesneden van zijn geliefde en stervend aan tuberculose. Hij wordt Giovanni Keats genoemd, wat hem op de een of andere manier kwetsbaarder dan ooit maakt.

Luigi Pirandello is in Akragas/Agrigento geboren. Wanneer je over Sicilië reist, worden zijn toneelstukken en verhalen, met hun grillige realiteitsgevoel, in een heel natuurlijk licht geplaatst. Door het naast elkaar bestaan van de Griekse ruïnes, de hedendaagse ruïnes en het wereldse dagelijks leven zou mijn gevoel voor tijd en plaats ook danig in de war raken. De zon, heeft Pirandello geschreven, kan stenen breken. Zelfs in maart voelen we de stuwende kracht op ons hoofd als we in de Vallei van de Tempels lopen.

Verspreid over een vallei met amandelbomen en veldbloemen staat een nauwelijks te bevatten verzameling resten van een oude stad, van tempels tot rioolbuizen. Je kunt hier dagen blijven en nog niet alles zien. Anders dan bij de andere bezienswaardigheden lopen hier heel veel bezoekers rond. De tempel van Concordia is de best bewaarde tempel die we hebben gezien. Herstel het dak en de bevolking zou vertrouwelijk kunnen spreken met Castor en Pollux, aan wie de tempel waarschijnlijk is gewijd.

Vijf dagen geleden wist ik bijna niets over deze ruïnes. Nu bedekt het oude stof mijn voeten door mijn sandalen heen; ik heb gezien hoe deze gebouwen op miraculeuze wijze de eeuwen hebben doorstaan. Deze tempels: mannen die gevlochten palmbladeren verkopen voor palmzondag, schoolkinderen die verstoppertje spelen tussen de pilaren, van ontzag vervulde reizigers zoals wij met druipende gelato – dat alles onder de intense Siciliaanse zon. Ik ben ontroerd. Net als ik dat denk, zegt Ed: 'Wat is dit aangrijpend.'

Toch merken we tijdens het avondeten dat de ene tempel in de andere begint te vervloeien. Misschien hebben we voorlopig genoeg gezien van Agrigento.

Tegen de tijd dat we weer in het hotel zijn, word ik overvallen door reizigersmelancholie, zoals ik het ben gaan noemen, een diepgaand gevoel van ontheemding dat me soms een paar uur in zijn greep houdt wanneer ik in een vreemd land ben. Het genoegen van de waarnemer verandert plotseling in een onbestemde ongerustheid. Zolang die me in haar greep houdt, zeg ik niets meer. Ik sta stil bij het feit dat de meesten van mijn dierbaren er geen idee van hebben waar ik ben en dat mijn afwezigheid niet wordt opgemerkt; ze slijten hun dagen zonder zich iets aan te trekken van het gebrek aan mijn aanwezigheid. Dan komt er een immens verlangen naar huis over me. Ik stel me mijn bed voor met een stapel boeken – waarschijnlijk reisgidsen – op het nachtkastje, het gekamde middagzonlicht dat door de gebogen ramen valt, Sister die op het bed springt en met haar nagels in de gele deken blijft haken. Waarom ben ik hier, waar ik niet thuishoor? Wat is dit voor een buitenaardse plek? Ik heb het gevoel dat ik me in een vreemd leven na de dood bevind, een schim die op de winden meedrijft. Ik vermoed dat dit gevoel van ontheemding in wezen angst voor de dood is. Wie en waar ben je wanneer je niemand bent?

Beneden, op de binnenplaats van het hotel, is een huwelijksdiner in volle gang. De kreten, de gewaagde toasten en de lichtelijk verfomfaaide bruid intensiveren mijn toestand. Gewoonlijk zou ik genieten van de positie van bijna onzichtbare waarnemer bij het raam, maar vanavond beteken ik niets voor hen. Zij horen hier. Ik ben een loslopende radicaal. Als de band na een pauze weer gaat spelen, beginnen twee kleine meisjes in dwaze jurken vol kwikjes en strikjes samen te dansen. Ik zou overal op de planeet kunnen zijn, of niet op de planeet, en toch zouden ze dansen en dansen. Mét of zónder. De bruidegom zou zijn stoel omdraaien. De grootouders in hun stijve plattelandskleren zouden er even verschrikt uitzien. Mét of zónder. De maan zou zijn oeroude licht op de unieke pilaren, verspreid over de vallei, laten vallen, zoals hij dat altijd heeft gedaan en zal doen.

Ed slaapt al. Ik loop naar beneden en kijk hoe het feest een eind neemt. Kussen en omhelzingen. Ik ga naar de bar en bestel een glas *limoncello*, concentreer me hevig op de levendige citrusvruchtsmaak, tover voor mijn geestesoog het mooie gezicht van mijn dochter, ruim tienduizend kilometer vanhier.

's Morgens rijden we door en komen we langs een paar akelig lelijke dingen. Petrochemisch – wat een afzichtelijk woord. Arm Gela – ik zie dat er ergens in dit labyrint interessante overblijfselen zijn, maar het is zo intens lelijk dat we er snel doorheen rijden. Ed herinnert zich dat Aeschylus hier is gestorven toen een adelaar die boven hem vloog een schildpad op zijn hoofd liet vallen. Het lot, zoals in een voorspelling. Een mythische manier om te sterven. Pirandello is als kind vast beïnvloed door dit verhaal.

Ragusa – hier overnachten we. Deze heuvelstad voelt aan als Sicilië zoals ik het me voorstelde – provinciaals en zo besloten zichzelf. Zoals verschillende andere steden in de omgeving is Ragusa na de verschrikkelijke aardbeving van 1693 herbouwd in barokstijl. Er is een oude stad en een oudere stad, Ragusa Ibla. We zijn nu zover dat we gewoon verwachten dat we zullen verdwalen en dat gebeurt ook. We arriveren in Ibla op het moment dat er feest wordt gevierd. Het is gewoon te gek hoeveel auto's zich in straten kunnen persen die nauwelijks breder zijn dan een armlengte. We kruipen voort, slaan meer dan tien keer af in een poging om weg te komen. We vangen een glimp op van de San Giorgio, fantastischer dan een bruidstaart en schijnbaar het middelpunt van de feestelijkheden. Is de zaterdag voor palmzondag een speciale dag? Ten slotte ontsnappen we uit Ibla en vinden we een prettig hotel in de bovenstad, die nieuwer is, maar er voor ons oud uitziet. Het regent. We zitten in de bar met een espresso en bekijken gidsen en kaarten. *Americani* zijn hier een nieuwigheid. Twee mannen in pakken knopen een praatje aan, kennelijk geïntrigeerd als we vertellen dat we uit San Francisco komen. Ze willen weten of we Sicilië mooi vinden, of we Ragusa mooi vinden. 'Sì,' zeggen we allebei. Ze staan erop om onze koffie te betalen.

Tijdens een wandeling in de regen bewonderen we gietijzeren balkons en kijken we hoe de bewoners de kathedraal inrennen voor de zaterdagmis. Rond de grote gebeeldhouwde deuren staan uitstallingen van ingewikkeld gevlochten palmbladeren die door jongens worden verkocht. Iedereen koopt er een, dus doen wij dat ook. Ed steekt hem achter de spiegel in onze kamer. Vanavond vieren we mijn verjaardag. We gaan op pad naar een restaurant dat ongeveer vijftien kilometer verder ligt. Algauw zijn we verdwaald op wegen zonder naam of nummer. Het restaurant schijnt een illusie te zijn. We gaan terug en eten in een door neonbuizen verlichte pizzatent met oranje plastic stoelen.

Zomaar wat ronddwalend stoppen we bij een door cipressen bewaakt kerkhof in de buurt van Modica. De buitensporige graftomben zijn zorgvuldig uitgehouwen miniatuurhuizen die aan miniatuurstraten liggen. De uitbundigheid van Modica's barokkunst in een microkosmos. Door de roosters of hekken van de kapelletjes zie je altaren met witte kleden erover en ingelijste portretten van de doden en potten met planten of vazen met bloemen erop. Op drempels zitten een paar katten op het verwarmde marmer te zonnen. Een vrouw is aan het schrobben alsof ze met haar eigen stoep bezig is. Met een punt van haar schort wrijft ze de ronde foto van een soldaat uit de Eerste Wereldoorlog op. Een jong meisje wiedt de berg zand op een nieuw graf in de onbeplante oude grond. Deze doden koelen langzaam af; iemand verzorgt nog bloemen op graven waar de bewoners al vijftig jaar liggen.

Het kerkhof van Cortona is ook een weerspiegeling van de stad, hoewel niet zo groots van opzet. Een ommuurde dodenstad, vlak onder de stad van de levenden, die 's nachts een gloed uitstraalt door de votieflichtjes op elk graf. Als je van de Piazza del Duomo naar beneden kijkt, is het moeilijk om je niet voor te stellen dat de doden rondlopen, bij elkaar op bezoek gaan, zoals hun familieleden vlakbij op de heuvel nog steeds doen. Hier zouden de doden waarschijnlijk alleen tevreden zijn met uitgebreid toneelvermaak.

Avola, de volgende plaats op onze route, heeft nog enige bekoring. Aan de straten staan barokhuizen die een kamer breed zijn. Mogen we alsjeblieft minstens een dozijn van die heerlijke kinderen met witte schortjes meenemen? Op de straathoeken scheppen mannen, een weegschaal in hun hand, mosselen van een berg op de stoep. Vrouwen met manden drommen samen bij open vrachtwagens waar groenten worden verkocht. We rijden alsmaar kleine weggetjes naar zee in. We kunnen de stranden die we verwachten – de onbedorven kustdroom over de doorschijnende wateren van het eiland – niet vinden, alleen naargeestige badplaatsen waar buiten het seizoen alles is gesloten, deprimerend.

Pas in Siracuse word ik eindelijk verliefd. In mijn Griekse periode aan de universiteit volgde ik colleges Griekse en Romeinse geschiedenis, Grieks en Romeins drama, Griekse etymologie. Toen vond mijn grootvader, die mijn studie betaalde, het genoeg geweest. 'Ik geef je geen geld om je hoofd in de wolken te steken. Je moet zorgen dat je onderwijsbevoegdheid krijgt, dan heb je iets om op terug te vallen.' De onderliggende boodschap was: als je man – die je aan de universiteit hoopt te vinden, en geen yankees alsjeblieft – doodgaat of wegloopt. Intussen genoot ik van Aeschylus, de ernstige gevolgen van hartstocht, melkwitte marmeren beelden, de onderzoekende geest van de Grieken. Daarom vind ik een bezoek aan Siracuse geweldig opwindend. Machtig Siracuse, oud onder de ouden. In de klassieke wereld na Athene de belangrijkste stad. We kiezen voor een superluxueus hotel op het aangrenzende eiland Ortygia, met een kamer waar je aan alle kanten uitzicht op het water hebt. Plotseling zijn we niet zozeer moe, als wel verzadigd. We brengen de middag door in het enorme bed, laten koffie boven komen, trekken de gordijnen open en kijken hoe de vissersboten – is dat geen Grieks blauw? – de haven binnenkoersen.

Na de siësta merken we dat Ortygia helemaal in paasstemming is. Bars etaleren chocolade-eieren van meer dan een halve meter hoog, gewikkeld in purper cellofaan en linten. Sommige hebben aan één kant een opening met daarin een marsepeinen Christus aan het kruis. Er zijn ook eieren met een verrassing erin. Ik zou dolgraag marsepeinen duiven, lammetjes in mandjes, chocoladekippen kopen. De lammetjes lijken op speelgoeddieren: van neus tot staart versierd met fantastische marsepeinen krullen. In de Antica Dolceria zijn ze helemaal op hol geslagen met de marsepein: de ark van Noach, compleet met dieren, de Griekse tempels, olijven, potloden. We beseffen dat marsepein – *pasta reale* – een serieuze vorm van volkskunst is. Ik heb aan drie hapjes genoeg; misschien moet je op Sicilië zijn geboren om er meer van te kunnen eten.

Ortygia is fantastisch. Het vage, intuïtieve gevoel van bedruktheid dat ik op Sicilië heb gehad, verdwijnt helemaal. Heeft de maffia het hier niet voor het zeggen? De mensen lijken luchthartiger, speels, zwierig. Ze kijken je aan, zoals de mensen in de rest van Italië doen. In de late middag lopen we het hele eilandje over. Het heeft zijn eigen Griekse ruïnes, die gewoon op een graslandje bij een kruispunt liggen. Een in de trap uitgehouwen inscriptie bestempelt de plek als een tempel die aan Apollo is gewijd. In dicht gebladerde ficusbomen aan een wandelpad langs het water wonen duizenden vogels die hun avondlofzang ten beste geven. Uitzichten over het water, barokke smeedijzeren balkons, Venetiaanse gotische ramen, dichtgespijkerde palazzi, en een wirwar van middeleeuwse straatjes – lagen en lagen architectuur en tijd. Bij de Piazza del Duomo plotseling straten die elkaar kruisen en breder zijn. De barokgevel en ingang van de kerk bereiden je helemaal niet voor op de verbijsterende verrassing die je binnen te wachten staat. In een muur is een rij van twaalf majestueuze pilaren van de Tempio di Atene uit de vijfde eeuw voor Christus ingebouwd. Tegen de avond vallen pieken zonlicht over de piazza en verlichten de gezichten van de mensen die aan tafeltjes buiten een aperitivo zitten te drinken. Gewone mensen, wier gezichten veranderen nu de zon er de glans van gouden mozaïeken op legt.

Anders dan de *Lotophagi* – lotuseters – over wie Homerus heeft geschreven, heb ik nooit iets geproefd waardoor ik het verlangen naar mijn geboorteland verloor, zelfs niet de tomatensaus, die de beste op de wereld is. Het eten: overal waar we hebben gegeten is het heerlijk, kan het niet beter. De koffie is gewoon een klasse apart. Mensen die van zeevis en schaaldieren houden raken nooit meer uitgepraat over het Siciliaanse eten. Voor we ergens heen gaan, maakt Ed een nauwgezette studie van restaurants, want hij wil geen kostbare avond verknoeien. Maar vanavond worden we gewoon een trattoria in getrokken omdat die eruitziet als de oergezellige eetkamer van iemands Siciliaanse tante, met beschilderde kasten, stukken oude kant, familiefoto's. We worden met een handgebaar naar de laatste lege tafel verwezen. Er komt geen menu. Een karaf wijn wordt op tafel geploft. In de piepkleine keuken zijn een vrouw en haar dochter in een geanimeerd gesprek gewikkeld. De echtgenoot zorgt voor de bediening. Hij houdt een glas wijn omhoog terwijl hij zich soepel van de ene tafel naar de andere beweegt, en terwijl zijn klanten bestellen, neemt hij een paar slokjes. Algauw verschijnt er een schaal *antipasti* – kleine inktvis, een groentetaart, olijven. We eten alles op en wachten af. Blijven wachten. Ed houdt de kleine karaf omhoog. Meer wijn? De echtgenoot raakt in verlegenheid; de wijn is niet afgeleverd. Hij rent langs andere tafels en gapt wat uit halfvolle karaffen. De gasten kijken lichtelijk verbaasd. 'De wijn komt er zo aan,' verzekert hij ons. Plotseling komen er drie mannen in donkere pakken binnen en de echtgenoot maakt praktisch een buiging. Ze lopen de keuken in. De vrouwen gaan in de houding staan. Vanaf onze tafel kunnen we hen zien: ze drogen hun handen af aan hun schort en slaan hun ogen ten hemel. Is dit een bezoek van de maffia? Moet er betaald worden? Maar de mannen doen kasten open, bukken zich naar de grond, buigen zich over het fornuis. Een van hen pakt een opschrijfboekje en overlegt met de anderen. Even lijkt het of ze ruzie hebben. Een van de drie kijkt knorrig. De vrouw schept iets op borden en deelt die uit. Iedereen zwijgt terwijl de mannen eten, dan geven ze de echtgenoot een hand, overhandigen hem een papiertje, knikken tegen de vrouwen en lopen naar buiten. In de eetzaal kun je een speld horen vallen. De echtgenoot wacht tot de mannen om de hoek zijn verdwenen en slaakt dan een vreugdekreet. Een gebogen man van ongeveer één meter twintig komt binnen met een mandfles wijn. De echtgenoot slaakt nog een vreugdekreet, haalt de kurk uit de fles en vult de karaffen op alle tafels. Hij heft zijn glas en de vrouwen komen lachend de keuken uit. De keuringsdienst heeft een verrassingsbezoek gebracht en alles was in orde. We heffen allemaal het glas, en dan wordt er nog eens wijn geschonken. Hierna is de bediening een chaos. De groenten komen tien minuten voor het hoofdgerecht op tafel. We krijgen de gegrilde vis van iemand anders, maar tegen die tijd kan het ons niet meer schelen. Het is toch allemaal lekker.

Als ik de volgende ochtend vroeg in mijn eentje een wandeling maak, suist er een auto voorbij die vervolgens stopt. De vrouwelijke kok van het restaurant springt eruit, pakt mijn hand en zegt dat ze het zo enig vindt om me weer te zien, dat ik nog eens moet komen. Ze draagt wapperende shawls en heeft hopen juwelen om haar polsen. Ik kom beslist nog een keer terug.

We zijn klaar voor een hele dag lopen. In het museum op Ortygia krijgen we van een suppoost een lezing die een docent hem niet zou kunnen verbeteren over een schilderij van Caravaggio: de begrafenis van Santa Lucia, een plaatselijke martelares in 304, die haar eigen ogen heeft uitgestoken toen een aanbidder die bewonderde. En waar komen we vandaan? Ah, hij heeft een neef in Californië; die moeten we eens opzoeken als we weer thuis zijn. Ed is dol op schilderijen van de Annunciatie en raakt betoverd door een afbladderend exemplaar van Da Messina. Ik houd het meest van kleine plaatselijke musea. Ze blijven meestal dicht bij de bron en verdiepen het contact op toeristenniveau met een plek.

We lopen over de brug en door een park en dan door een honingraat van straatjes. Het Museo Archeologico in Siracuse zelf is van wereldklasse. De kunst en vaardigheden van opeenvolgende levensfasen in dit gebied zijn op een intelligente manier gerangschikt en uitgestald. Beginnend bij de prehistorie volgen we de geschiedenis door de ene verbijsterende zaal na de andere. Kunstvoorwerpen, beelden, leeuwengezichten van de tempelruïne op Ortygia, Griekse geloftegiften, en een verbazingwekkend bronzen paard – o, zoveel.

Het amfitheater in Siracuse – wat een fabelachtige ligging. De stenen heuvelkop is uitgehouwen zodat natuurlijke zitplaatsen zijn ontstaan, een ronding van 300 graden die op een toneel is gericht. Er zijn gangen uitgehouwen waardoor gladiatoren naar binnen en naar buiten konden. In de zomer worden hier nog Griekse tragedies opgevoerd. Wat zou het leuk zijn om in zo'n stuk mee te spelen. De ruïnes die we hebben gezien, zijn de belangrijkste; het eiland is bezaaid met honderden andere tempels, funderingen, baden en niet geïdentificeerde stenen. Dit moet de ideale tijd zijn om alles te bekijken, want er zijn bijna geen toeristen. De eenzaamheid van deze plekjes verscherpt het gevoel dat je er toevallig op stuit, het gevoel van ontdekking dat voor mij de essentie van reizen is.

's Nachts horen we vaag een onweersbui, maar we zijn zo door en door uitgeput van onze dag dat we nergens echt wakker van worden tot een uur of drie. Al het vensterglas kraakt onheilspellend in zijn sponningen en het lijkt wel of iemand ons bed heen en weer schudt. Aardbeving. We springen overeind en kijken naar de haven, waar rustige boten alleen maar lijken te deinen op het water. We wachten af, zoals we dat op andere nachten in San Francisco hebben gedaan, wat er nog meer gaat gebeuren. We hebben al zo veel aardbevingen meegemaakt dat we de kracht op de schaal van Richter kunnen beoordelen, hoewel die van 7.5 in oktober 1989 alles wat we tevoren hadden meegemaakt zo overtrof dat we er geen idee van hadden. Ik denk aan alles wat er op Sicilië moet hebben bestaan voor de grote aardbeving van 1693 hele gebieden verwoestte. Maar die van vannacht was alleen maar een ferme schok, misschien 3.8, een waarschuwing dat de aarde zijn eigen ritmen heeft die helemaal buiten ons om gaan.

In het barokstadje Noto in het binnenland stuiten we op mijn angstige fantasie over een maffiabegrafenis. Misschien wordt er alleen een lokale patriarch naar zijn laatste rustplaats gebracht, maar als we een hoek omslaan staan we opeens tussen rouwende mensen met veel juwelen en twee Mercedessen. Een doodskist wordt de kerk binnengedragen op de schouders van mannen die zouden kunnen meespelen in een remake van *The Godfather*. Drie vrouwen huilen achter voiles. Ik grijp Eds arm en we maken vlug rechtsomkeert.

We zijn een eindje omgereden om Noto te bezoeken, niet alleen om de sfeer van het binnenland nog eens te proeven, maar ook voor het ijs. In een gourmetgids van Italië staat dat hier in een achterafstraatje het beste ijs van Sicilië te krijgen is. Ik probeer de mandarijn-, meloen- en jasmijnsorbet. Ed neemt amandel-, koffie- en pistachegelato. Hij proeft al mijn smaken en ik al de zijne. We zijn overtuigd. Er begint een koude motregen te vallen. We halen onze regenjassen en paraplu uit de auto en gaan toch maar rondlopen. We kunnen net zo goed doorweekt raken – wie weet wanneer we ooit weer in Noto komen.

Na een kleine dwaaltocht in Catania vinden we het vliegveld en vliegen weg. Beneden ons wordt het zicht geleidelijk ruimer, zodat we een deel van de oostkust zien. 'Wat schrijf je op?' Ik zie dat Ed een van zijn lijsten aan het maken is.

'Redenen om hier nog eens heen te gaan – we hebben de mozaïeken van Piazza Armerina niet gezien, de Arabische baden bij Cefalu. Niet te geloven dat we Taormina niet hebben gehaald. Een week was te kort. Laten we naar de Aeolische eilanden gaan – al is het alleen maar om de naam – en naar Pantelleria voor de *moscato* dessertwijnen. Wat nog meer?'

Een vleug citroengeur ontsnapt uit mijn tas onder de stoel, volgestopt met citroenzeep, een met citroenen en bladeren gedecoreerd bord van aardewerk en een zakje echte citroenen. 'Meer boomgaarden aan de kust.' Ik moet weer denken aan de heuvels buiten de barokstadjes, met hun wirwar van stenen grensmuren. 'Meer van het binnenland. We hebben niet eens naar tegels voor de badkamer gekeken. En we moeten nog eens naar Siracuse; op de kaart staan 48 bezienswaardigheden. We hebben de helft niet gezien.' Ik vang een glimp op van de flanken van de Etna, dan vliegen we de wolken in en is Sicilië helemaal verdwenen.

EEN SICILIAANS MENU

❦

Ons reisje naar Sicilië heeft ons geïnspireerd om een paar specialiteiten van dat eiland aan te passen aan onze eigen keuken. We hebben drie vrienden uit Cortona te eten. Vreemd genoeg is geen van hen op Sicilië geweest. Duilio, een van onze gasten, laat even merken hoe ze erover denken. We hebben dezelfde loodgieter als hij, en Ed vraagt hem: 'Die man die voor Carlo werkt, die magere die zo snel praat, is dat een Italiaan?'

'O nee,' reageert Duilio, 'dat is een Siciliaan.'

Ed heeft flessen moscato en passito naar huis gesleept in zijn handbagage, en kappertjes, amandelen en het marsepeinen fruit dat we niet konden weerstaan. Bij het dessert zetten we een schaaltje met dat fruit neer. Iedereen roept bewonderend dat het zo goed lijkt, maar aan het eind van de avond hebben we de aanbiddelijke perziken, peren en pruimen nog.

Wat echte Siciliaanse recepten betreft heb ik met veel plezier *La Cucina Siciliana di Gangivecchio* van Wanda en Giovanna Tornabene gelezen, dat in het Engels is gepubliceerd en aangepast aan Amerikaanse ingrediënten. Eén kop is $3\frac{1}{3}$ dl.

MENU

Caponata

Ik maak al jaren caponata. De Siciliaanse versie had meer smaak dan de mijne. Waar dat aan ligt? Aan de geconcentreerde tomaten-*estratto*, pasta van in de zon gedroogde tomaten, die je op Sicilië kunt krijgen, de lossere hand met kruiden, de zoutigheid van ansjovis. Smeer het op brood of crackers. Het is een volmaakte hors d'oeuvre om voor gasten bij de hand te hebben. Een paar eetlepels vol maken van een gewoon broodje ham of tomaat een bijzondere lunch, en het is ook een uitstekende pastasaus – gewoon door *penne* roeren.

Twee middelgrote aubergines op een stuk folie een halfuur in de oven roosteren bij een temperatuur van 180°. ½ kop groene olijven en ½ kop ontpitte zwarte olijven grof hakken. Smoor 1 grote gehakte ui en 3 of 4 fijngesneden teentjes knoflook. Snij de aubergine in kleine blokjes, doe ze bij de uien en laat ze even samen sudderen. Voeg, omdat je het zonder de intense tomatensaus van Sicilië moet doen, 5 of 6 fijngesneden zongedroogde tomaten bij ½ kop tomatenpasta en 1 kop tomatensaus. Hak 3 of 4 ansjovisfilets en voeg die, samen met 2 theelepels kappertjes, een handvol gehakte peterselie en de gehakte olijven bij de aubergine. Kruiden met oregano, zout en peper. Zoals veel recepten op basis van tomaten smaakt caponata het best als je hem een dag van tevoren maakt. In de koelkast blijft hij een week goed. Goed voor ongeveer 5 koppen, afhankelijk van de grootte van de aubergines.

Olivi picanti

Snij 2 kleine pepers, 1 rode en 1 groene, fijn en smoor die met 1 kleine fijn gesneden ui. Mengen met 2 koppen grote groene olijven, vochtig maken met een beetje olijfolie en een dag in de koelkast laten rusten.

Pasta al limone

Als ik zou moeten zeggen welk ingrediënt ik altijd in de keuken wil hebben, zou het de citroen zijn, omdat de zelfbewuste en verrijkende smaak lijkt op vloeibare zonneschijn die je in het eten doet. Anselmo heeft me twee citroenboompjes in potten gegeven. Als essentieel onderdeel van een Italiaanse tuin werden citroenen zo gekoesterd dat de meeste oude huizen een limonaia hebben, een ruimte met glazen wanden om de potten in de winter op te slaan. Onze limonaia fungeert als bergplaats voor maaiers en gereedschap, maar is deze winter in ere hersteld nu de twee potten er op een zonnig plaatsje stonden. In de lente hebben we ze weer naar de voorkant van het huis gesleept, naar een plekje bij de keukendeur – heel handig om er een te plukken voor deze buitengewoon gemakkelijke en smakelijke pasta. Als ik dit in Californië maak doe ik er vaak een half pond krab bij, maar ook zonder dat is het een verrukkelijke pasta. Met een groene salade erbij kun je je geen lichter diner voorstellen, perfect voor de dag na een fnuikend feest.

Kook voor 6 personen pasta – spaghetti of tagliatelle. Pers ½ kop citroensap. Pasta laten uitlekken, kruiden en mengen met ½ kop gehakte Italiaanse peterselie, het citroensap en geraspte parmigiano naar smaak. Als je wilt kun je een pond krabvlees in 2 theelepels boter of olijfolie smoren. Doe er een flinke scheut witte wijn bij. Even aan de kook brengen, het citroensap bij de krab voegen en door de pasta roeren.

Zeebaars in zoute korst

Denk niet dat de vis te zout wordt – de korst houdt het vocht vast, maar het zout dringt maar een klein beetje door. In San Francisco koop ik zeebaars op een vismarkt in Clement Street. Ze halen de vis met een net uit een tank en slaan hem dan op zijn kop met een hamer. Niet mijn favoriete moment tijdens het boodschappen doen. Hier zitten we op twee uur afstand van de Middellandse Zee en de Adriatische Zee. Er komen twee vishandelaren naar de donderdagmarkt in Camucia en daar liggen de vissen veilig en wel dood op ijs.

Vraag de vishandelaar om een grote zeebaars – ruim 3 pond – schoon en kookklaar te maken. De vis goed afdrogen en vanbinnen vullen met plakjes citroen, takjes rozemarijn en een paar twijgjes tijm. Het sap van 2 citroenen mengen met 6 theelepels olijfolie en er de vis helemaal mee inwrijven. Kruiden met zout, peper en tijm. Voeg een beetje gehakte tijm en peterselie bij de overblijvende olie en citroen, en bewaar dit om later op te dienen. Voor de korst heb je ongeveer 3½ kilo zeezout nodig, afhankelijk van de grootte van de vis. Bedek de bodem van een ovenschotel (een die je op tafel kunt zetten) met een laag zout van 2½ cm. Leg de vis erop en giet dan de rest van het zout erover zodat hij helemaal is bedekt. Maak een afdekkende laag van ¾ kop bloem en genoeg water om de bloem te verdunnen. Bestrijk het zout met dit mengsel. Bakken in een voorverwarmde oven, 210°, gedurende 35 minuten of tot het zout er geroosterd uitziet. Laat de vis aan tafel zien – de harde korst kapot stoten of doorzagen –, neem de schotel dan weer mee naar de keuken en leg de vis op een schaal om hem op te dienen. Het bewaarde mengsel van citroen en olie verwarmen en over de vis gieten. Royale porties voor 6 personen.

Zucchini met kruizemunt

8 dunne courgettes dun snijden of raspen. Als je raspt, knijp er dan eerst het vocht uit. Vlug smoren in hete olijfolie met een beetje fijngesneden knoflook. Gehakte peterselie en kruizemunt erdoor roeren en kruiden met zout en peper. Warm of op kamertemperatuur serveren.

Citroentaart met geroosterde amandelen

Ik kan die citroentaart in Erice maar niet vergeten. De knapperige amandelen voegden een verrukkelijk extraatje toe aan de vertrouwde, heerlijke structuur van citroentaart met schuim – het bladerdeeg en de romige citroencustard. Siciliaanse amandelen hebben een aroma en een complexe nasmaak. Omdat verse noten veel beter van smaak zijn, bestel ik thuis elke herfst pecannoten uit het zuiden, die ik dan in zakken in de diepvries bewaar. Na een paar maanden proef ik verandering in de structuur, maar evengoed blijven de noten in de diepvries veel beter. In San Francisco kunnen we op de zaterdagmarkt verse walnoten en amandelen uit Californische boomgaarden krijgen. Hier is de citroentaart van mijn grootmoeder, verrijkt met Siciliaanse amandelen – en nog meer verrijkt als je er de geurige moscato van de eilanden bij Sicilië bij schenkt. In feite komt het recept van Besta, de zuster van mijn grootmoeder. Besta was verder bekend om haar dampende zwartebessensiroop, die mijn vader niet wilde drinken omdat hij bang was dat hij er blind van zou worden.

Het sap en de geraspte schil van 4 citroenen opkloppen met 1½ kop suiker. Meng 2 theelepels gesmolten boter met 4 theelepels bloem en ¼ theelepel zout. Klop 4 eidooiers op. De eidooiers door de boter en het meel roeren en er het sap en de suiker bijvoegen. Al kloppend voorzichtig 2 koppen heet water toevoegen en op een matige hittebron zetten. Onder voortdurend roeren de custard laten koken tot hij heel dik is. Pas hittebron aan, zodat het mengsel pruttelt, maar niet kookt. Als de custard dik is 2 theelepels room toevoegen en een beetje laten afkoelen. Klop het wit van 4 eieren tot het stijf is en doe er tegen het eind 2 eetlepels suiker bij. Laat 1 kop amandelen 5 tot 7 minuten in de oven roosteren bij een temperatuur van 180° en schud ze een paar keer. Niets verbrandt zo snel als noten! Strooi er een beetje suiker overheen. Giet de citroenvulling in je favoriete vorm van gebakken bladerdeeg, rangschik er noten op en spreid er dan de eiwitten in een krulpatroon overheen. Even onder de gril tot het schuim bruin wordt.

WEDEROPSTANDING

❧

Beppe laat zijn schop even rusten en houdt zijn hoofd schuin. '*Senta*,' luister, zegt hij. '*Il cucolo*.' Hij trekt zijn wollen muts van zijn hoofd en strijkt over zijn dichte grijze krullen. 'Ze komen voor Pasen.' De lichte tweetonige roep van de koekoek klinkt weer. 'Precies op tijd dit jaar.'

Om mij te plezieren plant Beppe lavendel langs het pad naar de plek met uitzicht op het meer, waar Francesco en hij eerder vijf sterke nieuwe cipressen hebben geïnstalleerd. Cipressen planten is belangrijk werk, maar nietige bloeiende struiken interesseren hem niet. Bij hem thuis handhaven zijn vrouw en hij de scheiding tussen *campo* en *cortile*, land en tuin. Bloemen, dat is vrouwenwerk. Hij doet het snel. Komt dat doordat hij precies weet hoe hij zijn schop in de grond moet steken om met drie of vier bewegingen klaar te zijn? Ik maak de plant los uit de plastic pot en zet hem in het gat. Vlug duwt hij de schop heen en weer; klaar. Ik gebruik geloof ik mijn hele lichaam als ik graaf, maar hem zie ik werken met zijn schouders, niet met zijn onderlijf. Zo'n beetje het tegengestelde van Zuid-Amerikaanse dansers, die onbeweeglijk blijven boven het middel maar daaronder een en al beweging zijn. Hij tilt de schop op en duwt hem keihard de grond in. Geen kleine duwtjes, heen en weer gewriemel of rugfolterend optillen van zware grond. Hij haalt hem net zo moeiteloos boven als ik een houten spatel uit cakebeslag trek. Tjak! De grond in. Op naar de volgende.

Beppe is geboren in het geïsoleerde berggebied ten oosten van Cortona. Hij heeft ons zijn tegenwoordig verlaten ouderlijk huis laten zien: een arendsnest in een piepkleine *borgo*, vlek, die bestaat uit een stel kleine stenen houthakkershuizen met bijna geen ramen. Al zijn zestig en nog wat jaren heeft hij op het land gewerkt. Francesco is taai (op zijn tachtigste) en pezig en gaat er geconcentreerd keihard tegenaan, maar Beppes manier van werken fascineert me. Hij is recht van lijf en leden en mager. Zijn ribbroek en trui hangen losjes om hem heen, als aan een kleerhanger. Hij werkt regelmatig en zonder overbodige bewegingen. Ik vind het vooral leuk om te zien hoe hij de zeis door het lange gras zwaait. Zijn ritme lijkt op een slinger; alsof hij de tijd aangeeft in een getijdenboek in plaats van gras te maaien.

Om tien uur pauzeert hij en haalt hij een zak achter uit zijn nieuwe groene Ape. Tijd voor *spuntino*, een snack. Hij pakt ook een kan met een deksel van gevlochten wilgentenen, die hij met bronwater vult. Hij houdt hem schuin, neemt een lange teug en verklaart: 'Acqua buona,' zoals hij altijd doet.

Terwijl hij pauzeert, sleep ik water naar de vijfentwintig lavendelplanten. '*Un bel secchio d'acqua, signora*,' roept hij me toe. Hij bedoelt waarschijnlijk een flinke hoeveelheid, maar ik vat het letterlijk op: een mooie emmer water, en dat maakt de last draaglijker. Mooi water, zeg ik in gedachten tegen de planten. Laat jullie gespannen wortels maar loskomen, de ellende is voorbij, jullie zijn thuis.

De auto zit vol reuzenmargrieten die in de rozentuin moeten worden gepoot. Ik zal hem niet vragen om me te helpen met het planten van het kleinere spul voor de bloembedden of de geraniums voor alle potten. De cosmea en stokrozen die ik in de limonaia heb gekweekt, krijgen zijn aandacht. Hij zou niet weigeren om me bij het planten te helpen, maar hij zou er de grootste moeite mee hebben. Ik haal twee margrieten uit de auto. 'Vind je het erg om me met deze kolossale dingen te helpen?'

Tot mijn verrassing glimlacht hij. 'Ah, Santa Margherita.' Ze is de geliefde patroonheilige van Cortona en ligt nog steeds in een glazen kist in de kerk op de top van deze heuvel. We zetten haar witte bloemen, op het punt van uitkomen, tussen de al goed ingeburgerde lavendel en rozen; ze geven iets zachts aan de doornige rozen die net blad krijgen, en verbergen hun magere benen. Ik houd me niet aan de gebruikelijke praktijk om rozen niet met andere bloemen te mengen, maar ga eens kijken wat er gebeurt als ik de bedden overdadig vul. '*Venerdì sera*,' vrijdagavond, 'gaat er om negen uur een processie van de Santa Spirito naar de Santa Margherita,' vertelt Beppe. 'Een lange processie.'

Vandaag is het Witte Donderdag. De winkels in de stad beginnen vol te raken met levensgrote chocoladekippen en reusachtige eieren in felgekleurde folie en met surprises erin, vergeleken bij Sicilië een bescheiden uitstalling. 'Wat eten jullie met Pasen?' wil ik weten. Maar intussen denk ik: wat betekent 'Witte'?

'Tortellini, een lekkere lamsschouder, aardappels, spinazie, insalata, een slokje wijn.' Beppe gaat naar de olijventerrassen om Ed te helpen, vast en zeker opgelucht dat hij van de *fiori* af is. Ik geef de naamgenoten van Santa Margherita mooi water. Ik doe de achterbak open en haal er lobelia, ageratum, leeuwenbekjes en dahlia's uit, en de grijs-lavendelkleurige bloemen waarvan niemand weet hoe ze heten. Ik heb een zak zonnebloemzaden en pakjes kruiptijm, in ranken groeiende Oost-Indische kers en ipomoea. Daar zal Ed me morgen mee helpen. Bij de hoofdmuur (die we de Poolse Muur noemen omdat hij door Polen is gerestaureerd) plant ik naast een gele klimroos het struikje met fluwelige, buidelvormige roze bloemen. Daar wist in de kwekerij ook niemand de naam van.

De dood komt weer over het aan het kruis genagelde lichaam. Gek, ik heb altijd gedacht dat het belangrijk was of ik geloofde in de feitelijke waarheid van 'op de derde dag stond Hij op'. Hier, mijn hand om de bol bleke wortels, vuile randjes onder mijn nagels, kan het me niet schelen of ik het geloof of niet, maar ik voel dat mijn bloed krachtiger gaat stromen nu de zon sporen trekt over de evenaar en mijn lievelingsseizoen, de lange zomerdagen, terugbrengt.

Misschien zijn we zo slim geweest om de goden te scheppen. Hoe kun je het donkerste moment van het jaar en de manier waarop het overgaat in licht beter uitleggen dan met de metafoor van een geboorte? Hoe kun je de ongelooflijke verjonging van lente bevatten, behalve in een verhaal over een wonderbare herrijzenis? 'Nou,' citeer ik mezelf hardop tegen de hangende blaadjes van de naamloze roze plant:

> Als er een God is die langs hemelgewelven lijnen uitstippelt
> die de zon moet kruisen, goed.
> En zo niet, dan zijn we meer dan we weten.
> Mijn geest kan tegelijk de wilde bloem
> en de nagel van het kruis bevatten.
> Ik wilde waarheid en ontdek dat we de woorden
> die we nodig hebben uit vlees vormen.

Ik graaf een gat voor een grijsgroene santolina, die ze in de Middeleeuwen in kathedralen op de vloer strooiden om de mensenluchtjes te verdoezelen.

Ik giet water om de wortels heen. 'Sta op,' beveel ik.

Hagel – hij beukt mijn tere nieuwe planten, springt van de stenen muur af als popcorn. Zulk stormachtig weer op Goede Vrijdag – waar is de primavera gebleven? De hagel houdt op en wind drijft regen zijdelings tegen het huis. Het water sijpelt mijn studeerkamerraam binnen en maakt van mijn notities over de geschiedenis van Sicilië blauwe inktwervelingen, die meer op ondiepe poelen lijken dan op gegevens over de Normandiërs. Een paar jaloezieën zeilen de lindebomen in en slaan tegen de stenen muur. Door het slaapkamerraam zie ik regenkolommen door het dal 'lopen', recht op ons af. Als de zon even doorkomt, rennen we met schepjes in de hand de deur uit, zetten planten in de grond tot de regen weer neerklettert en ons terugdrijft naar de voordeur, waar we opdrogen onder het balkon.

Tegen de avond klaart de lucht op. We willen er even uit en gaan naar de stad om een *prosecco* te drinken. De straten zijn propvol – iedereen uit de wijde omtrek is hierheen gekomen voor de processie van de kruisgang. We proberen vier trattorie voor we een tafel bemachtigen in een knusse *osteria*, waar opera-aria's de kleine ruimte vullen, en ik *strozzapreti*, priesterwurger, pasta met room en hazelnootsaus, kan krijgen. Cinzia, de serveerster, maakt de indruk dat de wereld haar altijd amuseert. Ze gebaart voortdurend met haar handen, steekt de kaars aan met een weids gebaar. De eigenaresse glijdt bedaard rond. Ik heb haar eens gevraagd of ze van hier was en ze zei: nee, ze kwam uit Castiglion Fiorentino, acht kilometer hiervandaan.

Ed staat op het punt een fles wijn te bestellen, maar Cinzia legt haar vinger tegen haar lippen, trekt haar schouders bijna tot haar oren op en wijst met haar andere hand naar een Brolio Chianti die maar de helft kost. De andere, een 1994 – ze schudt haar hoofd en steekt een waarschuwende vinger op. Ed bestelt de huiselijke, in rode wijn gesmoorde biefstuk, een echte *casalinga*schotel. We delen een chocoladepuddinkje en denken verlangend aan de perzikpudding die ze 's zomers maken.

Heuvelafwaarts naar de Santo Spirito, een kerk die ik nog nooit open heb gezien. De ingang is verlicht, en als we aankomen, hijsen acht in een lang gewaad met kap gehulde mannen het beeld van de gekruisigde Christus op hun schouders. Voor mij hebben ze iets griezeligs; ineens zie ik de gewaden van de Ku Klux Klan voor me. Als kind heb ik eens een Klanvergadering bij een vuur in de openlucht gezien. 'Wat is dat?' vroeg ik aan mijn moeder. 'Een stel oude gekken,' antwoordde ze. 'En grotere gekken dan oude gekken bestaan er niet.' Ik herinner me deze vreemde puntkappen van Italiaanse schilderijen, gedragen door artsen die pestlijders behandelden en ook vogelsnavelmaskers op hadden. Achter de mannen zetten acht vrouwen hun schouders onder een beeld van de treurende Maria, dat ongeveer een ton lijkt te wegen. Vergezeld door mensen met fakkels lopen ze naar buiten, en we sluiten ons aan bij de processie, die de Via Guelfa op gaat. De stadsharmonie speelt een blikkerig wijsje. Onderweg sluiten meer mensen zich aan.

Bij elke kerk stoppen we. Er worden nog meer heiligenbeelden naar buiten gebracht en opgenomen in de processie door de donkere stad. Sommige mensen zingen bij de muziek en velen dragen een kaars, de vlam beschuttend met een gekromde hand. Tussen voortdrijvende wolken komt en gaat de volle maan. Ik heb het vreemde gevoel dat ik achter een tijdgordijn ben geglipt en een plaats en ceremonie ben binnengegaan die me tegelijkertijd vreemd en vertrouwd zijn. De muziek klinkt atonaal, schril, bijna als iets waarvan je je kunt voorstellen dat je het na de dood hoort. De gezichten van de mensen blijven in zichzelf gekeerd, alleen de tieners duwen en porren elkaar. We zijn allemaal ingepakt in vormloze regenjassen en shawls, waardoor het verband met de tegenwoordige tijd nog meer vervaagt. Als je geen geknipte haren en brillen zag zou je je in de vijftiende eeuw kunnen wanen.

Voor de meeste mensen is deze dienst een van hun jaarlijkse rituelen. Zelf maak ik weinig rituelen mee, vooral geen rituelen waaraan fakkels, kappen en de in de straten omhooggehouden gefolterde Christus te pas komen. Ik besef dat Goede Vrijdag een heel belangrijke dag is. In het Zuiden van mijn jeugd lag alle nadruk op paaszondag, en daarbij was voor mij de belangrijkste gebeurtenis de zorgvuldig uitgezochte nieuwe jurk en schoenen. Ik herinner me de opwinding van een jurk van blauwe organdie met geborduurde madeliefjes langs de zoom en op de uiteinden van de sjerp.

Wanneer de klim door de bovenstad begint, langs de steile straat met de in mozaïek uitgevoerde kruisweg die door Gino Severini is ontworpen, en verder naar de Santa Margherita, haken we af en gaan we in een bar koffie drinken. Mijn oren zijn gevoelloos door de ijzige wind. Hoe kunnen ze die balken op hun schouders torsen? Veel vlugger dan we hadden verwacht horen we de droevige muziek weer, en we lopen snel de heuvel op, sluiten ons bij de San Marco aan, en lopen dan terug naar de piazza, waar de bisschop een lange preek houdt. Het is nu bijna middernacht en we moeten nog anderhalve kilometer door het donker teruglopen naar Bramasole, dus verlaten we de menigte mensen die meer uithoudingsvermogen hebben dan wij.

Geïnspireerd door de paasfeestelijkheden besluiten we op de zaterdag voor Pasen naar Sansepolcro, de stad waar Piero della Francesca thuishoorde, te rijden om zijn overweldigende schilderij van de wederopstanding te zien. Het landschap tussen hier en daar is golvend – groene valleien en beboste heuvelflanken, een bochtige weg die door weinig dorpen wordt onderbroken: landelijk Toscane. De bermen staan vol paardebloemen en purperen wilde bloemen, de eerste klaprozen steken hun kopjes uit het gras, blauweregen klimt tegen de bleke muren van boerderijen op. In dit heerlijke landschap zien we tot onze verbijstering plotseling een Afrikaanse vrouw aan de kant van de weg staan, gekleed in een nauwsluitende gestreepte broek en een rode blouse met veel inkijk. Als we de volgende bocht om komen zien we er nog een, even statig en met evenveel wulpse rondingen. Ze staart voor zich uit. Om de paar honderd meter heeft er zo'n vrouw aan de kant van de weg postgevat. Ze staan of ze zitten op een houten kistje. Eén vrouw is uit een zak chips aan het eten. Dan zien we een geparkeerde auto en geen vrouw in de buurt van haar kistje. Dit is niet te geloven. Hoeren op het Italiaanse platteland. Sommige vrouwen zien er koninklijk uit, met ingewikkeld gevlochten haren en volle rode lippen. Ze dragen allemaal rood en zwart.

Wie stopt hier nu? Toch vast geen mannen uit de buurt, die zouden door hun buren gezien kunnen worden. En dit is nou ook niet echt de snelweg, hoeveel vrachtwagens komen hierlangs? We moeten wel vijftien vrouwen zijn gepasseerd, gewoon opgesteld aan de kant van de weg. Bizar en verontrustend omdat dit helemaal uit de toon valt in de Arcadische vallei van de bovenloop van de Tiber, die je op de achtergronden van schilderijen ziet, deze dromerige route die bekendstaat als de Piero della Francescaroute.

Ik ga altijd graag naar Sansepolcro. Onderweg stoppen we in Anghiari vanwege zijn steile middeleeuwse straatjes, of in Monterchi, een goed bewaard gebleven piepklein heuvelstadje met een schaduwrijke piazza. De moeder van Piero della Francesca kwam uit Monterchi, dus heeft de aanwezigheid van zijn schilderij *La Madonna del Parto*, Maria die op het punt staat te baren, een persoonlijke betekenis. Het schilderij hangt niet meer in de kapel op het kerkhof, maar is nu ondergebracht in een eigen gebouw net onder de stadswallen. Het heeft iets van zijn vroegere bekoring verloren omdat het nu achter glas hangt, en de spanning die ontstond door de plaatsing op een plek des doods is weggevallen. Maar nog altijd staart ze omlaag, niet alleen afstandelijk en streng, zoals sommigen haar hebben beschreven, maar ook met een rustige naar binnen gerichte blik. Ik ken geen ander schilderij van de madonna vlak voor de baring. Haar hand rust luchtig op haar buik. Heeft ze net de eerste zwakke wee gevoeld? Het is een aangrijpend schilderij – het moment, zo beseffen vrouwen, waarop nooit meer iets hetzelfde zal zijn.

We zijn zo aan heuvels gewend. De stad die naar het heilige graf is genoemd is vlak. Je kunt je gemakkelijk voorstellen hoe Piero della Francesco de piazza overstak. Hij werkte hier, in Urbino en in Arezzo. Hij was helemaal iemand van de provincie en schiep kunst van het hoogste niveau. Wanneer ik door de vlakke straten van Sansepolcro loop, en de rechtlijnige perspectieven van de piazza en de schaduwen die over oprijzende gebouwen vallen op me laat inwerken, voel ik hoe het stadsontwerp zijn visie heeft beïnvloed.

In het Museo Civico, waar meestal bijna niemand is, lopen een paar Italiaanse toeristen rond die dezelfde aandrang hebben gehad om vandaag hierheen te gaan. Het is een typisch regionale collectie, behalve dat de plaatselijke schilder Piero della Francesca was en dat drie van zijn belangrijkste werken in een eigen ruimte hangen, tussen zaaltjes met prehistorische bijlen, verzamelingen doosjes en enkele tientallen andere schilderijen, waarvan sommige op zich heel interessant zijn; maar naast Piero vallen ze in het niet. Een dik jongetje trekt alsmaar aan zijn moeders arm en zeurt dat hij wil gaan eten. Ze probeert naar de kunst te kijken. Hij trekt weer en ze tikt hem gevoelig op de schedel met haar knokkels en wijst naar de duivel op een van de schilderijen.

Ed en ik gaan eerst kijken naar de Madonna della Miserecordia – hetzelfde gezicht als de Maria in Monterchi, maar vermoeider, meer gespannen. Ze heeft velen rond zich verzameld onder de bescherming van haar gespreide mantel. Een bekend beeld in de Italiaanse schilderkunst, dat troost moet hebben gebracht toen de Welfen en Ghibelinen kokende olie op elkaar goten en strijdende huurtroepen plunderend en brand stichtend door het platteland stormden. Er gaat nog steeds troost van uit.

Het dikke jongetje leunt tegen het been van zijn moeder en trekt haar rok om zich heen. Iedereen loopt door, behalve een man die ernstig naar Piero's San Giuliano staat te kijken met een vragende – of is het verloren – uitdrukking op zijn gezicht.

Ed en ik gaan tegenover het beroemde schilderij van de wederopstanding zitten. Christus komt de tombe uit, gehuld in een kalkachtig roze lijkwade. De vier wachters slapen. De tweede van links, vertelt de vrouwelijke suppoost me, is een zelfportret van Piero. Hij lijkt het diepst in slaap van allemaal. 'En kijk,' zegt ze, op zijn hals wijzend, '*gozzo*.' Ik heb geen idee wat het woord betekent, maar ik zie het meteen: een kropgezwel. Ik heb Piero's vrouwenhalzen altijd bewonderd. Vreemd om te zien dat er in zijn eigen hals een onnatuurlijke bobbel zat. Toen hij leefde, zat er in het plaatselijke water geen jodium. Hij moet iemand zijn geweest die niet ijdel was, anders had hij het misvormende gezwel wel uit zijn portret weggelaten. Achter Christus zien we een landschap, dor aan de linkerkant, en rechts ontluikend in lente. De compositie is eenvoudig, de kracht die ervan uitgaat voelbaar. 'Zijn voet lijkt even groot als die van jou,' zeg ik tegen Ed. Het lichaam is met liefde geschilderd. Een gespierde man in al zijn fysieke glorie. Ik vraag me af of T.S. Eliot dit beeld in gedachten had toen hij de regel schreef: 'In de jeugd van het jaar kwam Christus de tijger.' Hij is met kracht uit het graf opgestaan. De bleke kleur van de tombe ligt niet op zijn rood aangelopen wangen en sensuele lippen.

De vaak geciteerde beschrijving van dit schilderij door Kenneth Clark komt dicht bij de kern van de vreemde emotionele aantrekkingskracht: 'Deze God van het platteland, die in het grijze licht herrijst, terwijl mensenkinderen nog slapen, is vereerd sinds de mens voor het eerst besefte dat het zaad niet dood in de wintergrond ligt, maar zich omhoog zal dringen door een ijzeren korst. Later zal Hij een god van verheugenis worden, maar Zijn eerste verschijning is pijnlijk en onwillekeurig. Hij lijkt deel te zijn van de droom die zo zwaar op de slapende soldaten ligt, en heeft zelf de gedoemde, verre blik van de slaapwandelaar.'

'Hij straalt hetzelfde mysterie uit als de Madonna del Parto,' merkt Ed op. Ja, hij kijkt naar iets wat wij niet zien.

Als we naar huis rijden, staan of zitten de vrouwen aan de kant van de weg nog steeds passerende auto's in zich op te nemen. In hun ogen kan ik niets lezen. De tragedie, die er toch moet zijn, is niet zichtbaar. We slaan af om een kortere weg te nemen en zijn opgelucht dat we niet meer langs deze vrouwen komen. Er zijn weer viooltjes, meidoorn, pruimenbomen en kweeperen te zien, lentewatervallen die over de rotsen buitelen en kale loofbomen die rood opglanzen van de knoppen. Ze wissen het keiharde feit dat er langs de weg vrouwen te koop zijn niet uit, en ook wissen ze de verbinding – de ander kant van de medaille – met de kruisweg niet uit.

Ed zoeft bochten om; kilometers lang passeren we geen auto. We rijden snel terug om op tijd te zijn voor de vernissage van onze vriendin Celia in een galerie in Cortona. In de kleine zaal staan de mensen zo opeengepakt dat je de schilderijen van helderblauwe en gele bloemen bijna niet ziet. Het ene blad met hapjes na het andere gaat rond, de wijn vloeit rijkelijk, iedereen feliciteert Celia. Haar man Vittorio komt naar ons toe met een schaal *crostini* met schijfjes truffel. Ed vraagt hem naar de vrouwen langs de weg. 'Ze komen uit Nigeria. Ik begrijp dat jullie geschokt zijn. Ze zijn binnengebracht door de Russische maffia. Die beloven hun mannequinbanen en vervolgens gebeurt dit.'

'De Russische maffia op het Toscaanse platteland? Dat meen je niet,' zegt Ed. 'Waarom pakt de politie de vrouwen niet op en probeert ze naar huis te sturen?'

Vittorio haalt zijn schouders op. 'Prostitutie is niet verboden. Voor een pooier werken wel, maar het is moeilijk om ze op heterdaad te betrappen. Ze weten wanneer de politie in aantocht is en verspreiden zich.'

'Hoe weten ze dat?'

'O, draagbare telefoons. Waarschijnlijk houdt de een of andere kerel in het dorp in de gaten wie er langskomt.'

'Hoe kunnen ze op zo'n weg zo veel klanten krijgen?'

'Geen idee, maar ze zeggen dat het loopt als een trein.'

Antonio komt naar ons toe en we veranderen van onderwerp. Ik heb vragen. Toen we de stad inreden, zag ik op de deur van de San Fillipio een gekrabbelde aankondiging. De zegening van de eieren zou van vier tot vijf in de San Domenico zijn, en van vijf tot zes in de San Fillipio. Vittorio legt uit dat het paasontbijt de enige keer in het jaar is dat Italianen afzien van hun gewoonte om vlug een espresso te nemen; dan maken ze een uitgebreid ontbijt in Amerikaanse stijl klaar. De dag tevoren gaan ze met de eieren, symbolen van wedergeboorte, naar de kerk om ze te laten zegenen. 'In de paasweek komt de pastoor ook langs om het huis te zegenen. Iedereen houdt grote schoonmaak. Dan zegent hij de eieren ook.'

'Dat deden we in Winona,' herinnert Ed zich. 'Als mijn moeder het huis had schoongemaakt sprenkelde ze wijwater op de bedden om ons te beschermen, en daarna kwam de pastoor het huis zegenen.'

'Heb jij je huis laten zegenen, Antonio?' Hij woont alleen en zijn vriendin weigert bij hem in te trekken vanwege de *'confusione'*. Hij glimlacht alleen.

Ik heb nooit geweten dat Ed vroeger in een gezegend bed sliep. Misschien verklaart dat alles aan hem.

Pasen zelf is een vredige dag. In mijn lievelingskerk, de San Cristoforo, gaat een rode mand met ronde broodjes rond onder de ongeveer twintig kerkgangers. Levensbrood. De pastoor zegent ze en schudt er een paar druppels wijwater overheen. Een vrouw heeft zelf een mand met brood voor het paasdiner bij zich en vraagt of hij dat ook wil zegenen.

Veel van de mensen die de beelden door de stad hebben gedragen moeten nu kreunen onder hete kompressen. We gaan met potten roze hortensia's naar Donatella en Anselmo en zien tot onze verlegenheid dat ze er al een stuk of wat hebben, naast bergen chocola.

Families verzamelen zich rond lange tafels en iemand – ik niet – brengt de schaal met lam en rozemarijn eromheen binnen. Ik ben blij dat ik niet de hele dag heb staan koken, blij dat ik niet hoef op te dienen, blij dat ik niet zo veel vuile borden heb dat ze buiten op de muur gestapeld moeten worden. Een andere keer, *va bene*. Vanavond zijn we alleen. Omdat ze zo vers zijn, eten we een schaal doperwten met veel peper en een kluit smeltende boter erin. Een heerlijk voorafje. Een fles heldere witte wijn, kalfskoteletten, en een salade van wilde groenten, 'getrouwd', zoals de Italianen zeggen, met onze olijfolie en een beetje vijftig jaar oude balsemiekazijn, zo kostbaar dat ik het elixer met een oogdruppelaar op de salade sprenkel.

Omdat Ed katholiek is, verwacht ik dat hij alles weet over het liturgisch jaar. 'Wat betekent *maundy* in *Maundy Thursday* (Witte Donderdag)?'

Hij snijdt een peer door als dessert. 'Eh... ik denk dat mandaat van dezelfde Latijnse wortel stamt.'

'Wat was het mandaat op donderdag?'

'De voeten van de armen wassen? Dat was het geloof ik. Omdat Maria Magdalena de voeten van Jezus heeft gewassen.'

'Weet je nog dat kleine, pakkende fresco dat Piero della Francesca van haar heeft geschilderd in de kathedraal in Arezzo, waar haar haren nog nat zijn? Het is net zo intiem als zijn herrijzende Jezus. Jammer dat het niet naast zijn *Wederopstanding* hangt.'

'Als ik aan de muziek bij de processie van vrijdagavond denk, komt Maria Magdalena me voor de geest.'

'Waarom?' Ik wacht. Ed is opgegroeid in een heel Poolse katholieke kerk waar hij jarenlang misdienaar is geweest, en vindt rituelen dus niet zo mysterieus als ik.

'Nou, het woord *maudlin* (huilerig) komt bij je op – en maudlin stamt van "Magdalen".'

'Die kruisdragers van vrijdagavond kunnen nu waarschijnlijk best wat zorg voor hun voeten gebruiken.' Ik denk aan de ontheemde vrouwen langs de weg naar Sansepolcro. 'Waren er net zo veel hoeren als er statiën van de kruisweg zijn?'

Ed schudt zijn hoofd. 'Ik ben blij dat Pasen voorbij is. Nu kan het gewoon lente zijn.'

WE VOLGEN DE LENTE: HET WATERIGE VENETO

Verliefd op de Italiaanse lente volgen we hem in april naar het noorden, naar de provincie Veneto. Ik ga terug naar Venetië, na een afwezigheid van vijfentwintig jaar. Als we het vlakke landschap met wijde luchten inrijden, trekken mijn vroegere bezoeken aan me voorbij. Glibberige, glibberige tijd – de tussenliggende periode glijdt weg; Venetië blijft een nabije herinnering. Ik vraag me af waarom ik zo lang ben weggebleven en ik vraag me ook af wat de speciale bekoring van Venetië is. Ik heb gelezen dat bijen door magnetische krachten in hun hersenen naar de bijenkorf worden geleid zodra hun maag vol nectar zit – dat gevoel heb ik ten opzichte van Venetië. Zwierig en decadent als het is, is het voor mij toch een heilige stad. Ik val voor schoonheid, en de ligging aan de rand, met het gezicht naar het exotische oosten en de rug naar de rest van Europa, versterkt de aantrekkingskracht. Het was niet mijn bedoeling zo lang weg te blijven. Er schuilt meer achter de bekoring – iets wat ik nooit voor mezelf heb kunnen definiëren, iets wat ik in alle boeken over Venetië, in alle beelden ervan nooit heb gelezen of gezien. Wat is het?

Maar een paar uur ten noordoosten van Cortona komen we een andere lente binnen. Mensen met allergieën moeten hier gek worden. Als we de auto een uur parkeren vinden we hem overdekt met geel, kleverig stuifmeel terug. Slierten luchtige witte pluisjes vliegen over de voorruit en opzichtige tractoren spuiten stof in de velden. Briesjes blazen wolken gouden stof uit de witte kaarsen en appels van de dennen. Het is alsof het jonge groen van bladeren en gewassen in de lucht weerkaatst en die een waterige tint geeft; we rijden door een aquariumlicht.

In de buurt van de haven van Chioggia, ten zuiden van Venetië, wordt het land moerassig. Rietoevers wuiven en versmelten in water. Ik heb altijd van de reuk van moerassen gehouden. In mijn jeugd brachten we de zomers door op de eilanden voor de kust van Georgia, nog steeds een van mijn favoriete landschappen. Gras dat uit de zee oprijst. Land dat door eb en vloed wordt beheerst, de glanzende wezens van land én water, de opwinding als iets wat eruitzag als een stuk hout plotseling tot leven kwam en grijnzend zijn bek opendeed. Een geur van zout, jodium, verrotting en frisheid die zomer en vrijheid betekende. Opeengepakt in de Oldsmobile met mijn twee zusjes, Willie Bell, grammofoonplaten, speelgoed, kleren en mijn moeder (mijn vader werd apart door een werknemer gereden om onze chaos te vermijden), hing ik uit het raam als een hond, mijn haren in krulletjes springend, en wachtte op de eerste geur. Niemand leek in het minst enthousiast als ik 'The Marshes of Glenn' van de dichter Sidney Lanier uit Georgia begon voor te dragen, dat we in de vijfde klas in eindeloze strofen uit ons hoofd moesten leren. Ik imiteerde de voordrachtstijl van mijn onderwijzeres, juffrouw Lake:

> Zoals de moerashen heimelijk bouwt op het waterig geklots,
> Zie, zo zal ik me een nest bouwen op de grootheid Gods.
> Zoals de moerashen in vrijheid het luchtruim vult,
> Zo zal ik vliegen in Gods grootheid gehuld.
> Met zo vele wortels als het moerasgras in 't waterig geklots
> Zal ik me van harte nestelen in de grootheid Gods:
> O, als de grootheid van God is de grootheid van
> Het moerasgebied, de overvloedige moerassen van Glenn.

'Laat haar alsjeblieft ophouden,' zei mijn zusje. Ze vouwde hoekjes om van de bladzijden van *Mademoiselle*, al bezig met haar herfstgarderobe voor de universiteit. Nog luider riep ik uit:

> De watervlakten, hoe stil zijn zij!
> In extase is het tij.

> Het tij is in zijn grootste pracht:
> En het is nacht.

Ik vond die afgekapte laatste regel heerlijk. Mijn andere zusje herinnerde zich dat de Glennmoerassen in de een of andere oorlog rood werden van het bloed. Mijn moeder begon 'You Are My Sunshine' te zingen, wat ik een rotlied vond. Ik draaide het raam weer naar beneden en liet de geur over mijn gezicht spoelen tot we in de zwavelstank van de papierfabrieken kwamen.

Moerassen, eiland, lagunes – de geur van oude landschappen waar het water zijn zin krijgt. Waarschijnlijk hebben deze moerassen van tijd tot tijd ook rood gezien van het bloed. Die dogen van Venetië hebben niet vredelievend geheerst. Chioggia wordt in de gidsen niet uitgebreid vermeld. We vallen er onmiddellijk voor: een snelle, arbeidersklasseachtige versie van Venetië. Net zoals zijn elegante neef is Chioggia gebouwd op laagland, met kanalen en een doolhof van middeleeuwse *vicoli*, smalle straatjes, die naar gewelfde voetgangersbruggen leiden. Kleuren van vissersboten weerspiegelen als vrolijk gekleurde vlaggen in het water. In de cafés en winkels aan de brede hoofdstraat krioelt het van de mensen. De daling van het geboortecijfer die Italië op het ogenblik doormaakt, geldt hier kennelijk niet. Veel jonge vrouwen die hun middagboodschappen doen lopen achter een kinderwagen, soms met twee kindertjes achter elkaar erin. Ik hoop dat ze om de beurt voorin mogen zitten. Ik zou het vreselijk vinden als mijn eerste uitzicht op de wereld het achterhoofd van mijn broertje was. In de buurt van de haven liggen visrestaurants op een kluitje bij elkaar. Hoe vers kan vis zijn? We zien een man met twee emmers: de vissen die bovenop liggen flappen nog met hun staart. Lijnen met felgekleurd wasgoed zijn over de kanalen gespannen: geel gestreepte handdoeken, turkooizen blouse, rode broek, gebloemde lakens, kolossale bustehouders, en een paar treurige grauwe onderbroeken. Door een keukenraam zie ik een vrouw haar handen bevochtigen met olijfolie om het werken met pasta gemakkelijker te maken.

Ed heeft er verschillende Italiaanse gidsen op nageslagen en een warm aanbevolen restaurant met kamers op de eerste verdieping uitgekozen. Venetië stellen we uit, dat bewaren we voor het laatst. Het restaurant ligt in het dorp Lorregia, ons hoofdkwartier voor een paar dagen. Op weg vanuit Chioggia beginnen de remmen een schurend geluid te maken. Het klinkt niet best. In het hotel informeren we naar een Alfadealer, maar het is laat op de dag. Morgen is het ongelukkigerwijs zondag. Ed vraagt of hij kan bellen, voor het geval er nog iemand is. Als we de auto pas maandag kunnen brengen zitten we vast en kunnen we niets anders doen dan eten in het warm aanbevolen restaurant. 'Breng hem *subito*. Ik zal ernaar kijken,' reageert de monteur.

De vrouw aan de balie, een van de eigenaars, wordt bezorgd. 'Hoe komen jullie terug? Het is dertien kilometer hiervandaan.' Ed vraagt of hij ergens een auto kan huren als hij die nodig heeft. 'Gesloten. Zaterdags gaan ze om vijf uur dicht. Bel me maar op vanuit de garage. Dan zie ik wel wat ik kan doen.'

Als het om auto's gaat, houdt mijn deelname aan de gelijkberechtiging van vrouwen op. Ik wil dat een auto het gewoon doet. Ik houd er niet van om onder de motorkap te kijken. Al dat ingewikkelde metaal en de batterij waarmee je over de maan kunt worden geschoten als je de verkeerde contacten aanraakt. Ik slenter naar boven en Ed vertrekt.

De kamer is buitengewoon eenvoudig maar smetteloos. In hotels, soms zo sober als een kloostercel, soms overdadig luxueus, geniet ik altijd van een anoniem gevoel van vrijheid, vooral als ik alleen ben. Ik haal de sprei van het bed, sla de deken om, kijk uit de ramen, maak laden en minibar open, voel aan de handdoeken, bekijk de lotion en shampoo, de glazen pot met wattenbollen, of welke extra's dan ook worden geboden. Ik ben het tegengestelde van mijn tante Hazel, die reisde met haar eigen kussen en een spuitbus lysol. Ze hield die boven haar hoofd, spoot alle aanwezige oppervlakken vol en trok zich een uur uit de kamer terug, terwijl alle bacteriën doodgingen. Ik houd van de leren mappen met mooi briefpapier, het blocnootje bij de telefoon met pasgeslepen potlood, de glanzende tijdschriften over de stad, de jassen van badstof. Maar in deze kamer valt weinig te ontdekken. Wel is er een goede douche, en ik heb een goed boek.

Waar blijft Ed? Er gaat een uur voorbij, dan nog een. Eindelijk komt hij binnen en gooit sleutels op het bed. 'We hebben nu een Fiat

Panda tot dinsdagochtend vroeg. Er zijn onderdelen nodig voor de remmen van de Alfa en de monteur moet die maandag in Treviso opscharrelen.'

'Wat was er aan de hand?'

'Niets ernstigs. Slijtage. Hij kan de auto dinsdagochtend vroeg klaar hebben. Niet te geloven zo aardig als de signora is geweest. Ik belde naar het hotel en ze kwam me halen, en toen heeft ze me ook nog eens ik weet niet hoeveel kilometers, minstens vijftien, de andere kant op gereden en gezorgd dat ik een auto kon huren van de Fiatdealer. Dat was in een industriegebied. We kunnen het waarschijnlijk nooit meer terugvinden.'

'Wat ongelooflijk.'

'Ze rijdt als een echte Italiaan,' zegt hij bewonderend. Hij doet het raam open, en het aardse aroma van *funghi porcini* die in hete olie sissen, brengt hem ertoe om snel te douchen en zijn blauwe overhemd aan te trekken. We dalen af naar de eetzaal. Vanwege het avontuur worden we behandeld als oude vrienden. De hele familie weet van het *problema* met de Alfa. We krijgen een glas prosecco en iedereen is het erover eens dat de Alfa een mooie auto is, dat Italiaanse auto's qua ontwerp alle andere op de wereld overtreffen.

'We laten het helemaal aan u over,' zegt Ed tegen de ober. 'Breng ons uw favoriete plaatselijke wijnen, de specialiteiten van het huis.' Zo dineert Ed het liefst: de kok meteen complimenteren door hem ons menu te laten uitkiezen. Ik ben een wat angstiger eter en vind het niet altijd zo fijn wanneer ons plakken *lardo*, in wezen een boterachtig vet, of zee-egels worden voorgezet. Ik hoop dat we niet de *medaglioni d'asino* krijgen, die ik op het menu heb bespeurd. Ik kan wel leven zonder ezelsmedaillon.

De ober nodigt ons uit om met hem naar beneden te gaan. Hun wijnkelder is een gewelfde bakstenen grot vol wijnrekken. Hij kijkt even rond en haalt een fles Amarone te voorschijn, een van mijn lievelingswijnen vanwege de donkere smaak. De gangen beginnen elkaar op te volgen. Gelukkig krijgen we pasta met groenten, op zich heel gewoon, maar bijzonder omdat de pasta hier wordt gemaakt en de groenten perfect zijn gekookt. De ober brengt ons *gnochetti*, kleine *gnocchi*, ook met groenten, om even te proeven. De provinciale eetzaal loopt vol plaatselijke bewoners die kleren uit boetieks dragen. De welvaart in de provincie Veneto is zelfs vergeleken bij de hoge levensstandaard in Toscane verbazingwekkend. Ik heb nooit een bevolking gezien die in haar geheel zo welvarend was. Er is al lang een beweging gaande om dit gebied van de rest van Italië af te scheiden. In economisch opzicht is het een land apart, lichtjaren verwijderd van Sicilië. Ik vraag me af hoeveel van deze in Gucci en Escada geklede vrouwen de ezel hebben besteld. De volgende gang is gebraden konijn, gesmoord in wijn, tomaten, pijnboompitten en krenten. De ietwat harsachtige smaak past precies bij de wijn. De familie maakt alle toetjes zelf en ze zien er verleidelijk uit, maar we bestellen een selectie uit plaatselijke kazen. Aan de tafel naast ons zit een van de mooie paren te eten met hun zoon, die negen of tien is. We hadden al gezien dat hij het menu zorgvuldig bestudeerde en vragen stelde aan de ober. De ouders zagen er verveeld uit. Hij at met smaak en elke keer dat de ober hun tafel voorbijkwam met schotels bekeek hij die. Zijn vader schonk een centimeter wijn voor hem in en deed er toen mineraalwater bij. Nu zien we hem naar de Beierse perzik en de aardbeientaart op de dessertwagen kijken, om vervolgens weer achterover te ploffen op zijn stoel en kaas te bestellen. We zijn onder de indruk. Een geboren fijnproever.

Omdat we dicht bij de bron zijn, neemt Ed een glaasje grappa. Hoe goddelijk om onszelf naar boven en naar bed te slepen.

Ik zou vandaag nog naar Villa Barbaro kunnen verhuizen, een van Palladio's mooiste momenten. De tuin is kaal, voornamelijk gewoon grasveld, maar het huis blijft een gelukkig ontwerp met zijn speelse Veronese fresco's en intieme kamers. De buitenkant is uitnodigend, anders dan sommige strenge huizen van Palladio die leken te verdrinken in architectuur met een hoofdletter A. Dit huis zingt. Erdoorheen schuifelend op de vilten sloffen die bezoekers moeten aantrekken, zie ik dat het huis echt wordt bewoond. Twee met koorden afgesloten kamers staan vol familiefoto's en leeslampen naast gemakkelijke stoelen. Zou dat de elektriciteitsrekening zijn, daar op het bureau? Wat gek om op zondagmiddag het veld te ruimen, zodat wij krioelende hordes naar hun fresco's kunnen staren, het uitzicht kunnen bewonderen en ons kunnen voorstellen dat we zelf een briefje zitten te pennen aan de vergulde secretaire.

Het lijkt wel of de Panda de weg kent. Op de een of andere manier verdwalen we niet. Bassano, Treviso, Castelfranco. We komen geen van die mysterieuze verkeersborden tegen die we in Toscane zo vaak zien: *tutti direzioni* staat erop en ze wijzen naar rechts én naar links. We parkeren buiten Asolo en lopen de stad in, want auto's mogen niet binnen in deze droomwereld, tehuis van een van mijn lievelingsschrijvers. Nee, niet Robert Browning, die de stad heeft vereeuwigd in zijn gedicht 'Asolando', maar Freya Stark, die zich daar vestigde toen ze haar avontuurlijke reizen in Irak en Perzië had opgegeven. Wat een contrast met haar reizen door de woestijn; Asolo stelt geen eisen. Ik heb het gevoel dat ik door een oudere, Italiaanse versie van Carmel, Californië, loop, met veel verborgen tuinen, met klimplanten overdekte poorten en charmante huizen. Een plek om je op je oude dag terug te trekken, als je maar tonnen lires had. In Asolo buitelen rozen over elkaar heen. Om de paar stappen vallen van de muren boven je nieuwe zachte geuren op je gezicht. Ik zoek haar huis of graf niet op. Ik ben gewoon benieuwd om te zien waar ze rondliep tijdens haar vele laatste jaren na het schrijven van haar boeken. Ze dronk vast thee bij de fontein. Ik weet zeker dat ze haar inkopen deed in de kantoorboekhandel in de stad. Ik kom niet naar buiten voor ik mijn volgende onbeschreven boek heb gekocht – een geel, als opvolger van het blauwe boek waarin ik over onze eerste ervaringen in Cortona heb geschreven –, en een fotoalbum met een kaft met geschilderde wilde bloemen.

Ik bied weerstand aan piepkleine, met was verzegelde flesjes lavendelkleurige, indigo en groene inkt en de rijen dure pennen. Goed schrijfmateriaal geeft een heel speciaal plezier. De bekoring staat op één lijn met de opwinding over schoolmaterialen die ik al zo lang elk jaar koop. Over weinig aankopen ben ik zo opgetogen als over blocnotes, gekleurde registerkaarten met spiraal, opschrijfboeken met indeling voor vijf onderwerpen en leren mappen met drie ringen. En een rood tasje met vakjes en ritsen is natuurlijk helemaal het einde.

Ik denk weer aan mijn eerste ervaring met deze vreugden – de voorraadkast in het fabriekskantoor van mijn vader. Ik mocht steno-

blocnotes met een streep in het midden pakken, een rood potlood dat ik ter plaatse kon slijpen met een machientje dat een draaiende schijf had, zodat het voor verschillende maten potlood was te gebruiken. Op een van die zaterdagochtenden dat ik met hem naar de fabriek reed raakte ik gefascineerd door een groot grijs nietapparaat. Ik vond het klikkende geluid leuk. Mijn kleuterjuffrouw had verteld dat haren en nagels geen gevoel hebben. Dus legde ik mijn linkerduim op de juiste plek en drukte hard, wat ondraaglijke pijnscheuten in mijn dunne nagel tot gevolg had. Mijn vader liet een paar verschrikkelijke woorden horen en wurmde het nietje eruit met een schroevendraaier. Het lichaam vergeet niets. Ik kan nog rillen als ik aan de pijn denk.
'Zie je deze duimnagel?' Ik houd hem omhoog voor Ed.
'Ja, wat is daarmee?'
'Zie je de breuk in het maantje?'
Hij houdt mijn twee duimen bij elkaar. 'Ik geloof het wel, ja.' Ik vertel hem het verhaal. 'Jasses, daar krijg ik een akelig gevoel van in mijn maag. Waarom dacht je er nu opeens aan?'
'Omdat ik die lavendelkleurige inkt zo graag wilde hebben, maar bang was dat hij in de koffer zou gaan lekken.'
'Wacht eens even. Is het oude nietapparaat dat je thuis gebruikt dat apparaat uit het kantoor van je vader?'
'Natuurlijk.'

Twee gemakkelijke dagen lang rijden we rond en keren we 's avonds terug naar onze kleine voorpost van fantastisch eten. De gang van het hotel hangt vol familiefoto's – mannen die uit de oorlog zijn teruggekomen, in armen gewiegde baby's, groepsfoto's. Heerlijk, die intieme atmosfeer en de warmte die de familie uitstraalt, terwijl we komen en gaan. Inwoners komen samen in de bar, zetten glazen met een klap neer, kijken naar rugby op de televisie, wisselen nieuwtjes uit over de eerste communie van de dochter en de idioot die bij het postkantoor achteruit tegen de esdoorn is aangereden. We nemen als randfiguren, kort, deel aan het leven in deze plaats. Ed zegt tegen hen dat we nog eens terugkomen om het herfstmenu te proberen. Als we vertrekken, werpt hij een spijtige blik in de eetzaal.

De *primo* benadering van Venetië is niet via de luchthaven Marco Polo of de trein. Na onze ritten door Veneto en ons bezoek aan Chioggia voel ik deze waterige stad op een nieuwe manier aan. Ik had Venetië altijd in gedachten als een verhoogde plek die niet lang geleden aan het zinken was en weer zou kunnen zinken. Zwervend door Veneto heb ik het echte geografische gevoel geabsorbeerd, en mijn ontzag is groter dan ooit. Het land onder Venetië is vaak weinig meer dan de zandbanken waar ik vroeger op St. Simon's Island naar toe waadde. De krachttoer om op deze moerassige archipel een rijk te stichten bewijst dat de stichters grote verbeeldingskracht hadden. Ze vlochten dijken van wilgentenen om de zee tegen te houden. De waanzin! Er werden fundamenten gebouwd op houten palen, die helemaal door het water en de aangeslibde grond tot in de vaste klei-laag werden geheid. De honderden piepkleine eilanden werden later verbonden door bruggen, waardoor het leek alsof er in één enkel eiland kanalen waren gegraven. Sommige waterwegen werden gedempt, waardoor de werkelijkheid van de feitelijke topografie nog meer veranderde.

Mijn instinct zegt me dat ik, wanneer ik de waterige kaart leer 'lezen', misschien tot de kern kan doordringen van de greep die deze stad op mijn verbeelding heeft. Ik weet al dat het niet alleen de buitensporige schoonheid van Venetië is die me aantrekt. Mijn aanwijzingen voor een oplossing beginnen misschien met het besef dat het ontstaan van Venetië ingaat tegen elk rationeel denken: bouw je kerk – of je verzekeringsbedrijf – op een rots.

Ed en ik parkeren in een garage aan de rand van de stad, laten bijna alle bagage in de kofferbak zitten en stappen op een boot, die een vlakke waterplas oversteekt en algauw het Canal Grande invaart. Heilig Toledo! Heiligdom der heiligdommen! De herinnering heeft de stad geabstraheerd tot aquareltaferelen. De realiteit van de deinende boot, de met fruit en kisten *acqua minerale* beladen werkgondels, de bouwschuiten waarop planken en zakken cement zijn gestapeld, de zinnenverbijsterende, schitterende, sprookjesachtige, solide schoonheid van de palazzi die aan het kanaal staan en in het water weerspiegelen – ik sta aan de reling en bijt hard op de knokkel van mijn rechterwijsvinger, een oude gewoonte die bovenkomt als ik met stomheid geslagen ben. De schoonheid trekt niet alleen maar aan je ogen voorbij. Zij brengt je in vervoering. Ik begin de opwinding te voelen die een reiziger ervaart wanneer hij op een plek staat die geheel en al zichzelf is.

Aankomen in Venetië lijkt de natuurlijkste daad van de wereld. Is het voor iedereen zo? De stad is zo door en door bekend door films, foto's, kalenders, boeken. Heeft deze ontspannen vertrouwdheid nog een andere laag?

Er komt een golf herinneringen over me heen en ik wil dat ze ophouden op het moment dat ik mijn voet op de *fondamenta* zet. Venetië was 'onze' stad, die van mijn ex-man en mij. We zijn er maar twee keer geweest, maar we waren weg van het kleine hotel vol bloemen, waar we de matras van het bed trokken toen dat begon te piepen. Onze gondelier had een doordringend zoete stem en gleed door kanalen, bukte onder bruggen. Nou ja, hij zong inderdaad 'O sole mio', maar hij kon ook goed uit de voeten met 'Nessun dorma'. Op de vroege ochtendmarkt bouwde een verkoper een terrastempel van zijn rijpe witte perziken. Het leek wel of elke vis uit de Adriatische Zee met glazige ogen was uitgestald op ijs, klaar voor de vrouwen met hun manden en de restauranteigenaars met hun hulpjes die kisten op hun schouder balanceerden. Omdat ik ben gezegend met een vogelfobie bleef ik op de Piazza San Marco onder de galerijen wachten, terwijl mijn man tussen de duizenden duiven liep en bij terugkomst de piazza beschreef zoals ik die nooit zal zien. We ontdekten de papierwinkel met in perkament en gemarmerd papier gebonden schrijfboeken. We proefden de pasta met inktvis in zijn eigen inkt. Ik vond de serie schilderijen van Carpaccio over de heilige Ursula prachtig. Ursula, die daar in een hoog bed ligt te dromen, terwijl de engel die haar de palmtak van het martelaarschap brengt over haar drempel stapt. Vier jaar later gingen we terug met onze dochter en beleefden we het genoegen van haar vrolijke gezelschap op die kanalen. Ze droeg een strooien gondelierhoed, rende weg om katten te aaien die niet geaaid wilden worden, liet haar tas op een *vaporetto* liggen en huilde om het verlies van twaalf glasscherven die ze tijdens het tochtje had verzameld. Gek, welke flarden herinnering blijven hangen. Ik herinner me niet hoe ze de lagune, de bruggen, de piazza vond. Ze was weg van de koperen zwaanvormige kranen en tuit in het hotelbad. Vreemd hoe de herinnering om jaren heen kan reiken en weer aansluiting vindt met de tijd en plaats waar oude liefdes nog intact zijn. De vloedgolf van herinneringen is uitgewoed.

Sinds die tijd is er veel hoog water door Venetië gespoeld. Nu ben ik terug. Met Ed. Een ander leven. We zullen hier onze eigen weg zoeken. Ik kijk naar Ed en moet lachen. Hij heeft de bekende kosmische blik in zijn ogen. 'Venetië,' zeg ik, en hij knikt.

Hij is al gebruind, en terwijl hij op de reling leunt met zijn gele linnen overhemd aan en de pure glorie van Venetië achter hem voorbijracet, denk ik: hij ziet eruit als iemand met wie ik wel zou willen weglopen, als ik dat niet al had gedaan. Het vooruitzicht om met hém door Venetië te zwerven: *bella, bella*. Als we in het breedste deel van het Canal Grande komen, lijkt het over te hellen. Algauw stoten we tegen de steiger. 'Hemels. Ongelooflijk.'

'Ja, als er in de echte hemel geen Venetië is, wil ik er niet heen.'

Het hotel, een voormalige kloostertoren, staat aan een harmonieuze piazza die vroeger water was dat op een gegeven moment is gedempt. Toren betekent romantisch en ook smal. Het overdreven elegante meubilair en de piepkleine kamer doen me zeer Venetiaans aan. Ed heeft iets van Gulliver in deze lilliputachtig ruimte.

We zijn op tijd voor de schaduwronde. Een Italiaanse vriend in Cortona heeft ons verteld over de Venetiaanse gewoonte om laat in de middag van de ene bar naar de andere te gaan. Weggestopt in de wijken liggen kleine bars, vaak met een toonbank aan de straat. Buren komen bij elkaar voor een *ombra*, schaduw, een half glas wijn. Het woord stamt van de oorspronkelijke verzamelplaats in de schaduw van de San Marco. Mensen komen langs, nemen een slokje en slenteren dan door naar de volgende bar. Vaak kennen degenen die aan deze gewoonte meedoen elkaar daarbuiten niet. 'Ik ken hem van de schaduwronde,' zeggen Venetianen tegen elkaar. Op de bar zijn antipasti uitgestald, smakelijke hapjes die iets van *tapas* weg hebben: polentablokjes met vis erin, *moleche*, heel kleine gegrilde krabbetjes die je met huid en haar opeet, gebakken ansjovis, en op verschillende manieren klaargemaakte *baccalà*, gedroogde kabeljauw. De Venetianen bezoeken twee of drie bars en gaan dan naar huis. De groepen zijn steeds anders samengesteld. We gaan langs bij een bar waar ze zo veel verrukkelijke antipasti hebben dat we besluiten in het achterzaaltje te blijven eten. We proberen de *sarde in soar*, verse sardines in een zoetzure saus, een gerecht dat de oude dogen vast lekker hebben gevonden. Venetië heeft een slechte reputatie op het gebied van restaurants, maar in de wijken worden in intieme trattorie de authentieke gerechten geserveerd, en vis die niet verser kan. Op het klassieke Venetiaanse repertoire staan kalfslever met uien (niet te vergelijken met de lever met uien van de mensa op de universiteit), risotto of pasta met inktvis in zijn inkt, die verkwikkende gerechten *risi e bisi*, rijst en doperwten, en vis met rode Brussels lof, allebei gegrild; vissoepen, verschillende schaaldieren met pasta, vis, vis en nog eens vis. Venetië en Sicilië, die in de meeste opzichten elkaars tegenpolen zijn, hebben allebei de gaven van de zee, en het uitgekiende gebruik van kruiden en specerijen die de geschiedenis van overheersing door vele naties heeft aangedragen.

We laten de kaart in de kamer liggen. We lopen gewoon rond. Lopen en nog eens lopen. Buiten de drukte van de belangrijkste bezienswaardigheden bekoren de Venetiaanse wijken eindeloos. We stuiten op een *squero*, een werf waar gondels worden gemaakt en gerepareerd. Een man is met zwarte verf aan het schilderen en ik herinner me dat eens, vóór de pest en de weelde beperkende wetten, gondels in vele kleuren werden versierd. Ik wil Ed de negen schilderijen van Carpaccio over de legende van de heilige Ursula laten zien. Ze ligt heerlijk te slapen in een hemelbed, een hondje op de vloer, planten op de vensterbanken. De andere kant van het bed is opvallend leeg. Ze heeft, zo herinner ik me, Conan als echtgenoot afgewezen omdat ze maagd wilde blijven. In haar deuropening zal de aarzelende engel over de drempel stappen, haar schouder aanraken en haar de palmtak van het martelaarschap geven. Irrationeel zeg ik: 'Ze slaapt nog steeds, al de jaren dat ik weg ben geweest.'

In winkeltjes die me doen denken aan middeleeuwse gilden zien we soepel opengewerkt fluweel, gekonfijte vruchten, armbanden van gouden blokjes, purperstenen hoofden en gekleurd geblazen glas. Ik zou dolgraag de huizen binnengaan, van binnenuit ervaren hoe het is als het hoge tij tegen de onderverdieping klotst, het vochtige marmer ruiken, de rimpelende waterschaduwen op beschilderde plafonds zien, verschoten brokaat wegschuiven om de zon binnen te laten.

Wanneer we ineens bij de steiger staan waar je een boot neemt naar de eilanden, springen we erop. De aanlegplaatsen die op tien of twintig minuten afstand liggen zijn ver verwijderd van Venetië in tijd en ruimte. Arme eilandjes vol riet die nauwelijks boven het water uitsteken – dat ondersteunt de pracht van Venetië. We passeren Murano, stappen niet van de boot op een eiland met boerderijen, en gaan aan wal op Torcello.

Vanaf de steiger lopen we langs een kanaal met brak water naar de overblijfselen van een nederzetting. De verlaten stad geeft me het gevoel dat alle inwoners zijn gevlucht. Malaria heeft inderdaad een slachting aangericht onder de bevolking, maar dat was eeuwen geleden. De Romaans-Byzantijnse kerk van Santa Fosca was in de elfde eeuw een laatkomer op het eiland. Als ik kon tekenen zou ik meteen mijn pastels te voorschijn halen en het teer gewelfde voorportaal schetsen. Met de bouw van de kathedraal, het oudste bouwwerk in de hele lagune van Venetië, is in 639 begonnen. Vanaf dat tijdstip tot de veertiende eeuw heerste er welvaart op Torcello. Er woonden hier twintigduizend mensen, die voornamelijk schapen fokten en wol sponnen. Pas in de vroege elfde eeuw werden de mozaïeken in de vloer van de kathedraal gelegd. Later kwamen er mozaïeken op muren bij, ook die van de staande madonna met het kind, in een veld van gouden mozaïeksteentjes. Van de duizenden madonna's is dit er een die je beslist moet zien. Dat geldt ook voor het Laatste Oordeel, met zijn spookachtige mozaïeken skeletten.

Na de veertiende eeuw begon Torcello geleidelijk af te glijden naar zijn huidige dieptepunt. Ik lees dat hier zestig mensen wonen, maar we zien niemand, behalve bij geïmproviseerde tentjes waar toeristensouvenirs worden verkocht. 'Wat een fantastisch oord om een film te maken.' Ed staat te kijken naar een verwilderde tuin vol beelden, de exotische ronde vormen van de kathedraal, het blonde licht.

'Wat voor soort film?'

'Iets wat niets met de moderne tijd te maken heeft. We zitten ernstig in de puree. Maar kijk, die *casa* wordt gerestaureerd. Misschien verhuizen werkende mensen die tussen Mestre en Venetië pendelen wel hierheen. In plaats van kwalijke dampen in te ademen zouden ze een stukje grond kunnen hebben. Een prachtige plek om te wonen.'

'Als je een boot hebt.'

'En een tuin, en een wijnkelder, en een goede bibliotheek. De volgende keer wil ik weleens in de herberg overnachten. Ik denk dat zelfs de weinige toeristen met de laatste boot teruggaan naar Venetië. Eilanden 's nachts...' Hij maakt zijn zin niet af.

Het volle, levendige Burano is de tegenpool van Torcello; het is even een schok om hier na al die rust aan te komen, en vervolgens onmogelijk om niet verliefd te worden op de kleurige huizen aan de kanalen. Ik maak foto's van een purperen huis met een balkon vol bloemen, visnetten die hangen te drogen over de boeg van een gele boot, een vrouw die in een raam met blauwe lijst een rode handdoek uitschudt. Alle kleuren die je nooit voor je huis zou gebruiken, zien er hier heerlijk feestelijk uit. Het is alsof alle bewoners naar een reusachtige uitverkoop van verf zijn gesneld om afgeprijsde pompoen- en lavendelkleuren aan te schaffen. Veel vreselijke schilderijen moeten zijn geïnspireerd door een dagtochtje naar Burano. Het dorp voelt opgewekt en speels aan. We picknicken op het gras aan de waterkant, stappen dan weer op de boot die deze eilanden bedient, en passeren op de terugweg het kerkhof San Michele.

Ik sta vlak bij de boeg en realiseer me dat ik mijn gezicht vooruitsteek om de moerassen te ruiken. Aan de overkant van lichtgroen water glinstert Venetië in het waterige zonlicht. Half in slaap gewiegd door het geklots van golven tegen de romp moet ik denken aan het magnifieke begin van een van mijn lievelingsboeken, *Speak Memory* van Nabokov: 'De wieg schommelt boven een afgrond, en ons gezond verstand zegt ons dat ons bestaan slechts een korte lichtflits is tussen twee eeuwigheden duisternis. Hoewel de twee identieke tweelingen zijn, beziet de mens als regel de prenatale afgrond met meer kalmte dan hij kan opbrengen voor de afgrond waarop hij (met een vaart van ongeveer 4500 hartslagen per uur) afstevent.' Gisteravond heb ik dat boek weer eens gelezen en ik voelde de geladenheid van die passage.

Is de passie om te zien wat er van het verleden over is een brug naar 'de prenatale afgrond'? *Dit is allemaal gebeurd voor jij er was.* En kijk, je kunt zoveel aanraken dat er voor jouw geboorte al was. Al de duidelijke tekens die uiteindelijk naar jou hebben geleid, jouw korte moment in een lichtflits. *Ik drijf.* Venetië is een en al aangeslibd licht. *Meedeinen met de wateren.* Ik ben gehypnotiseerd door de paarlemoerachtige hemel en de moerassen en het Venetië van... Ik zoek naar woorden. Ja, hier zijn ze, ja: het Venetië van de glibberige doorgang, de waterige schakel met het prebewuste.

Mijn geest tot rust gekomen; dat zocht ik, terwijl ik in deze wateren hengelde. De waterige stad brengt me erheen zoals de steden op het land dat niet kunnen, echt niet kunnen, met hun deelbare werkelijkheid van straten onder onze voeten en autobanden, hun uitgangen en ingangen zo ruimtelijk gebroken. Venetië is gelijktijdig, zoals alle tijd voor wij bestonden. *Omdat we zwemmers zijn. De glanzende wezens van land en water.* En de moerasgeur dringt diep in het merg door, die oude koppigerd.

Nu merk ik het eindelijk op: de gondeliers stáán bij het peddelen, nu eens aan de ene kant van de gondel, dan aan de andere. *De dood in Venetië*, heeft Thomas Mann geschreven; dus natuurlijk, natuurlijk herkennen we dat 'vreemde vaartuig... met die merkwaardige zwartheid die elders alleen in doodskisten is te vinden'.

Maar nee, de gondeliers lijken niet op Charons op de rivier de Styx. Eerder lopen ze, o wonder, over het water. De vorm van de gondel heeft meer weg van de g-sleutel dan van een doodskist. Het verband met de dood is vooraf bepaald, ontvangen kennis, geen ervaren kennis. Dit water is te glorieus, een geveegd zilveren licht met strepen roze goud en mozaïek, en ver, ver van de dood. Maar nu begrijp ik waarom Shelley, Mann, McCarthy, Ruskin, reisartikelen, films – alle manieren waarop ik Venetië vooraf heb ervaren – nooit de kern hebben geraakt van het Venetië dat ik onder mijn huid voelde. Ze noemden het mysterie van Venetiës bekoring de dood. Wat mij betreft hadden ze het precies bij het verkeerde eind. Om geboren te worden doorkruisen we de wateren.

Van een afstand zien de gondeliers eruit als slaapwandelaars, de zwarte silhouetten van de gondels door dromen voortgedreven over de wateren van het onbewuste.

Vroeg in de avond zit ik nog te peinzen. We drinken een glas wijn in een bar aan het Canal Grande. Is het altijd glinsterend en helder? Waarschijnlijk ruikt het in augustus naar afval. De ober is zorgzaam, vriendelijk. 'Hoe kunnen ze aardig blijven als ze zich zo veel toeristen moeten laten welgevallen?' De Amerikaan aan het tafeltje naast ons heeft met zijn glas gebonkt om de aandacht van de ober te trekken. Zijn vrienden doen alsof ze elkaars stoelen in het water duwen. En het zijn volwassen mensen.

'Ze leven van toeristen. Ze zijn aan ons gewend. Stel je voor hoe het in juli is, als er afval in de kanalen drijft. Dan zouden we in één grote massa rondlopen, smoorheet en druipend van het knoflookzweet.'

Het is april, dus is de grote massa nog niet gearriveerd, maar er zijn al zo veel toeristen dat ik de belangrijkste bezienswaardigheden het liefst vermijd. Het is vaak het onaantrekkelijke soort toeristen met pet en korte broek dat rommel van McDonald's in zijn kielzog meevoert. Ik sla mijn armen over elkaar en kijk knorrig naar mijn buren, die de grootste pret hebben.

Als ik mijn stoel een beetje draai zodat ik recht op het water kijk en de gondels kan zien voorbijgaan, merk ik iets heel raars op: de gezichten van de toeristen die langs de palazzi worden gevaren, langs Ca d'Oro, de kantachtige gotische ramen, de met mos begroeide steigers, en langs de amberkleurige en oudroze gevels die weerspiegelen en omhoogkomen en breken in het in beroering gebrachte blauwe water. De gezichten zijn uitdrukkingsloos geworden. Hun omtrekken verzachten. Hun ogen zijn vol schoonheid en er ligt doorschijnend licht op. Ze zijn veranderd door wat er naar hen kijkt. De toeristen stappen uit de gondels als nieuwe wezens.

Alle restaurants die we uitzoeken liggen een heel eind van ons hotel. Keer op keer raken we de weg kwijt en vinden we hem weer. Na het eten, bijna middernacht, is het stil in de *calle*; onze voetstappen weerkaatsen en we merken dat we fluisteren. Katten die op vensterbanken en drempels liggen te slapen kijken niet eens op. Als we terug zijn in het hotel vertelt de receptionist ons over Padania, de separatistenbeweging die afscheiding van Italië nastreeft. Vandaag hebben ze een veerboot gekaapt – maar wel de overtocht betaald! – en daar een vrachtwagentje op geladen dat was beschilderd als een pantservoertuig. Ze zijn met geweren zwaaiend de Piazza San Marco over gereden. Kort daarna zijn ze gearresteerd. '*Carnevale*. Ze denken dat het carnaval is,' zegt hij schouderophalend. Rond vier uur worden we wakker door het geluid van 'Hop, uno, due, tre, quattro,' en ritmisch marcheren. We kijken omlaag naar de campo en zien ongeveer twintig Padanialeden die in het zwart gekleed in ganzenpas rondstappen – surrealistische flashback naar de fascistische jaren dertig. Ik vind dat ze er goedgetraind uitzien, maar Ed zegt dat je niet veel talent nodig hebt voor de ganzenpas. 'Ik droomde net,' herinnert hij zich, 'dat ik over het Canal Grande schaatste, achtjes draaide op de Piazza San Marco, en toen achteruit gleed onder bruggen waar ik moest bukken.'

'Wat zou dat betekenen?'

Hij valt alweer in slaap. 'Venetië op het ijs. Bevroren Venus. Venus en Venetië. Wij in Venetië.'

Nu kan ik niet meer slapen, dus lees ik over Lord Byrons wilde verhoudingen met Venetiaanse vrouwen, zijn studiemiddagen op het eiland San Lazarro, waar nog steeds Armeense geleerden wonen, en zijn zwemtochten van het Lido naar het eind van het Canal Grande. Ed heeft een talent voor slapen. Als zijn hoofd het kussen raakt, is hij vertrokken. Ik vraag me af of de rug van Lord Byron net zo sexy was als die van Ed, of de Venetiaanse koopmansvrouw die hem aanbad zijn glanzende huid net zo gezond en levend vond. Heel lang geleden *in de prenatale afgrond* – Byrons lichaam in de kou; hij schudt water uit zijn ogen en ziet de palazzi bij zonsopgang, terwijl hij met zijn kreupele been probeert tegen de stroom op te komen. *Bijna voel ik de drang van de stroom en de spanning in zijn spieren.* Ik kan onmogelijk lezen – Venetië is nog op mijn netvlies gebrand en de leeslamp geeft maar net zo veel licht als een nachtlampje. Niets is moeilijker vast te houden dan de werkelijkheid van het verleden. Mijn dochters weggeraakte rode tas vol schatten. Mijn boek glijdt op de vloer, maar Ed beweegt zich niet. Even overweeg ik om zelf een duik in het kanaal te nemen. Ik zou waarschijnlijk mijn maag moeten laten uitpompen, maar het zou wel mooi staan op mijn curriculum vitae.

DIEPER HET LAND IN

❖

De vleermuizen zijn er weer, in grillige vlucht boven ons. Ze lijken niet te vliegen, maar zich in windvlagen te verspreiden als donkere confetti. Vroeger was ik bang dat er een in mijn haar zou belanden, maar na honderden diners onder hun vluchtroute vertrouw ik op hun echopeiling. Ik weet nog dat ik tijdens biologieles eens een röntgenfoto van een vleermuis zag. De beenderen zien eruit als een mensje dat verborgen zit in een leerachtig lichaam. D.H. Lawrence heeft een vleermuis beschreven als 'een zwarte handschoen die omhooggegooid wordt naar het licht, / en weer terugvalt', en zijn vleugels als 'stukjes paraplu', maar ik zie alleen de rudimentaire gevangen mens voor me, gedoemd om zijn gewicht aan insecten te eten. Omdat ze Bramasole met ons delen, zich op de een of andere manier opvouwend in spleten tussen stucwerk en steen, lijken ze nu vriendelijke verschijningen.

Misschien raken ze opgewonden door de energie die afstraalt van een kom tuinbonen en een plankje met een stuk pecorino op de muur, ons handige buffet. Zo niet, dan zijn het de enige wezens in deze provincie Arezzo die niet meedoen aan de Toscaanse manie.

We zijn gedoemd iedere avond fave te eten als voorafje of na het hoofdgerecht. We worden, zoals we al hadden voorzien, bedolven onder Anselmo's oogst. We geven zakken van die malse jonge dingen aan buren, vrienden, aan iedereen die ze wil hebben. Het plaatselijk ritueel van pecorino en fave is een van de meest geliefde combinaties in de Toscaanse keuken. Dit heilige huwelijk, geserveerd als volledige lunch, antipasto of in plaats van een toetje, houdt gedurende een kort, intens seizoen stand. Je kunt het best verse pecorino nemen; deze twee lentegasten gaan van nature samen.

Vanavond hebben we, dankzij onze vriend Vittorio, bijzondere pecorino. Hij is in Cortona opgegroeid en werkt nu voor een wijngaard; daarvoor heeft hij enkele jaren in Rome gewerkt, helemaal vanuit Cortona pendelend zodat hij kon blijven leven op de manier die hij prettig vindt. Hij komt altijd even langs als hij in de bergen funghi porcini heeft geplukt. Als wij in de stad zijn laten we een zak fave aan zijn deurknop achter. Hij is voorzitter van de plaatselijke afdeling van Slowfood, een internationale organisatie die zich wijdt aan het behoud van traditionele keukens en aan zuivere methoden om voedsel en wijn te verbouwen en te bereiden. Slowfood – het tegengestelde van fastfood. Natuurlijk zijn we ook lid geworden. De plaatselijke vergaderingen bestaan uit diners van acht gangen met tien of twaalf wijnen uit een bepaalde streek. Een club naar mijn hart. Wanneer wij 'vergaderen', houden andere afdelingen in Italië ook hun vergadering; aan het eind van de avond wordt er gestemd, en aan de hand van de doorgebelde resultaten worden dan de beste wijnen gekozen.

Vittorio is laat op de middag een heel eind met ons de heuvels ingegaan om ons kennis te laten maken met een vriend van zijn familie, een boer die tot onze verbazing Achille heet. We wachtten tot hij klaar was met melken. Tegen de buitenmuur van de boerderij stond een metalen badkuip onder een koudwaterkraan; van daaruit had je een volmaakt uitzicht op Cortona in de verte, en op zijn boomgaarden op de heuvelflanken. In een half olijfblik dat tegen de muur was gespijkerd, lagen zeep en een borstel. Rond de hof stonden banken van uitgeholde boomstammen. Achille, ongeveer zeventig, kwam binnen met een emmer schapenmelk en een hark, de steel van de hark een rechte stok die glad was door het gebruik, de tanden van sterk hout gesneden en in een stuk van een tak gezet, alles keurig afgewerkt. Hij had zijn hark zelf gemaakt. Zo'n prachtig stuk gereedschap en een symbool van zijn persoonlijkheid; harken kosten niet veel, maar hij maakt ze liever zelf. Achille is een gedrongen man, ernstig, en langzaam in zijn bewegingen. Zijn afstandelijke schildpadogen leken ons snel op te nemen. Met elke dag die hij in de zon heeft geleefd, is er een rimpel op zijn gezicht bijgekomen zodat hij nu totaal doorgroefd is en bruin als een oude honkbalhandschoen. We volgden hem naar een ruimte naast een stal met kalveren. Zijn kazen lagen op vier hangende planken. Ed zag dat er met tussenruimten puntige blikken rondjes om de touwen zaten. Achille glimlachte rustig en knikte. De *topi*, muizen, kunnen niet om het blik heen kruipen en van de kaas eten.

Boven op de melk dreven grassprietjes. Hij bedekte het gaas van een zeef met een stuk katoen en goot er vervolgens de melk door. Hij pakte een kan waarin stremsel moest zitten en plensde er wat bij. Ik wilde van alles vragen, maar hij leek me niet iemand voor oppervlakkige conversatie. In de ruimte hing een geur die ik nog nooit had geroken: een krachtig, primitief proces van melkrijping. Vergeet de voorschriften van de Europese Unie voor pasteurisatie maar, dit is kaas zoals hij door de eeuwen heen is gemaakt. Hij vroeg ons om een kaas uit te zoeken, een zonder barsten in de buitenste laag. Hij draaide de kaas rond, terwijl hij me aandachtig aankeek (waarschijnlijk kom ik net zo exotisch op hem over als hij op mij) en zei dat we hem elke dag moesten omdraaien. 'Waarom?' vroeg ik voorzichtig, hoewel ik vermoedde dat de ingrediënten nog niet waren gestabiliseerd, zodat je ze moest blijven mengen. Het strokleurige rondje van bijna een kilo zag eruit als een kleine maan. Hij wikkelde het zorgvuldig in folie.

De vrouw van Achille kwam binnen met nog een emmer. Ze droeg laarzen en een schortjurk en was net zoals haar man diep gebruind. Ze zijn buitengewoon stil, verlegen, denk ik, waarschijnlijk omdat ze al zo lang geïsoleerd leven. Ze begon meteen met een nieuwe serie. Op de binnenplaats heeft ze een houtfornuis om op te koken als het warm is. Aan een gehavende pastapan die erop staat, kun je zien dat het vaak wordt gebruikt. Ik stel me voor hoe ze 's avonds, na alle huiselijke taken, een bad neemt in die kuip, alleen stilte om haar heen.

De schillen van jonge fave hoef je er niet af te halen, je dopt de bonen gewoon aan tafel en eet ze samen met de pecorino. De kaas van Achille is glad en pittig, zonder de stalsmaak die van veel verse pecorini lijkt te komen. Ed snijdt nog een stuk af. Ik zie dat hij een kwart van de gele maan heeft opgegeten. Na het eten lopen we met een laatste glas wijn over de terrassen. De courgettes gaan bloeien. Deze vermetele bloemen verdienen een Van Gogh of Nolde om hun gesmolten goud in een beeld te vangen. We blijven bij de tomaten staan, rekenen uit hoe lang het nog duurt voor we met manden naar boven kunnen om ze van de ranken te trekken. Ed wrijft een blad tussen zijn vingers en laat me de belofte van rijpe tomaten ruiken. De snijbiet, meer snijbiet dan ik nodig denk te hebben voor risotto, is rijp. We stoppen bij het landje met fave. We hebben er nog geen fractie van gebruikt. Iets zegt me dat ik na deze lente in jaren geen tuinboon wil zien.

Ik breng de middag door met Vittorio, we zwerven door het platteland in zijn auto met alle ramen open. Ed wil een dag schrijven. We gaan even langs bij een boer die in een huis woont dat in de vijftiende eeuw is gebouwd en nog steeds eigendom is van een graaf van dezelfde familie, wiens villa een eindje verderop ligt. Tommaso is heel blij met het bezoek van Vittorio, die in de buurt is opgegroeid en altijd in de hooischuur kwam spelen. Hij laat ons een oude beschilderde wagen zien die daar nog is gestald. Deze van de tijd afgezonderde plekken worden nooit vertrouwd; als we er komen belanden we opeens achter de jaren, in een manier van leven die we ons hebben voorgesteld maar die we nooit hebben gekend.

Als ik naar de kapel aan de achterkant van het huis vraag, vertelt Tommaso nonchalant dat die gesloten is sedert Napoleon voorbij is gekomen, alsof hij zegt dat hij sinds afgelopen woensdag dicht is. 'Daarvóór,' zegt hij, 'bleven pelgrims hier drie dagen rusten; de graaf gaf hun eten en onderdak.' Zoals hij erover praat, zou je kunnen denken dat het om de tegenwoordige graaf gaat, om zijn eigen extra kamers.

Voorzichtig vraag ik of we de kapel vanbinnen mogen zien. Hij neemt ons mee door zijn huis. Ik vang een glimp op van kale kamers waar zijn broer en hij wonen: ijzeren bedden, kasten, vergeelde linnen gordijnen met gehaakte randen – herinneringen aan een zusje of vrouw – en een paar foto's aan de muur. Geen televisie, helemaal geen apparatuur, zelfs geen radio te zien. Zo streng als de cel van een monnik en brandschoon. We lopen door middeleeuwse gangen zonder licht, Tommaso met zekere stappen. We volgen hem blindelings en ten slotte draait hij met luid geknars een sleutel om en duwt de deur open. Het eerste wat ik zie is een koperen badkuip, dan wat landbouwgereedschap en vaten. Als mijn ogen zijn gewend aan het grijze licht dat door één enkel rond raam, hoog in de muur, binnenvalt, zie ik fresco's van een heilige en van de madonna. Een in het oog springende lege plek laat zien waar een schilderij is verwijderd. 'Dat hangt nu in de kerk. Ga daar even langs, dan laat de pastoor jullie San Fillipio zien, die hier vroeger gelukkig leefde.' De kapel is merkwaardig uitgebreid voor een boerenwoning van dit type. Misschien wilde de graaf dat de zweterige pelgrims een eind uit de buurt van zijn eigen omheinde park bleven.

Tommaso neemt ons mee naar de keuken en schenkt glazen vin santo in, de drank van gastvrijheid op alle boerderijen. Ik heb in verschillende huizen op alle uren van de dag vin santo gedronken, die ongeveer smaakt als een scherpe sherry. Hij nestelt zich in de hoge haard in een stoel en haalt met Vittorio herinneringen op aan de verhalen die jaren geleden rond het haardvuur werden verteld. Tommaso is het tegengestelde van de plechtige Achille. Zijn actieradius is ook nooit zo groot geweest, maar hij is een prater, een verhalenverteller. Hij strekt zijn benen uit, nabootsend hoe in oude tijden de *contadini*, boeren, zich in de winter roosterden, terwijl ze dichtbij genoeg bleven om de polenta te roeren. Als ik de keuken rondkijk zie ik geen teken van verwarming, dus neem ik aan dat ze op januariavonden nog steeds deze voorvaderlijke gewoonte hebben.

Tommaso laat ons zijn Val di Chianakoeien zien, die witte dieren die veranderen in de beroemde Florentijnse biefstuk, gegrild met rozemarijn. Hij heeft vier volgroeide koeien en drie kalveren, die ons met grote donkere ogen aanstaren. Hij heeft rode linten om hun halzen gebonden om ze tegen het kwade oog te beschermen. Ik heb me altijd afgevraagd waarom de biefstuk op Toscaanse menu's zo'n opvallende plaats inneemt, terwijl je deze wezens nooit in weilanden ziet. Ze worden binnen grootgebracht, verwend en vertroeteld, maar wreed gekluisterd aan de voederbak. Ze zijn reusachtig, worden drie keer zo groot als een normale koe.

Een omheinde en verwilderde bloementuin naast het huis getuigt weer van een allang verdwenen vrouwelijke aanwezigheid. De oude, langs ijzeren palen geleide rozen bloeien nog overvloedig. De gele klimroos met heel kleine bloemen is van zijn paal naar een schutting gekropen, waar hij roekeloos omhoogschiet en zich verspreidt.

Ik volg behoedzaam vanwege de rondzwervende ganzen en kippen. Mijn oude vogelfobie is een kwaal waaraan ik niet alleen op piazze vol duiven lijd. Als Tommaso zou vermoeden dat ik bang ben voor een kip zou hij denken dat ik gek ben. Twee witte kalkoenen pikken vlak bij de schuur in de grond. Het zijn de lelijkste vogels op de wereld.

We rijden langs de villa van de graaf, een melancholiek huis met gesloten luiken, omringd door kastanjebomen, en stoppen bij de kerk. Stanislao, de Pool die ons heeft geholpen bij de bouw van de lange stenen muur toen we Bramasole pas hadden gekocht, en zijn vrouw Reina wonen in bij Don Fabbio, de pastoor van deze parochie. Zij kookt en houdt het huis en de kerk schoon. Stanislao werkt als metselaar, maar doet in de weekends klusjes op het kerkterrein. Op sommige zaterdagen, als Stanislao met Ed bij ons huis werkt, komt Reina me in de tuin helpen. Ze is heel klein en pezig en heeft een geweldige energie. De pastoor is in de tuin twee kinderen de catechismus aan het bijbrengen. Reina ontvangt ons en laat ons de studeerkamer van Don Fabio even zien. Het zou de studeerkamer op de portretten van de heilige Hiëronymus kunnen zijn. Door een open raam valt schemerig licht naar binnen op een bureau vol stapels leren boeken, sommige open, andere met de tekst naar beneden. Alles wat eraan ontbreekt is het attribuut van de heilige Hiëronymus: de slapende leeuw. In een gang zien we het vage schilderij dat vroeger in de kapel van Tommaso hing. Aan een zijmuur in de kerk hangen rijen kiekjes van alle overleden parochianen. Vittorio ontdekt bekende gezichten uit zijn jeugd. We laten Reina achter met haar strijkwerk van het altaarlinnen, laten Don Fabbio in de tuin achter met zijn twee roodharige pupillen.

Toen ik in een kleine stad opgroeide voelde ik het strakke bit in mijn mond. Ik popelde om te vertrekken. De aantrekkingskracht van grote steden was sterk. Maar ik herinner me ook dat ik enigszins werd aangetrokken door het leven op het platteland.

Mimo, de grootmoeder van mijn vriendje, woonde in de buurt van Mystic, niet meer dan een kruispunt eigenlijk, in het land van de tabak en de katoen. Haar huis met één verdieping had over de hele lengte een veranda. Haar provisiekast stond altijd vol citroentaarten en kokostaarten met suikerschuim. In eenvoudige slaapkamers lagen op het voeteneind van elk bed haar opgevouwen quilts. De veranda keek uit op de velden en 's middags zat ze er erwten te doppen. Zo nu en dan pakte ze een kerkwaaier met houten handvat en een afbeelding van Jezus en sloeg de vliegen weg. Ik zat op de schommelbank *Anna Karenina* te lezen. In deze herinnering komt om de een of andere reden het vriendje helemaal niet voor. Door opgewaaid stof van de velden heen zag je bij zonsondergang een spookachtige, schitterende hemel: ijslolly-oranje en paars, met toefjes goud en het roze van goedkoop ondergoed. Na de vibrerende gouden klodder van de zonsondergang werd de lucht boven de tabaksvelden blauw, als boven een meer. Wij waren de plechtige getuigen. Het had elke middag de dag des oordeels kunnen zijn. Daarna ging Mimo altijd een grote gin-tonic voor zichzelf maken.

In zijn boek waarvan ik eens hield, *The Mind of the South*, heeft W.J. Cash opgemerkt dat deze lucht verantwoordelijk is voor de romantische inslag van de mensen uit het Zuiden – ze zien de dingen door een waas en hebben daarom moeite met het onderscheiden van de werkelijkheid. Mimo's leven trok me aan. Ze raasde in haar Buick over hobbelige wegen door de aanplant om de arbeiders te controleren. Ze was al lang weduwe en leidde het boerenbedrijf, zorgde voor de inmaak, hielp koeien bij het kalven, maakte quilts en kookte, maar altijd als we aankwamen, trapte ze de gaasdeur open en ontving ons met open armen.

Ik herontdek het leven op het platteland en vraag me nu af hoe het zou zijn om te leven zoals Achille en Tommaso. Jarenlang zou ik hebben gedacht: wat zonde. Ik was geïnteresseerd in een dramatisch leven – misschien zou iemand zich voor míj onder een trein gooien. Ik was er vrij zeker van dat van mij nooit zoiets ondoordachts gevraagd zou worden.

Nu voel ik de bekoring van de zonsopgangen, zonsondergangen, de bevrediging die het geeft om in een groen koninkrijk van jezelf te wonen. Ik voel ook een groeiend wantrouwen jegens een te grote verheerlijking van werk. Het wankele evenwicht vinden tussen eerzucht, eenzaamheid, stimulering en avontuur – hoe doe je dat? In mijn studietijd heb ik eens een lezing van Ramsey Clark, toen minister van Justitie, gehoord. Ik herinner me alleen dat hij zoiets zei als: 'Wanneer ik doodga wil ik zo uitgeput zijn dat je me kunt weggooien.' Hij wilde helemaal door zijn leven worden verteerd. Ik was onder de indruk en maakte dat verlangen ook tot míjn filosofie. Als schrijver had ik daarnaast een neiging tot overpeinzingen en afzondering, en daardoor heb ik meestal een behoorlijk evenwicht weten te bewaren. De afgelopen paar jaren hebben me te veel in de richting van het uiterlijke getrokken. Toen ik vijf jaar had gewijd aan het voorzitterschap van mijn afdeling op de universiteit legde ik die functie neer en ging weer lesgeven. Ik ontdekte al snel hoe een paar maanden later bijna niemand zich herinnerde welke – in mijn ogen reusachtige – veranderingen ik teweeg had gebracht, hoe ogenblikkelijk de tijd over mijn afwezigheid van mijn belangrijke post heen gleed. Wat ik overhield was de innerlijke voldoening over een goed geklaard karwei. Gezien de tijd, spanning en doodgewone herrie die het had gekost, leek het niet veel. Ik had de afdeling helemaal opnieuw willen opzetten en was bereid eindeloze memo's, rapporten, evaluaties en beoordelingen te schrijven, heftige vergaderingen bij te wonen. Wat is vervullend? Wat is afbrekend? Wat lever je in? Wat krijg je? Wat wringt je uit en wat overspoelt je oprecht met vreugde? Wat uit mijn eigen werk en creativiteit voortkomt blijft, ongeacht hoe anderen erover denken, dicht bij de natuurlijke vreugde waarmee we allemaal zijn geboren en die we altijd bij ons dragen. Mystic, Georgia, was niets voor mij. Op mijn dertigste zou ik knettergek zijn geweest. Vreemd genoeg zou ik daar nu waarschijnlijk een poëtisch, sensueel leven kunnen leiden. Bladdert de verf op Mimo's huis nog steeds af door de zon? Glinsteren de velden in de blauwe hitte? Hé, Tommaso, Achille, willen jullie zo uitgeput doodgaan dat ze je kunnen weggooien? *Die Amerikaanse, heb je ooit een vrouw meegemaakt die bang was voor een kip?*

Anselmo neemt de tijd. Zelfs toen hij zijn kantoor nog had, vol foto's van verwaarloosde huizen waarvan hij hoopte dat iemand er zijn ziel in zou steken, nam hij de tijd voor een praatje. In zijn nieuwe rol als tuinman besteedt hij de grootste aandacht aan perfecte bamboe wigwams voor de tomaten. Hij neemt rozen voor me mee uit zijn eigen tuin, en aardbeienplantjes. En wat helemaal zo leuk is: hij maakt excursies met ons. Als Ed bij hem informeert naar een wagentje om de citroenboompjes 's winters naar de limonaia te slepen, rijdt hij meteen met ons naar zijn buurman, een smid in Ossaia. De *fabbro* maakt een schets, belooft dat het lage wagentje dat je onder de pot kunt schuiven volgende week klaar is.

Anselmo wenkt ons dat we hem moeten volgen. 'Wat is dat voor bloem?' vraag ik, wijzend op een dichte bos die uit een stenen muur groeit.

'Die heb ik overal op de stadswallen gezien. Lijkt op de passiebloem,' merkt Ed op.

Anselmo kijkt ons ongelovig aan. '*Caperi.*' Hij trekt een paar knoppen af. 'Ik zal ze in jullie muur planten. Het is slecht voor de muur. Je moet ze in de gaten houden.' Overal wilde kappertjes. En dat wisten we helemaal niet.

In zijn schuur, een rommel van jewelste, leidt hij ons helemaal naar achteren, waar uitgebreid gereedschap om wijn te maken dik onder het stof staat: vaten, tonnetjes, flessen en een groot *torchio*, het gelede vat met ijzeren banden en hendels waarin druiven worden geperst. Ed kijkt ernaar met de bewondering waarmee mannen naar een nieuwe auto kijken, terwijl hij er hoofdschuddend omheen loopt. Anselmo legt ons uit hoe het mechanisme werkt. Hij haalt twee flessen van zijn eigen vin santo van een plank. 'Om bij biscotti te drinken.'

Zijn vin santo ziet er een beetje troebel uit. Ik vraag me af hoe lang hij op de plank op ons heeft staan wachten.

Omdat zijn zuster en zwager in de buurt wonen, wil hij dat we kennis met hen maken. We stappen weer in zijn reusachtige Alfa en even later neemt hij een scherpe bocht, hun erf op. Zijn zuster komt naar buiten en begroet hem alsof ze hem jaren niet heeft gezien. Zijn zwager, die peren aan het uitdunnen is van een van zijn kilometerslange rijen leibomen, komt aanrennen. We worden voorgesteld als *gli stranieri*, de buitenlanders. De vin santo wordt voor de buitenlanders te voorschijn gehaald. 'Heb jij die gemaakt?' vraagt Ed aan Anselmo, maar nee, deze heeft de zwager zelf gemaakt. Hij ziet Ed naar de boomgaard kijken. In de verte zie ik een golfijzeren dak op palen boven iets wat van hieruit op een zwembad lijkt. 'Mogen we de fruitbomen zien?' vraagt Ed.

'*Certo*.' Het zijn elegante rijen. De vaasvormige bomen dragen vaasvormige peren. Ze zien er prima uit, op één deel na waar een diep gat omheen is gegraven, zodat wortels afsterven en bladeren vallen. De zwager kijkt ontevreden. Hij trekt aan een denkbeeldige baard. Zijn mond vertrekt minachtend.

'Wat is hier gebeurd?' vraagt Ed.

Anselmo schudt een hand langzaam in de lucht, het gebaar dat zoiets betekent als: goeie god. '*Porca miseria*,' zegt de zwager, varkensellende. Hij wijst naar de overkapping. 'Ze hebben een Romeinse villa ontdekt, de archeologen, en doen een opgraving. Ze hebben hier gegraven en deze boom doodgemaakt.' Kennelijk was het offer in zijn ogen niet gerechtvaardigd. In Italië is datgene wat er onder je terrein ligt niet van jou. 'Ze hebben een olijf doodgemaakt.' Hij wijst met zijn kin naar een olijf die nu op een heuveltje staat met een sloot eromheen. We weten dat dat een doodzonde is.

'Een Romeinse villa?'

'De hele heuvel is een museum. Er stond niet alleen een villa, maar een hele stad. Iedereen weet het, maar nu is het een ontdekking.' Hij haalt zijn schouders op. 'Als ze het mij zouden vragen, zou ik ze kunnen laten zien waar Hannibals huis lag. Maar ze vragen niets. Ze graven alleen maar.'

Hannibals overwinning op Flaminio heeft een paar kilometer hiervandaan plaatsgevonden. Ossaia betekent kerkhof en de naam is ontstaan omdat er na de veldslag stapels lijken hierheen zijn gebracht. Hij leidt ons door zijn groentetuin naar een veld met een ruïne van een stenen huis dat er inderdaad oud uitziet, maar geen tweeduizend jaar oud. 'Sì, hier heeft Hannibal gewoond.'

We lopen terug langs de opgraving. Onder een tijdelijk dak zien we een Griekse zwart met witte mozaïekvloer, de indeling van kamers. Hier heeft een grote villa gestaan die rechtstreeks op de tuin van Anselmo's zuster en zwager uitkeek. In dit jaargetij wordt er niet gegraven.

Als we wegrijden, vertelt Anselmo ons dat ze jaren geleden een kamer hebben aangebouwd. 'Precies op de plek waar ze de fundering stortten hebben ze een mozaïekvloer gevonden.'

We stoppen nog eens voor een praatje met een weduwe die wil dat Anselmo haar huis verkoopt. Hoewel hij zijn kantoor heeft gesloten doet hij nog weleens zaken. 'Misschien zouden jullie dit huis leuk vinden. Het moet helemaal worden gerestaureerd.' Hij kijkt me aan in de achteruitkijkspiegel en rijdt bijna een fietser van de sokken. Hij houdt van kleine plaagstootjes.

'Geen belangstelling.' Hij rijdt de poort in en stopt in het voorhof, terwijl kippen alle kanten op fladderen. Een vrouw met de ouderwetse zwarte jurk aan komt naar buiten, zo gebogen als een komma. Ze is ouder dan Cortona. Als we zijn voorgesteld, pakt ze mijn hand in haar droge handje en laat me niet los terwijl we over het terrein lopen. Alsof ze voorvoelt dat ze binnenkort een stille eeuwigheid zal ingaan, praat ze zonder ophouden. Ik kan de aanblik van de aanbiddelijke konijntjes die ze boven op elkaar in een hok heeft gezet, nauwelijks verdragen. 'Ze ziet iets anders als ze naar ze kijkt,' zegt Ed. 'Ze ziet ze met venkel in de pan sudderen. Hun zachte oren zeggen haar niets.' Ze maakt een ronde door de *orto*, waar de groenten er goed bijstaan, kijkt even bij twee koeien, gooit de onderdeuren van het huis open. Ah, een huis waarin helemaal niets is gerestaureerd, met de voederbakken en cantina nog intact. Op elke vierkante centimeter staat gereedschap om wijn te maken: tientallen rottende mandflessen, eikenhouten vaten en flessen. In een kleine, brandschone kamer laat ze me een hoektafel zien waar ze nog steeds pasta maakt als het boven in haar keuken warm is. Op de planken staan potten tomaten. Een rechte stoel met een zitting van koeienhuid staat bij de deur om een briesje op te vangen, en haar verstel- en breiwerk ligt in manden. Omdat ze met haar greep mijn ring in mijn vingers drukt, zou ik willen dat ze me losliet, en tegelijkertijd voel ik me gevleid door haar onmiddellijke gehechtheid. 'Volgens mij wil ze dat we het huis kopen,' fluistert Ed in het Engels.

'Ja, en hierbinnen is alles van vóór 1750.'

Boven maakt ze de kamers open waar haar ouders tot hun dood woonden. Hun ijzeren bed met witte sprei zakt aan allebei de kanten door en roept de lichamen op van de twee grimmige gezichten op sepia foto's aan de muur. Bed. Stoel. *Armadio.* Een kastje voor de *vaso da notte*, de po. Haar kamer is hetzelfde, alleen hangen daar ook nog een naargeestige ingelijste prent van Christus, met dode palmtakken erachter gestoken, en een vergelend ovaal portret van haar echtgenoot als jongeman. Met felle ogen, opeengeklemde lippen en waarschijnlijk in zijn trouwpak staart hij naar het bed dat ze hebben gedeeld terwijl ze steeds ouder werden, ouder dan hij zich kon hebben voorgesteld toen de camera de hete gloed in zijn blik vastlegde. In een waterglas drijft een kunstgebit met pruimroze namaaktandvlees. Is het van hem geweest?

Zoals de meeste Italiaanse keukens ziet die van haar eruit en ruikt hij alsof hij net is geschrobd. Zelfs de kranen zijn gepoetst. Natuurlijk haalt ze de vin santo voor de dag en schenkt ze glazen in, en dan zet ze biscotti op tafel. Ze zijn bikkelhard; misschien zijn ze in 1750 gemaakt. Ze is prachtig om naar te kijken. Omdat ze maar doorratelt tegen Anselmo – dat ze bij haar dochter gaat wonen, dat ze dit huis niet meer aankan –, krijg ik de gelegenheid om naar haar heen en weer schietende intelligente ogen, haar onder een zwarte hoofddoek gebonden haren te kijken. Haar magere lichaam straalt een en al kracht uit. Ik voel de afdrukken in mijn vingers waar ze mijn hand heeft gegrepen – ze moest me tenminste loslaten om wijn te kunnen inschenken.

Ze doet de poort achter ons dicht en wuift tot we weg zijn. Hooguit één meter zestig lang is ze, een wervelende derwisj van energie. Ik wilde dat ik haar levensverhaal kende. Ik wilde dat ik kon zien hoe ze pasta en knoopsgaten maakt. Ik vraag me af wat ze droomt.

'Het lijkt me vreselijk voor haar om hier weg te gaan en in een flat in Foligno te wonen. Wie zal haar huis kopen?' vraag ik als we wegrijden.

'Ze vraagt twee keer te veel. Ik denk dat ze niet wil verkopen.'

'Ik vond het fantastisch. De voederstal zou een fabelachtige huiskamer kunnen worden, met openslaande deuren naar een terras.'

'Ik vind die loggia boven leuk,' zegt Ed.

Anselmo schudt zijn hoofd. 'Je weet nooit waar buitenlanders voor vallen. Waarschijnlijk verkoopt ze het huis aan de een of andere gekke buitenlander.'

'Bereid je voor op een feest dat zes uur duurt,' zegt onze vriendin Donatella. 'Giusi heeft de hele schuur in een keuken verandert, zodat er zes koks kunnen werken.' Haar zuster Giusi helpt voor ons huis te zorgen als we er niet zijn. De twee zusters zijn elkaars tegenpolen. Donatella heeft een hoekige, donkere schoonheid, een beetje zoals de Mona Lisa, en een ironisch gevoel voor humor. Je kunt heel diep in haar zwarte ogen kijken. Giusi zou in Amerika *Homecoming Queen* zijn. Ze zou elke cheerleadergroep kunnen aanvoeren. Ze is leuk om te zien, gemakkelijk in de omgang en vrolijk. Ze zijn zusters en beste vriendinnen. Altijd wanneer we op Bramasole aankomen, staan er bloemen in huis en hebben ze gezorgd dat er fruit, koffie, brood en kaas in de keuken is, zodat we er niet meteen op uit hoeven na een vermoeiende vlucht. Ze koken allebei voortreffelijk, hebben het rechtstreeks geleerd van een moeder die nog steeds haar eigen ravioli maakt.

De twee zoontjes van Giusi doen hun eerste communie. Dat moet gevierd worden. We hebben Giusi in geen weken gezien vanwege de voorbereidingen voor het festa. Na de mis komen er ongeveer tachtig mensen naar het huis in de bergen dat Giusi en haar man Dario met zijn ouders delen. Dario's broer woont met zijn gezin in een ander huis op het terrein. Ze kunnen bijna helemaal in hun eigen onderhoud voorzien. De familie heeft een grote groentetuin, fokt kippen, konijnen, lammeren en ganzen. De mannen jagen en zorgen dat er altijd wild zwijn voorradig is.

Alles wat ze produceren en nog veel meer wordt in het communiefeest gestoken. Als we om twaalf uur aankomen, is het feest in volle gang. Giusi laat me het huis zien. Bijna twee jaar lang heeft ze met een uitgebreide renovatie geleefd. Ze heeft de warme sfeer van de oude boerenwoning bewaard, maar prachtige badkamers, veilige trappen en een hypermoderne keuken laten installeren. Elke knop, elk oppervlak glimt. Alle ramen blinken. Buiten vloeit de prosecco al rijkelijk en gaan vrouwen met bladen crostini rond, Toscaanse antipasti die bestaan uit broodrondjes met verschillende smeersels erop: porcini, pittige kaas en gehakte, gekruide kippenlever. Onder een wit afdak hebben ze een hoefijzervormige tafel neergezet met ballonnen en gedraaide kleurige papieren slingers erboven. De twee jongens zitten aan het hoofd, geflankeerd door hun ouders. We hebben even in de schuur gegluurd, waar hard wordt gewerkt. De tafel in het midden staat vol fruittaarten en enorme roestvrijstalen kommen met slablaadjes. De vrouwen dragen allemaal een gebloemde jurk. De schuur is een en al kleur en beweging. Ze zijn nog aan het hakken en schillen, leggen de laatste hand aan de garneringen. Voor elk bord wordt handig een bosje lenteprei, wortels en asperges samengebonden met een spriet bieslook. Ik ben verbaasd als ik Giusi's moeder zie. Ze is jong, heeft rood haar en lijkt helemaal niet op haar dochters. Ze heeft *capelli di prete*, slierten pasta die priesterhoeden worden genoemd, gemaakt voor tachtig mensen.

We komen er al snel achter dat er twee soorten pasta zijn. Iedereen krijgt een flinke portie tagliatelle met een dikke saus van *cinghiale*, wild zwijn. Veel mensen nemen voor de tweede keer en ik veeg met een stukje brood langs de rand van mijn bord om geen druppel van de verrukkelijke saus te missen. Daarna komen de priesterhoeden met vier soorten kaas. En eventueel een tweede portie. Het efficiënte legertje vrouwen stort zich na elke gang op de tafel om ons schone borden te geven. In de schuur is iemand als een gek aan het afwassen. Vervolgens lamsvlees met de groentetoefjes, hun eigen lamsvlees, gebraden in de buitenoven. In de verte horen we schapen en koeien die nog niet weten dat ze niet altijd in de sappige weiden daar beneden zullen grazen, maar op deze zelfde gebloemde borden zullen verschijnen. Twee gevlekte jonge hondjes worden aan tafel doorgegeven, geknuffeld en gewiegd. Vroeger zouden het baby's zijn geweest, maar nu het Italiaanse geboortecijfer het laagste is in Europa, is er een tekort aan baby's. Een vierjarige flirt met een rood jurkje aan buit haar positie volledig uit. Ze wordt praktisch belaagd door bewonderaars. De toespraakjes beginnen, maar de twee jongens zijn met een paar vriendjes van tafel verdwenen. Ze hebben een spelcomputer gekregen, dus zijn ze het huis ingerend om de vijand te kloppen. Lege wijnkaraffen worden onmiddellijk door volle vervangen. Ik kan niet meer. Dit is een overweldigende, zwaar beladen tafel. Maar Ed blijft eten. Nog wat lamsvlees? Ik zie hem opkijken en glimlachen. 'Sì.' En *patate?* Weer: 'Sì.'

Plotseling verschijnen er drie mannen die iets zwaars dragen. Mensen lopen schreeuwend en snel foto's makend op hen af. Een reusachtige dij van de Val di Chianakoe, die te groot was voor hun eigen ovens, is in de oven van een hotel in de stad gebraden en zojuist gearriveerd op een blad waarop een mens zou kunnen liggen. Algauw gaan er schalen met biefstuk en knapperige aardappels rond. Ik laat me verleiden en neem een beetje. O nee, dat is té lekker. Ik kan niet meer, nou ja, misschien een klein stukje. Ed geniet uitbundig van het eten. Twee Italiaanse vrouwen hebben hem gevraagd of hij filmster is, dus nu kan zijn dag helemaal niet meer stuk. Er wordt salade aangedragen. Dan volgen vruchtentaart, tiramisu, en de terugkomst van de twee jongens die het huis uit galopperen als pony's. Verlegen snijden ze een cake met drie verdiepingen aan en geven de eerste stukken aan hun ouders. Er zitten dikke lagen citroenvulling in de cake. De grappa en vin santo komen op tafel. Ik ben verbaasd. Ed neemt van allebei een beetje. Opeens zingt hij, gearmd met een paar mannen, een lied waarvan hij nog nooit heeft gehoord. Een harmonica klinkt en het dansen begint. Ik heb in mijn hele leven nog nooit in één keer zoveel gegeten. Ed heeft een onwaarschijnlijke hoeveelheid naar binnen gewerkt.

Om vijf uur nemen we als eersten afscheid. Onze vrienden Susan en Cole, die tijdens de restauratie vanuit ons huis zijn getrouwd, komen voor het avondeten. Later horen we dat de meeste gasten tot elf uur zijn gebleven en dat de biefstuk nog verschillende keren is rondgegaan.

Onze vrienden zijn vroeg aangekomen en zitten op het terras. We zijn blij hen te zien, maar kunnen nauwelijks lopen of praten. Ed eindigt zijn beschrijving van het feestmaal met de woorden: 'Ik hoop maar dat we hier zijn als die jongens trouwen. Denk je eens in hoe dat zal worden.' We trekken ons uitgeput terug en verschijnen drie uur later om op dit aangename uur van de dag met onze vrienden door de tuin te lopen en sla, courgettes, uien en kruiden te verzamelen voor een eenvoudige salade met frittata. Voor hen. Wij willen drie dagen niet eten of drinken. We nippen van lauw water terwijl zij genieten van een prachtige Brunello.

's Morgens worden we wakker door het knarsende geluid van een truck die de oprit op komt. Anselmo geeft aanwijzingen bij het achteruit rijden. We zijn op tijd beneden om te zien hoe twee mannen de torchio uitladen, de grote wijnpers die Anselmo ons in zijn schuur heeft laten zien. '*Un omaggio*,' zegt hij kwiek. De pers wordt midden op de voorplaats achtergelaten. We bedanken hem uitbundig en vragen ons intussen af waar we deze kanjer van een stuk gereedschap moeten neerzetten. Anselmo steekt van wal met instructies over de werking en gaat dan over op de details van vin santo. Dat we hier niet zijn in de herfst en dat we nog niet veel druiven hebben, schijnt er niet toe te doen. Toen we het huis voor de eerste keer bekeken zagen we een kamer waar in de hoogte draden waren gespannen en Anselmo merkte toen op: 'Om de druiven voor vin santo te drogen.' Susan en Cole, allebei verwoede tuiniers, komen erbij staan en verzekeren ons dat ze met alle plezier komen helpen met de druivenoogst. Anselmo heeft dit huis voor ons gevonden. Hij heeft ons altijd geholpen met de restauratie. Nu hij gepensioneerd is heeft hij twee van onze terrassen omgetoverd in een groenteparadijs. Hij heeft ritjes met ons gemaakt in zijn auto, ons kennis laten maken met mensen van het platteland en hun gewoonten. Hij heeft gezien hoe Ed over wijnbouw heeft geleerd van Beppe en Francesco. Ik voel een kleine huivering bij het aanvaarden van dit geschenk. Nu geeft Anselmo de torchio door, alsof hij de fakkel doorgeeft.

Het donker wordt nooit pikdonker. De sterren stralen hun krachtigste kilowatts uit. Ook de maan, glazig in oude ramen, trillerig omhoog glijdend van de onderste ruit, via de middelste naar de bovenste, is voor de slapeloze een genoegen om naar te kijken. De enige nachtegaal, die in de grote steeneik boven het huis moet wonen, doorboort de stilte met dringende tonen. Ochtendschemering is de heerlijkste tijd op aarde. In de laatste momenten van donkerte begint het vogelkoor. Een van ons maakt de ander wakker. *Luister, ze beginnen te zingen.* Zovele, een opstijgende wolk van vogelgezang, een zetje omhoog, een binnenleiden. Dan de hemel – geen rozevingerige dageraad maar een verspreiding van roze vanuit indigo, heel rustig licht op de heuvels en het aanzwellend gezang van de vogels dat nog steeds opstijgt boven de wereld die helemaal van zichzelf is. Mollen, veldmuizen, egels, slangen, vossen, zwijnen, alle schepsels die 's nachts in hun hol hebben gezeten keren terug naar de dag met deze muziek, net zoals wij. De intense frisheid van de aarde keert terug naar de zangers, naar de samensmelting van kleuren. Naarmate de zon helderder wordt, verscherpen de kleuren en scheiden ze zich. Maar waar is de koekoek op dit uur?

Onze vrienden worden wakker bij het geluid van de vogel die 'Wiet, wiet' zingt. Ed luistert elke dag of hij de vogel hoort die volgens hem *When jou're a Jet you're a Jet all the way, from your first cigarette...* uit *West Side Story* zingt. We maken met Susan en Cole een veldbloemenwandeling over het land. De hele lente heb ik telkens wanneer ik een nieuwe bloem ontdekte een foto gemaakt. Het wonderbaarlijkst waren de wilde witte en purperen orchideeën. Het boek met de omslag van middeleeuwse veldbloemen, dat ik in Asolo heb gekocht, staat nu bol van klaprozen tegen stenen muren, koekoeksbloem, paarse lupine, lavendel, wilde anjers, lelies, hondsroos, nog niet geïdentificeerde puntige blauwe bloemen. De vele gele bloemen zijn het moeilijkst te vinden in het veldbloemenboek dat we bij ons hebben. Er zijn er gewoon te veel die op elkaar lijken.

Susan en ik knippen rozenbladeren met zwarte vlekken af, en een paar met de gevreesde roest. Die gaan in een zak om te worden vernietigd. Ze laat me zien hoe je stekjes moet snijden van mijn favoriete rozen aan de voorkant van het huis, die dertig jaar verwaarlozing hebben overleefd en nog steeds bloeien met een frisse, violette geur die vooral vroeg in de ochtend sterk is. We dwalen uren door de tuin en over de terrassen om veldbloemen te plukken en dalen dan af naar de orto om een mand sla te verzamelen voor de lunch.

Thuis hebben we het zo druk dat we elkaar twee of drie keer per week 's morgens voor achten bellen, korte uitwisselingen van vitale informatie over onze dochters, die allebei studeren, over haar boekwinkel en over wat we lezen als we tijd hebben. Een paar dagen om te wandelen, naar een museum te gaan, eten te koken en buiten te zitten onder het welwillende licht van vuurvliegjes en de melkweg, en het is weer als vroeger. 'Waarom hebben we thuis niet meer tijd?' vragen we elkaar, maar we hebben er geen antwoord op.

Zoals het zingen van de vogels, zoals de zwermen vlinders en bijen, zo brengen de overvloedig vanzelf opkomende bloemen me in verrukking omdat het zuiver geschenken van het land zijn. Juist als ik tegenover Susan en Cole hoog opgeef van de genoegens van het platteland, belt een Engelse vriend op om te vertellen dat ze bij aankomst twee verdronken zwijnenjongen in hun put hebben gevonden en de rottende, opgezwollen karkassen eruit hebben gevist met een schoffel.

Tijdens het avondeten speculeert Cole over de vraag waarom we zo aan dit stukje grond gehecht zijn geraakt. 'Komt het doordat je terugkeert naar een eenvoudiger leven? De verderfelijke invloed van de stad een paar maanden per jaar uit je geest bant?'

Ontspannen en genietend van de avond, met lantaarns op de muur, lasagna en de vino nobile die ze hebben meegebracht, beamen we het. Tegen de tijd dat we aan het dessert toe zijn, neem ik mijn woorden terug. 'Daar zit het hem eigenlijk niet in. Ze leven hier net zo goed aan het eind van een akelige eeuw. Het is niet echt eenvoudiger.' Ik moet denken aan de Russische maffia die prostituees langs de Piero della Francescaroute zet. Vrachtwagens op de snelweg die als gekken de lucht vervuilen. Frustrerende stakingen die zo vaak voorkomen dat er een apart hoekje in de krant is om aan te kondigen welke overheidsdiensten niet werken. 'In het algemeen hebben ze de eeuw beter beheerd dan wij. Het dagelijks leven is hier goed.'

'De dagelijkse contacten met mensen zijn totaal anders – persoonlijk en direct,' zegt Ed. 'En wij waren te veel ingesteld op de lange termijn en de lange termijn is een gok.'

'Er is bijna geen misdaad, mensen hebben manieren, het eten is zoveel lekkerder, en we weten allemaal dat de Italianen meer plezier in het leven hebben.' Ik realiseer me dat ik 'manieren' heb gezegd en dat ik precies zo klonk als mijn moeder. 'Ik houd van de hoffelijkheid bij ontmoetingen op straat, bij aankopen in winkels, zelfs de postbode heeft altijd een gezellig praatje. Als vreemden een restaurant uitgaan wensen ze de mensen om hen heen goedenavond.'

We vertellen hun over onze recente tochtjes op het platteland en de glimpen die we van het leven daar hebben opgevangen. Onze vrienden die al lang in Italië wonen zeggen dat Cortona zo is veranderd. Maar na de oorlog gingen de veranderingen snel en waren ze nodig. Nu gaat het niet meer zo hard. Het stadsleven is intact, ze hebben maatregelen genomen om de omgeving te beschermen, het culturele leven in deze kleine stad is heel wat beter dan dat in de meeste middelgrote Amerikaanse steden. Ik denk aan de jongere generatie – Giusi, Donatella, Vittorio, Edo, Chiara, Marco, Antonio, Flavia, Evan – die alle goede tradities in ere houden. Toen onze aanbeden Rita zich vorig jaar uit haar frutta e verdura terugtrok, werd de zaak overgenomen door een jongeman. Anders dan veel plattelandssteden is Cortona zijn jeugd niet kwijtgeraakt aan de grote stad. Ik heb genoeg gezegd en doe er het zwijgen toe.

Een stel mensen uit de stad die ons huis voorbijlopen zingen samen. Ze zingen onder het wandelen. Ik kan me niet voorstellen dat ik dat in mijn gewone leven op woensdagavond zou doen. We luisteren naar het onbekende liedje.

'Neem nou zoiets – het Italiaanse leven is nog steeds zoet.'

'En wat ook zoet is, is deze perzikparfait,' zegt Ed. 'Ik krijg er kiespijn van.'

De afgelopen paar dagen hebben honderden beelden toegevoegd aan mijn geestelijke archieven. De penwortels van plekjes op het platteland vormen met een machtige realiteit een tegenwicht tegen het verstandelijke leven. Nu al keer ik in mijn verbeelding met vreugde terug naar Achilles huis in de bergen. Misschien is hij op dit ogenblik de rug van zijn vrouw aan het inzepen in de koele avondlucht. Zouden we ook een badkuip buiten kunnen hebben? En Giusi's lange, lange feest, voorbij in een dag, zal in de tijd blijven voortleven door zijn intense feestelijke vrijgevigheid. Ed zal waarschijnlijk dromen over de binnenkomst in de tent van de runderdij en er trompetgeschal aan toevoegen. De signora die vlak bij haar ingelijste man met de gloedvolle ogen slaapt, heeft bijna een eeuw geleefd en pakt toch mijn hand, trekt nieuwelingen haar wereld in. Anselmo heeft zijn laatste wijn gemaakt in zijn schuur, maar houdt het oog op onze druiven gevestigd. Op een dag zullen wij de wijn maken. Zijn zwager, die op intieme voet staat met de Romeinen en Hannibal, heeft een gevoel voor tijd dat hem mateloos irriteert; hij wil dat zijn peren en olijven nu, op dit ogenblik leven.

DE WORTEL VAN HET PARADIJS

Ed gaat vroeg naar de boventerrassen. Hij wil een klimopstam die een muur bedreigt, weghakken. Als hij dat niet doet, werken uitlopers zich tussen de stenen en stort over twee dagen of twintig jaar de hele muur in op onze rozen. Hij staat even stil om te kijken hoe de vijftien witte duiven van onze buurman Placido boven het dal uitzwermen. Twee keer per dag worden ze losgelaten om een paar minuten van hun vrijheid te genieten, en dan vliegen ze rondjes in losse formatie, om plotseling terug te keren naar hun kooi. Hij schrikt door een beweging links van hem. Van achter de steeneik komt een vrouw met een jute zak en een stok te voorschijn. De plunderaar!

Het doet haar niets dat ze is gesnapt. '*Buon giorno, signore,*' begroet ze hem. '*Una bella giornata.*' Prachtige dag. Ze wuift met haar stok over de vallei.

Beleefd als altijd, zelfs tegen iemand die misschien onze narcissen heeft gestolen, stelt Ed zich voor. 'U bent de Zwitserse professor,' zegt ze.

'Niet Zwitsers, *americano.*'

'Ah, sì? Ik dacht dat u een Zwitser was,' zegt ze weifelend. Hoewel het een zachte ochtend is, draagt ze twee of drie lagen truien, een shawl om haar hals, en rubberlaarzen. Ze grijnst gouden vullingen bloot. 'Letizia Gazzini,' zegt ze luid. 'Ik heb hier gewoond, maar dat is heel lang geleden.' Ze doet de zak open. 'Ik kom hier altijd weer heen.' Ze heeft verschillende soorten groenten verzameld en een aparte zak met slakken. Ze houdt magere sprieten omhoog. 'De wilde prei is natuurlijk voor u,' zegt ze, en ze graaft dieper en haalt nog meer uit de zak. '*Prenda, prenda,*' neem, neem, biedt ze aan.

Ed is totaal ontwapend. Hij vindt haar gebruinde rimpelige gezicht en glanzende zwarte ogen leuk. Hij neemt de prei aan. 'Was het huis van u?' Hij begrijpt het niet. Ze hadden ons verteld dat heel oude zusters uit Perugia het huis niet wilden verkopen, het dertig jaar leeg hadden laten staan.

'Nee, nee, signore, mijn man was de boer, we woonden alleen maar in een deel van het huis. Dat deel.' Ze wijst met haar stok. Ed weet het maar al te goed; toen we het huis kochten, was dat gedeelte van de rest gescheiden door een muur die op alle drie verdiepingen doorgebroken moest worden. 'Veel jaren hard werken. Nu is mijn man dood en ben ik alleen.' Ze zwijgt even. '*Insomma*,' besluit ze, een onvertaalbare uitdrukking die letterlijk 'kortom' betekent, maar waarmee ze eerder bedoelt: wat valt er nog meer te zeggen.

Ed zegt tegen haar dat we graag meer willen weten over wat er op het land groeit. Misschien kan ze ons de mescolanza, eetbare planten, laten zien. Zou dat kunnen?

'Ah, sì, sì, certo.' Ja zeker. Ze wuift weer met haar stok en verdwijnt achter de ginestre.

Ik ruk zachte bosjes onkruid uit het rozenbed en graaf boosaardig, doornig spul uit. De kruiwagen raakt steeds weer vol en de berg in een uithoek van het terrein wordt groter dan een hooiberg. Als de terrassen zijn gezuiverd, verrijzen er nog meer hooibergen. Na de volgende regenbui zullen Ed en Beppe ze verbranden. Droog onkruid levert brandgevaar op, dus in de vroege zomer worden na elke regenbui overal in het dal vuren gestookt, die de pas gewassen lucht totaal vervuilen. Ik vind die vuren altijd griezelig, ook al staan ze erbij met emmers water voor het geval het vuur door de wind overslaat op droog gras. Dit voorjaar is een ervaren boer doodgebrand toen het vuur plotseling naar hem toe werd geblazen en zijn kleren in brand zette.

Met mijn handkrabber maak ik de grond los. De bedden zijn klaar. Tijd om te planten. Gisteren en eergisteren hebben we bij de kwekerijen de auto volgeladen. Als we vertrekken krijgen we altijd een presentje. De signora komt naar buiten rennen. '*Un omaggio e grazie.*' Ze geeft me een campanula, of een terrasroos, of een fuchsia. We hebben twee keer een wijnrode coleus (van de kruizemuntfamilie) gekregen, een plant die ik niet mooi vind. Ze zien eruit als iets wat een atoomontploffing heeft overleefd. Natuurlijk tieren ze welig in hun uithoek. Soms vragen ze ons om zelf iets uit te zoeken. Als je net alles hebt afgeschuimd en tientallen planten hebt gekocht, is het plotseling moeilijk om het cadeautje uit te zoeken. Een van die kleine potten van twee jaar geleden is een struik geworden, overdekt met gele bloemen die twee maanden bloeien.

Veel winkels geven cadeautjes aan klanten – een t-shirt om een zoveeljarig bestaan te vieren, prachtige kalenders tegen nieuwjaar en één keer een doos met vijftien verschillende soorten pasta toen we meer dan 200.000 lire hadden besteed, ongeveer 120 dollar, bij een discountzaak.

Om de een of andere reden houd ik zo mogelijk nog meer van de cadeau gekregen planten dan van de gekochte. Een geurende geranium die ik vorig jaar heb gekregen, is drie keer zo groot geworden, een dwerglavendel lijkt extra geurig. Misschien verzorg ik ze beter omdat het geschenken zijn, of misschien doet iets wat cadeau is gegeven het van nature goed. Ik begin zelfs op de coleus gesteld te raken.

Als we de hele dag buiten hebben gewerkt, blijft er nog één klus te doen. We zetten de handpomp in gang en sjouwen rond om de lavendel en de nieuwe cipressen met het ijskoude water te begieten. Als ze eenmaal goed wortel hebben geschoten, hoeft dat niet meer. De route naar het uitzicht op het meer, vroeger een jungle, vervolgens een pad, is nu een laan. Volgend jaar meer druiven aan de rechterkant (het is nu te laat om druiven te planten) en een spoor van lavendel aan de linkerkant.

Ed heeft aubergine parmigiana in de oven. Terwijl ik een bad nam en in de kuip verdiept raakte in de gedichten van Horatius, heeft hij sla geplukt en buiten de tafel gedekt. Bestaat er iets heerlijkers dan een man die kookt? Ik neem mijn nieuwe gele boek uit Asolo mee, waarin ik ideeën voor de tuin ben gaan opschrijven. Voor we ons in dat onuitputtelijke onderwerp storten, lees ik hem iets verbazingwekkends van Horatius voor:

... In de lente hunkert de zwellende aarde naar het zaad van
nieuw leven.
Prachtig, de aarde in barensweeën onder een nerveuze westenwind.
De velden ontboezemen, overal ligt een zachte vochtigheid.
Vol vertrouwen groeit het gras, want de jonge zon zal geen
schade doen.
De druivenranken zijn niet bang voor een opstekende storm uit
het zuiden
Of ijzige regen die voortgedreven door een noordenwind uit de
hemel valt –
Nee, moedig schieten ze nu in knop en laten al hun blaadjes
zien.
Zo is het geweest sinds het begin van de wereld,
Zo gloort de lente en zwelt de aarde ook vandaag.

De laatste twee regels vind ik prachtig. Horatius zou aan onze tafel kunnen zitten, zonder ons te hoeven vragen om zijn glas plaatselijke wijn gevuld te houden, terwijl hij tegen ons zegt hoe weinig er is veranderd, en dat we de vruchten in de perenbomen moeten uitdunnen.

We nemen de huidige staat van ons terrein door. We hebben al in het begin ontdekt dat de structuur goed was. Nu we alles wat hier al groeide – zij het dan bedolven onder klimplanten en struikgewas – in de oude staat hebben hersteld, gaan we onze meer ambitieuze fase in: tuinieren binnen een bestaande structuur. In renaissance- en latere formele tuinen verbond een centrale as meestal brutaalweg de architectuur van het huis met die van de tuin. Wandelpaden waren als gangen, met hier en daar uitzicht op het interieur van de tuin. De afmetingen van onze voortuin komen ongeveer overeen met de maat van het huis, dat met de terrassen erboven en eronder ruwweg half zo breed is als de tuin. Een spoortje van het formele is nog te zien in de lange buxushaag, waar met tussenruimten vijf bolvormig gesnoeide boompjes uit opsteken.

Het is tijd om de tuin op termijn te zien, een weg te zoeken naar een filosofie van de inrichting. Ik haal me voor de geest hoe hij eruitziet vanuit de ramen op de tweede verdieping, wat het deze eerste paar jaren goed heeft gedaan, en in de eerste plaats: waaraan beleef ik nu werkelijk plezier, niet gewoonweg: wat groeit hier het best. Ed is geïnteresseerd in beplanting die bijen en vlinders aantrekt. Omdat lavendel vooral voor witte vlinders een magneet is, hebben we gezien hoe ze de tuin in beweging brengen. Beweging en muziek – het gezoem van de bijen vormt een slaperige achtergrond voor het gekwetter, gekwinkeleer en gekras van de vogels. Ik vind het fijn om altijd bloemen in huis te hebben. Allebei houden we van de geurstromen waar we langskomen als we door de tuin lopen, en die vroeg in de ochtend naar het huis opstijgen. De rijpe perzikkleuren van het huis rijmen met gele, roze en abrikooskleurige bloemen.

Omdat het land steil terrasvormig is, valt onze tuin in duidelijke delen uiteen:

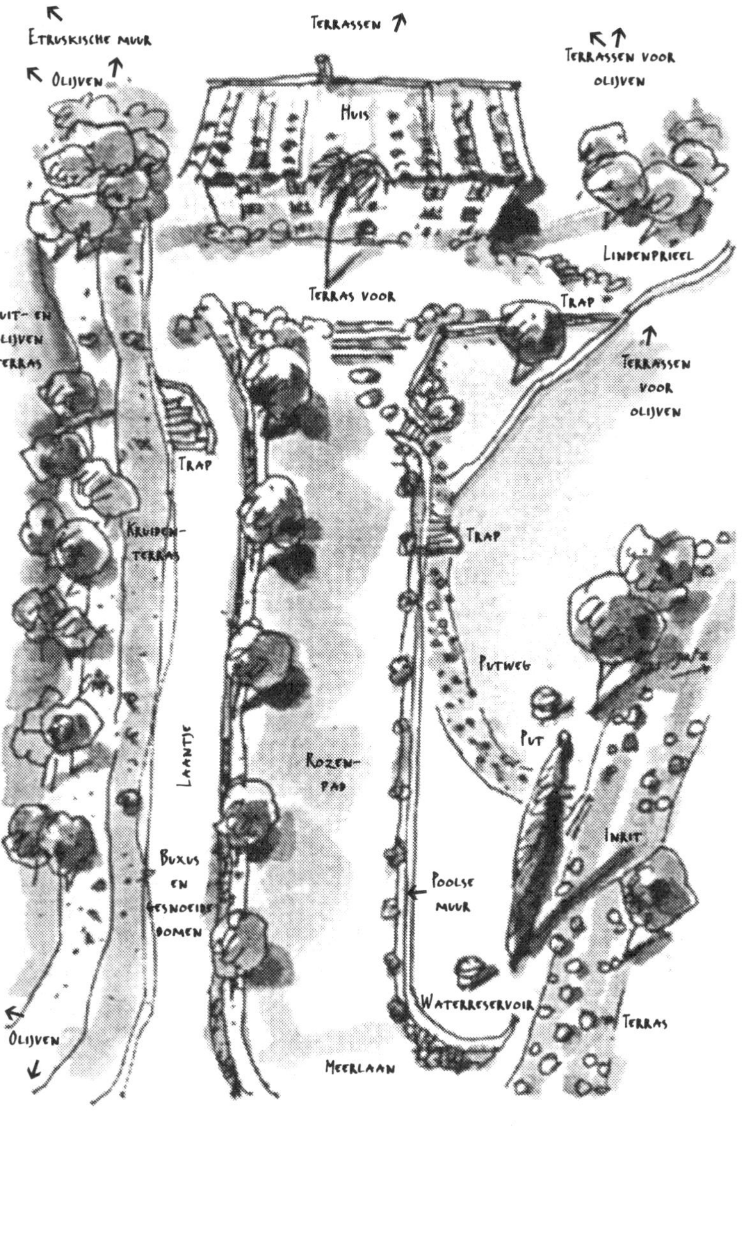

Etruskische muur
Olijven
Terrassen
Huis
Terrassen voor olijven
Lindenprieel
Terras voor
Trap
Terrassen voor olijven
Fruit- en olijven terras
Trap
Trap
Kruiden-terras
Putweg
Laantje
Rozen-pad
Put
Inrit
Buxus en gesnoeide bomen
Poolse muur
Waterreservoir
Terras
Olijven
Meerlaan

Naast het huis strekt de schaduwrijke rechthoek die we het Lindeprieel noemen zich ongeveer dertig meter uit, om dan over te gaan in terrassen met fruit- en olijfbomen. We hebben elk deel een naam gegeven, zodat we niet hoeven te zeggen: 'Je weet wel, achter de seringenstruiken, onderweg naar het uitzicht op het meer,' of: 'Aan de oostkant van het huis onder de *tigli*...' We hebben zelfs elke olijfboom een naam gegeven. Al onze familieleden en vrienden, lievelingsschrijvers en -plekjes zijn vereeuwigd in een boom. We hebben nog niet gecontroleerd welke tijdens de vorst het leven hebben gelaten.

Vanwege het uitzicht op het dal en de Apennijnen is het Lindeprieel 's middags onze eetkamer in de openlucht. Het voorhof, waar we wonen van ontbijt tot het laatste vuurvliegjesappèl, leidt naar een stenen trap en dan omlaag, een lange tuin in. Op dit breedste terras, Rozenpad genaamd, hebben we nu aan weerskanten van het grasveld vijftig rozen geplant. Ik ben verbijsterd bij de aanblik van de vrijwilliger: een mals grasveld dat welig tiert met verschillende stevige wilde grassoorten. Hoe kun je nu een grasveld hebben zonder gras te zaaien? Aan de ene kant wordt deze tuin begrensd door de bovenkant van de reusachtige Poolse muur, die we in het tweede jaar hebben gebouwd. Langs de andere kant staan een oorspronkelijke stenen muur en de geërfde buxushaag met de bolvormig gesnoeide boompjes. De uiteinden worden gemarkeerd door ijzeren bogen, de ene overdekt met jasmijn, de andere binnenkort beplant met twee Zeemeerminnen, een klimroos met platte gele bloemen.

Er is dus wel sprake van enige meetkundige indeling. Toen we de junglebegroeiing die het gevolg was van de jarenlange verwaarlozing opruimden hebben we, afgaande op de ligging van de buxus, weer een duidelijk gemarkeerde rechthoek gemaakt die loodrecht op het huis staat. Tijdens de bouw van de muur stuitten we op een deel van een voormalige weg met dicht aaneengesloten, in de breedte gelegde stenen. De eerste laag hebben we weggesjouwd, maar de volgende laag ligt nog onder het gras. Ik heb gelezen dat Romeinse wegbeddingen soms vier meter diep waren.

Links leidt een bochtige trap omlaag naar de Putweg, ook een strook voortuin, waar de put en het reservoir liggen en waar we de goed ingeburgerde heg van lavendel, rozemarijn en salie hadden. We wisten niet dat je in de winter flink moest snoeien. In een Californische wijngaard met veel lavendel zagen we een tuinman eens ongelooflijk snoeien, bijna tot de grond. Omdat we dat nooit hadden gedaan, zijn ze op twee na allemaal bevroren.

Rechts van het Rozenpad ligt het Laantje, met de buxushaag en een hoge stenen muur aan weerskanten. Het groen op de grond lijkt voornamelijk kamille en wilde kruizemunt te zijn; de oregano-pepermuntgeur trekt vast de zwart met witte slang aan die onder de kraan onder een steen is gaan wonen. In het Laantje liggen de oude put en de bron die we tijdens onze tweede zomer hebben ontdekt. Het eindigt met een massa seringenstruiken en gaat dan, met de hoofdtuin, over in de Meerlaan. Vandaar tot het eind van het terrein hebben we cipressen en lavendel geplant. We willen een overwoekerd paadje – middeleeuws, Romeins? – blootleggen, dat uitkomt op een Romeinse weg die ten slotte naar de stad voert. Vanaf die uithoek van het terrein heb je de prachtige uitzichten. Het grootste deel van het land is vrijwillig overgeleverd aan de olijf-, fruit- en amandelbomen en de wijnstokken; een paar stukjes zijn overgelaten aan wilde brem en rotsen. Er zijn twee terrassen voor kruiden en groenten, het eerste boventerras voor *le erbe aromatiche* en verschillende soorten sla, het tweede voor Anselmo's rijk, zijn mega-orto, zijn grote illusie.

Ik heb visioenen over hoe het allemaal moet worden. We maken een schets om onszelf ervan te overtuigen dat we weten wat we aan het doen zijn. 'Houd het bij vaste planten,' zegt Ed. 'We kunnen niet elk jaar het wiel opnieuw uitvinden – we planten een karrenvracht en er gebeurt niets. We moeten planten hebben die voor zichzelf kunnen zorgen als ze volwassen zijn. Weet je nog die zomer dat ik uren bezig ben geweest emmers water naar die dertig olijven te sjouwen?' We hadden ze op een paar ver gelegen terrassen geplant, niet wetend dat we dat jaar van mei tot september geen regen zouden krijgen. Als je 20.000 vierkante meter grond hebt moet je heel anders over hoeveelheden en maten gaan denken. Het heeft een tijd geduurd voor we ons gevoel voor ruimte hadden aangepast. Eindelijk beginnen we het door te krijgen – ons schaalgevoel moet tot de derde macht worden verheven. 'Vooral veel struiken.' Hij begint een lijst op te maken: 'Hibiscus, forsythia, hulst, oleander.'

'Ik houd niet van oleander. Die doet me aan snelwegen denken.'

'Streep oleander dan maar door.'

'Wat vind je van nog meer rozen? We zouden langs de hele bovenkant van de Poolse muur een doorlopende boog kunnen bouwen.'

Als we naar binnen gaan vinden we een e-mail van mijn vriendin Judy, een expert op het gebied van rozen. 'Zeemeerminnen-alarm. Pas op voor Zeemeermin. Wordt vaak meer dan tien meter hoog en heeft afgrijselijke doorns met haken.'

Te laat. Twee onschuldige Zeemeerminnen staan gereed om morgen de grond in te gaan.

Ik moet vanavond aan Humphrey Repton denken. Hij is een voorouder van me aan vaderszijde. Mijn overgrootmoeder was Elizabeth Repton Mayes, wier gedachtenis alleen in stand wordt gehouden met mijn middelste naam en met een foto waarop ze mijn pasgeboren grootvader in haar armen heeft. Hij moet de lelijkste baby zijn geweest die aan het eind van de negentiende eeuw in Engeland is geboren. Hij kijkt met felle oogjes woedend naar de camera, nu al een en al wilskracht. Hij zwaait met zijn samengeknepen vuistjes, terwijl zij liefdevol op hem neerkijkt. Zij is gestorven toen hij nog klein was. Zijn vader ging naar Amerika en liet later zijn zoon overkomen, die op zijn negende de Atlantische Oceaan overstak met een koffertje en een zak appels. Hij stond aan de reling te kijken hoe op de Engelse kust zijn tante Lily kleiner werd en ten slotte verdween. Dat verhaal heeft me nooit iets gedaan – onmogelijk dat die koude, bazige Daddy Jack ooit een kwetsbaar kind is geweest dat in zijn eentje naar een vreemd land reisde. In plaats daarvan zie ik hem het dek rond stormen en zijn medepassagiers terroriseren.

Een eind verder terug in Elizabeths familie had je Humphrey Repton (1752-1818), de tuinarchitect die de tuin die wij als de Engelse tuin kennen, populair heeft gemaakt. Omdat mijn grootvader een tiran was, vind ik het een prettige gedachte dat voorvaderen van hem van bloemen en bomen hielden. De vader van Humphrey was belastingontvanger; misschien moest hij ook tegen iemand in opstand komen.

Instinctmatig heb ik een voorkeur voor warrelige, overvloedige bloembedden waar alles bijna over het gras lijkt uit te stromen. Ik houd van blauwe ridderspoor en vingerhoedskruid die zo hoog zijn dat ze bij het minste windje buigen en zwaaien. Er moeten massa's gele lelies zijn om naar de zon terug te kijken, en donkere gardeniastruiken voor de avonden, vanwege de zuiver witte bloemen die vooruitlopen op de maan. Koraalklokjes, juffertjes in het groen, aardbeienborders, en zoveel mogelijk roze rozen.

Humphrey heeft vijf boeken geschreven, plus 57 Rode Boekjes, zijn tuinontwerpen met tekeningen op doorzichtige bladen die op de tekeningen van de oorspronkelijke toestand liggen, zodat je kunt zien hoe het is geworden. Zelfs de titel van zijn eerste boek, *Sketches and Hints on Landscape Gardening*, zegt mij veel over zijn aard. Nonchalant, niet nadrukkelijk, uitnodigend. Opmerkingen, schetsen en wenken laten tenslotte een heleboel vrijheid – zo'n compleet andere benadering van het leven dan die van mijn grootvader, die een harde leerschool had gehad, al mijn vriendjes 'broekjes' noemde, en vond dat schrijven 'met je hoofd in de wolken' zo ongeveer een misdaad was. De Engelse tuinstijl van Humphrey heeft geleidelijk de strakkere stijl van de Italiaanse tuin beïnvloed. Voor Bramasole zoek ik naar een mengeling waarin onze eigen individuele voorkeuren ook een plaats krijgen.

Maar iets meer dan een vijfde deel van ons land wordt besteed aan de lichtzinnigheid van bloemen, dus zou Humphrey geen Rood Boekje aan mijn tuin wijden. Maar ik zal bij mijn plannen rekening met hem houden.

Tijdens de winter in San Francisco begon ik boeken te lezen over de ontwikkeling van de Italiaanse tuin. Ik wist dat Plinius in oude tijden heeft geschreven over taxus die in de vorm van fantasiewezens was gesnoeid, en over met ranken en bloemen geschreven namen. Ze denken dat zijn verloren gegane tuin in de buurt van Città di Castello ligt, maar een paar kilometer van Bramasole. Bij diners in de tuin van Plinius dreven lichte gerechten op kunstvogels en miniatuurschepen over het oppervlak van een stenen vijver. Als je ging zitten, spoot er een waaier van water omhoog. Zijn opvatting over tuinen versmolt op een aangename manier met zijn voorstelling van geluk: een filosofie van *otium* (vrije tijd, rust), een leven dat werd doorgebracht in elegante, intellectuele vrijheid.

In bed met kussens in mijn rug, terwijl wind in de bomen ziedde en de ramen schrobde met regen en zoute mist, las ik *Gardens of the Italian Villas* van Marella Agnelli en *The Italian Renaissance Garden* van Claudio Lazzaro, en probeerde me voor te stellen hoe je ertoe kwam om een tuin aan te leggen met paden die je onder water kon laten lopen, zodat je gasten in bootjes door de tuin konden drijven. Er waren tuinen met fonteinen die regen of huilende wind konden nabootsen. Ik was getroffen door het idee om een tuin niet alleen als omlijsting van een huis en een prettig oord te ontwerpen, maar ook als een plek van verrassingen en plezier – fonteinen die je plotseling besproeiden als je voorbijkwam, en *il giardino segreto*, de geheime tuin in een tuin. Wie zou een geheime tuin geen heerlijk idee vinden? Ik heb op een hooggelegen terras een dubbele cirkel van hoge zonnebloemen geplant om een kleine ronde kamer te maken. Ze zijn nu bijna kniehoog. In juli zullen de grote bloemen en bladeren de ronde ruimte bijna verbergen. Ik hoop dat er kinderen op bezoek komen. Als kind zou ik dat een heerlijk plekje hebben gevonden. *Scherzi d'acqua* of *giocca d'acqua*, watergrapjes, onthullen meer dan enig ander aspect van de historische tuin een enorme culturele afstand tussen hen en ons. In Italiaanse tuinen hoorden ze er gewoon bij. Als je een hoek om kwam en op een bepaalde steen trapte, spoot er een fontein op die je plotseling kletsnat maakte. Kijk maar in de literatuur; die watergrapjes gaven plezier en werden verwacht. Niemand ging boos naar huis omdat haar blauwe zijde was gevlekt. Ik ken niemand boven de tien die het fijn zou vinden om bij een wandeling door mijn tuin doorweekt te worden. Maar ik ben ervan overtuigd dat er water in de tuin moet zijn, het is net als bloemen een element van regelrechte vreugde. Water is muziek en een bad voor vogels, water is beweging en een koel plekje voor padden.

Ik neem als vanzelfsprekend aan dat er beelden waren in de oude Italiaanse tuinen. Ze dienden ideologische doeleinden, weerspiegelden een filosofische houding of interesse, zoals toneel of muziek, van de eigenaar. Maar vaak, realiseer ik me nu, waren ze er gewoon voor het spel, zoals in de grotvijver in de Boboli-tuinen in Florence, waarin drie marmeren kinderen zwemmen en elkaar onder water duwen. Als kind was ik dol op de spiegelbol die op een voetstuk in de tuin van mijn grootouders stond. Als ik erin keek, werd de eik erboven helemaal scheef en vervormde mijn gezicht op een krankzinnige manier. Zilveren scheuten zonlicht weerkaatsten zo fel dat ik hoopte dat er brand van zou komen.

Thuis zijn van alle tuinen die ik me voor de geest kan halen, er maar weinige speels. In Dayton ontmoette ik eens een vrouw die overal in haar lange, aflopende tuin bowlingballen heeft liggen. Omdat er verder alleen conventionele struiken staan, zijn de ballen zeker een verrassing. 'Hoe bent u ertoe gekomen om bowlingballen in de tuin te verzamelen?' vroeg ik haar.

'Ik had er één. Die zag er zo mooi uit met sneeuw erop.' Ze zweeg even, zocht naar een reden; ik realiseerde me dat het verkeerd was om aan te dringen op een rationele verklaring voor haar gril. 'Bloemen planten kan iedereen,' ging ze door. Lange pauze. 'Je moet een echte tuinier zijn om ballen in je tuin te leggen.'

De traditionele hang naar tuinornamenten bestaat in Toscane nog steeds. In tuinen op het platteland staan stopflessen voor olijfolie met potten geraniums erop. Een ijzeren hek om een huis in Camucia is versierd met muzieknoten. In winkels voor tuinartikelen zijn altijd beelden te vinden – David (lomp in terracotta), Flora, Venus, de vier jaargetijden, verschillende nimfen, de zeven dwergen. In antiekzaken zie ik schitterende marmeren fonteinen met Latijnse inscripties, en tuinornamenten die te waardevol zijn om ze buiten te laten staan.

De gril van de eeuwige Italiaanse manie om in vormen te snoeien, schijnt ook al heel oud te zijn. Ik stel me Ed op een ladder voor, terwijl hij van onze bolvormig gesnoeide boompjes schepen, draken, de paus, een hert compleet met gewei maakt. Bij een Medici-palazzo heb ik buxus in de vorm van wolf, hond, ram, haas, olifant, zwijn en andere wezens gezien. Bij de ingang van een hotel in Camucia staan boompjes in de vorm van eekhoorns. Een gesnoeid boompje bij een buurman moet, zo heb ik eindelijk geconcludeerd, een pauw voorstellen. Waarom geen Ferrari, een glas wijn, de 'vinger', of een voetbaldoel?

Terwijl ik over de beroemde oude Italiaanse tuinen las dwaalde ik in gedachten rond door de tuinen van mijn buren in Cortona, die op bescheiden schaal veel tradities van de grootse historische tuinen nabootsen – paden van riviersteentjes, weinig of geen grasveld, overal in de tuin potten, potten en nog eens potten met bloemen en citroenboompjes; vogelkooien, buxus- of laurierhagen en schaduwrijke priëlen om buiten te eten. Ik heb rozen nooit zo zien bloeien als in Toscane. Ze staan meestal langs een schutting of – een beetje vreemd – ergens in hun eentje op een rij. Bloembedden en glooiende grasvelden bestaan nauwelijks; die vereisen iets waarop Toscaners instinctief zuinig zijn: water. In een kleine tuin kunnen wel vijftig potten in verschillende maten staan, en ook nog een limonaia voor citrusvruchten, geraniums en hortensia's. Het park in Cortona begint met een schaduwrijk deel met banken en omrande bloembedden rond een speelse fontein met verstrengelde nimfen en zeedieren. Daarachter loopt de zogenaamde Parterre een halve kilometer langs een muur van waaruit je uitzichten hebt op het Trasimenomeer en het dal. Er is nog iets te zien van een formele tuin in de lindelaan die zo breed is dat twee rijtuigen elkaar kunnen passeren, hoewel je er nu alleen wandelaars en joggers ziet. Zo'n mooi heuvelstadspark als dat van Cortona heb ik nog niet gezien, maar veel middeleeuwse stadjes hebben net buiten de poorten een park waar de burgers even kunnen bijkomen van de verhitte stenen en nauwe straten.

De Italiaanse opzet, streng geometrische tuinen, druist in tegen al mijn aangeboren voorkeuren. In feite houden ze er een totaal andere ontwerpesthetiek op na. Historisch gezien spelen bloemen – vergeleken met beelden, padenpatronen, fonteinen, heggen, pergola's en priëlen – een heel bescheiden rol.

De Italiaanse tuin, schreef Ippolito Pindemonte in 1792, werd meer 'beheerst door zon en marmer dan door gras en schaduw'. Als ik hier door tuinen dwaalde voelde ik hun gestrengheid, een troosteloze sfeer die uitging van de rechthoekige compartimenten en de eindeloze buxusperken. Ze lijken tegen de natuur in te gaan. Maar door langzame gewenning ben ik het architectonisch gevoel voor ruimte gaan waarderen, vind ik het leuk om te zien hoe vaak de verhoudingen van het huis in het tuinontwerp terugkomen, en hoe de beelden, trappen en balustraden de sfeer van kamers in de openlucht scheppen. Dit is tenslotte het Middellandse-Zeegebied, waar mensen net zoveel buiten leven als binnen. In de grote tuinen gaan deze zorgvuldige rangschikkingen van de natuur over in boomgaarden of bos, de laatste buffer tussen het huis en de wilde natuur, een mooi idee dat dwars door tijd en architectonische stijlen heen gaat. De vroege schrijvers over tuinen noemen tuinieren de 'derde natuur', waarbij de eerste natuur de natuurlijke wildernis is, de tweede de landbouwcultuur, en de derde de natuur die overeenstemt met opvattingen over schoonheid en kunst.

Hoewel de tuinen heel kunstmatig aandoen in mijn ogen, die gewend zijn aan zuidelijke grasvelden met rode kornoelje, azalea en camelia, en aan Californische tuinen die weinig onderhoud vergen, zijn ze bij nader inzien toch logisch. Italië viel tot voor kort in vele delen uiteen. Het kasteel, het ommuurde dorp, de ommuurde villa hadden een uit noodzaak geboren houding van: wij tegen de wereld. Tuinen waren natuurlijk omheind of bewaakt of zo ontworpen dat je er het gevaar of de chaos die even buiten de grenzen heersten, kon vergeten.

Telkens weer geef ik me over aan het Italiaanse gevoel voor schoonheid. Hoe moet ik de elementen waarvan ik ben gaan houden in mijn eigen tuin overbrengen? Ik wil de losse ontwerpen van Humphrey, zijn rustieke gevoel voor behaaglijkheid en gemak. Kan ik dat combineren met de Italiaanse geometrie en speelsheid, die tegenpolen die zo'n gevoel van verrassing geven?

Lezen over tuinen is leerzaam maar frustrerend. Foto's geven geen diepte weer en het perspectief is te beperkt. Erger nog: terwijl ik met mijn ogen de paden volg, kan ik de lagen van geur niet ruiken, kan ik me niet bukken om een harig blad tussen mijn vingers te wrijven, of zien hoe een wilg met pas ontloken blaadjes het licht breekt. Ik raakte maar gedeeltelijk in vervoering door de glanzende bladzijden over de grandioze waterwerken van de Villa d'Este. De vreugde en luxe van water dat over vrouwenborsten en dolfijnsnuiten stroomt, van de kunstmatige watervallen en getrapte, aflopende stroompjes – de foto's smoorden het ruisen, spetteren en sijpelen dat je van dichtbij moet horen.

Twee uren in de Roseto Botanico in Cavriglia zijn net zoveel waard als een hele winter boeken bekijken. Juni is een ideale tijd om de tuin van Fondazione Carla Fineschi, de grootste privé-rozentuin ter wereld, te zien en te ruiken. Ik begin meteen namen op te schrijven van rozen die we mooi vinden, ongeacht het feit dat de kwekerijen in ons gebied rozen vaak niet op naam verkopen, zodat we deze misschien nooit vinden. Elke rozencategorie – Bourbon, Chinees, Damast, Thee, Ramblers, et cetera – heeft zijn eigen bed en bij elke struik staat een bordje met gegevens. Ed en ik raken elkaar kwijt en komen elkaar dan weer tegen. Tussen de duizenden rozen hopen we de twee roze soorten te vinden die bij de geschiedenis van ons huis horen. We ontdekken allebei de onbehoorlijk geurige Reine des Violettes – die lijkt erop, maar de onze zijn komvormiger, als een pioenroos. Misschien heeft de *nonna* die op Bramasole heeft gewoond de naam nooit geweten, of misschien sterft zo'n oude plattelandsroos eenvoudig uit. Laten we hem gewoon Nonna's Roos noemen. Ten slotte dwalen we alleen maar rond, kijken we hoe tuinlieden de verdorde bloemen wegknippen, hoe andere bezoekers in extase raken door de geuren. Achter de tuin worden een paar soorten rozen verkocht. We schaffen drie struikjes aan die Sally Holmes heten, om zich langs de oprit te verspreiden, witte trossen platte rozen tussen de lavendel. Witte rozen trekken me niet zo aan, maar waarom zouden we er niet een paar planten om het maanlicht te vangen?

In Firenze Com'era (Florence zoals het was), een van mijn favoriete musea door zijn rustige kloosteromgeving en gebrek aan andere bezoekers, ben ik gefascineerd door de twaalf schilderijen van Medici-villa's van de Vlaamse schilder Justus Utens. Op deze halvemanen (in 1599 geschilderd voor lunetten in een Medici-villa in Artiminio) staan uitzichten van bovenaf op de huizen en tuinen zoals ze oorspronkelijk waren, een zeldzame glimp van de ideale tuinaanleg van die tijd. Villa Pratolino laat een uitgebreide reeks vijvers zien die heuvelafwaarts in elkaar overlopen. In de tuin van Lambrogia zijn vier grote vierkanten, afgezet met pergola's, onderverdeeld in vier kleinere, met vierkante vijvers bij de ingang van elk groot vierkant. Bij al deze villa's is de ommuurde binnenplaats merkwaardig leeg – misschien een put, maar verder geen versiering. Als ik ooit de loterij win zou ik graag een tuin op deze schaal scheppen. Sinds ik met zo enorm veel plezier de gedachten van George Sitwell (vader van de geweldige, excentrieke schrijvers Osbert, Sacheverell en Edith) over zijn tuin heb gelezen, waaraan de schepping van heuvels en meren, en andere ambitieuze manipulaties van het landschap te pas kwamen, heb ik eerbied gehad voor tuinontwerpers die op deze schaal denken.

Het overblijfsel van de Giardino dei Simplici (tuin der artsenijkruiden) van de Medici's in Florence is nog steeds geopend voor het publiek. Cosimo de Eerste kreeg in 1545 het idee voor deze tuin, en sindsdien hebben plantkundigen er bijzondere varens, palmen, kruiden en bloemen geplant en de geneeskrachtige eigenschappen van planten bestudeerd. Het is een plekje vol onkruid achter indrukwekkende hekken in de buurt van de San Marco. Vanochtend is er niemand, behalve een vrouw met een kinderwagen en een man die met een miezerige tuinslang planten onder water zet. Op deze manier duurt het wel een maand voor de hele tuin een beurt heeft gehad; daarom staan veel planten er misschien zo verflenst bij. Ik doe geen ideeën op in de tuin der artsenijkruiden, maar het is prettig om buiten de hitte van Florence even in de schaduw te wandelen, en je krijgt een kijkje op de opkomst van tuinieren als belangrijk studieonderwerp.

In de kruidentuin bij het San Pietroklooster in Perugia ging ik meteen aantekeningen maken. Het San Pietrocomplex deelt tegenwoordig zijn verlaten, pure hoven, landerijen en sobere monnikscellen met de landbouwfaculteit van een universiteit. In gidsen voor Umbria wordt deze vredige oase niet eens vermeld; er is een begeleidend boek (in het Italiaans) waarin de ingewikkelde getallen- en plantensymboliek van de gereconstrueerde middeleeuwse meditatietuin, die naast een overzichtelijk ontworpen tuin van artsenijkruiden ligt, wordt verklaard. Ik kwam erachter dat een kleverig onkruid, *la parietaria*, dat uit elke scheur in de muren van ons huis spruit, een verleden heeft. De Latijnse naam is *elxine*, en het heeft de eigenschap dat het stenen uit de urinewegen drijft, wonden heelt en kalmerend werkt op koliek. Voortaan zal ik, als ik de taaie wortels van het onkruid uitgraaf, meer respect hebben voor zijn bestaan. Een roze versie van wat ik in Californië als gele zuring ken, heet *acetosella*. De lage, kruipende plant die Beppe *maroncella* noemt, wordt aangeduid als *pimpinella* (*sanguisorba* in het Latijn), overal goed voor, van pest tot maagzweer. *Santoreggia*, bonenkruid, dat ik altijd als een onschuldige toevoeging aan zomersoepen en -salades heb beschouwd, blijkt een krachtig afrodisiacum te zijn als je het vermengt met honing en peper. Zelfs de wilde melisse komt in een nieuw licht te staan: de bladeren geven gouden dromen. Omdat ik niet zeker weet of ik ooit gouden licht in een droom heb gezien wil ik die thee weleens proberen. Hoe volmaakt blauw is de bloem van komkommerkruid, een kleurige vlek in een kruidentuin.

Door alles wat ik had gelezen kwam ik tot een onplezierig inzicht – mijn opvattingen over tuinieren waren heel onontwikkeld en bekrompen! In mijn nieuwe gele boek begin ik een lijst met pas bij me opgekomen mogelijkheden voor mijn tuin met meer kosmische afmetingen, te beginnen met schetsen voor pergola's. Oppervlakkig gezien lijken het steigers of tunnels van de metro. In Toscane heeft bijna iedereen met een tuin een pergola, niet alleen omdat ze handig zijn voor druiven. Kastanje, steeneik, wilg: ze vestigen de aandacht op een uitzicht, verschaffen een middelpunt en beschermen je tegen de zon, een gemakkelijk contrast en vast punt. Lunchen onder bengelende druiventrossen geeft een verrukkelijke hedonistische sfeer, en de scheuten zonlicht die over de tafel vallen maken gezichten mooi en verleiden iedereen om uitbundig te genieten. Waarom heb ik in Californië nooit een pergola van gevlochten wilgentenen ingericht? Voor mijn geestesoog zie ik er een in de hof achter mijn huis in Palo Alto. Ik had die lelijke jeneverbeshaag eruit moeten halen en een mooi prieel moeten neerzetten.

Ik heb een gewoonte die bedoeld is om weldadige stromen lichaamssappen los te maken, het bloed te zuiveren en het hart te versterken. Als ik niet kan slapen verbeeld ik me dat ik alle dieren waarvan ik heb gehouden vasthoud; ik ga terug naar mijn gelukkigste momenten; ik loop door de straten van Cuzco, San Miguel, Deya, terwijl ik terugdenk aan uitzichten, ramen, gezichten, geluiden. Ik denk aan iedereen van wie ik door dik en dun houd. Aan deze gewoonte kan ik nu de renovatie van de tuinen van alle huizen waarin ik heb gewoond toevoegen, ongeacht de financiële overwegingen die ik toentertijd had. Ik ben meer gewend aan renovaties van interieurs, een onuitputtelijk onderwerp van gesprek onder de vrouwen in mijn familie, die dingen zeiden als: 'Ik had die eetkamer nooit moeten behangen, en zeker niet met die neerstrijkende Chinese kraanvogels. Ik ben altijd bang dat er een in mijn soep plonst. Ik had die muren helgeel moeten verven, en er hoort een spiegel boven dat buffet, niet die miezerige lampjes...' Ik vraag me af of ze net zulke gewoonten hebben als ik wanneer de slapeloosheid toeslaat.

Traditioneel worden grote Italiaanse tuinen ingedeeld in formele vierkanten. Dat wist ik natuurlijk, maar ik wist niet dat het vierkant een quincunx werd genoemd vanwege de vier bomen op de hoeken en de ene in het midden. Sinds de tijd van Cicero bestaan veel tuinen uit een reeks quincunxes die door paden zijn verbonden. Gewoonlijk stond er een buxushaag omheen, maar soms hadden ze randen van salie, rozemarijn, lavendel of mirt. Binnen de quincunxes plantten de tuiniers lelies, rozen en bollen, zoals hyacint, narcis en krokus. Paden met pergola's werkten als begrenzing van de tuinen en boden schaduw bij wandelingetjes.

Als ik inventarissen lees van tuinen van honderden jaren geleden, zie ik hoeveel planten tegenwoordig nog net zo geliefd zijn als toen – cyclaam, jasmijn, kamperfoelie, bonenkruid, clematis, anijs. Andere zijn uit de gratie geraakt: hysop, bijvoet, wijnruit, boerenwormkruid, melisse, zwarte komijn, zoete roomse kervel, balsemienappel, zwarte byrony en wilde kamperfoelie. Kruiden en bloemen werden vaak door elkaar geplant. De iris en de oranje lelie (*giglio selvatico*), die op Bramasole in het wild groeien, worden vaak genoemd, waardoor ik me afvraag hoe lang geleden het wilde bloemen zijn geworden.

Ik ben blij dat sommige planten die ik heb gekozen, voorkomen op de lijsten van gebruikelijke kruiden en bloemen in renaissancetuinen. De vorige zomer heb ik *issopo*, hysop, als haag geplant. Hij heeft me beloond met lang bloeiende piekerige purperen bloemen en een neiging om tot struik uit te groeien. Francesco herkende hem als iets wat goed is om op kneuzingen te wrijven. Ik heb ook melisse geplant en vervolgens ontdekt dat het dezelfde plant was als de wilde kruizemunt die ik citroenmelisse of citronella had genoemd. Hij rook als de olie waarmee mijn moeder me 's avonds insmeerde, als de muggen rondzwermden en ik nog laat in de straatjes en achtertuinen van buren speelde. Nu snijd ik takken af die ik onder de tafel leg als we 's avonds buiten eten. Misschien helpt het.

Bonenkruid, ook een neef van kruizemunt, heb ik per ongeluk geplant. Ik had op de markt een pot santoreggia gekocht. 'Gebruik de bloemen en de bladeren,' was alles wat de verkoopster zei.

'Waarin?'

Ze hief beide armen omhoog: 'In de keuken, signora. Insalata, *zuppa*, overal in.' Toevallig kwam ik santoreggia tegen als *satureja hortensis*, de Latijnse naam voor bonenkruid, en legde ik het verband.

Op het boventerras groeit jasmijn over een boog en langs de ijzeren balustrade. Kamperfoelie heb ik ook al in een vroeg stadium geplant. De geur brengt me rechtstreeks naar een door de maan beschenen witte weg in Georgia, waar mijn ware liefde op de middelbare school een takje afplukte en in mijn haar stak. Toen we elkaar zoenden was zijn mond eerst hard en ontoegankelijk, en toen plotseling open en vol leven. De bloemen van kamperfoelie zijn niet veel bijzonders, maar ik kan me uit mijn studeerkamerraam buigen, over cipressen en heuvels uitkijken en niet alleen de honinggeur inademen, maar ook de afkoelende zandweg achter Bowen's Mill, de wind in grove dennen, en Royale Lyme-aftershave, royaal aangebracht op de wangen van een verlegen jongen, jaren geleden en kilometers weg.

Zuidelijke geuren zijn sterk. Ik heb altijd een pot met gardenia's in de schaduw staan, een band met de oude reus in de tuin van mijn moeder, een geur waar ik voorbijglipte als ik te laat thuiskwam, de bladeren groenzwart en de gardenia's zo wit dat ze een lichtkrans om zich heen leken te hebben. Ik plukte er een en liet hem naast mijn bed in een glas water drijven. Tegen de tijd dat ik de volgende ochtend laat wakker werd, was de geur in alle hoeken van de warme kamer doorgedrongen. De tuin bij mijn ouderlijk huis in Georgia was niet bijzonder, gewoon leuk, hoewel in augustus bijna alles er uitgeput uitzag. We hadden camelia's, lelies, azalea's, mirt, ridderspoor, dubbele boterbloemen, die wij koekoeksbloemen noemden, en achter in de tuin een haag van bruidssluier. Daar verstopte ik me in, en als mijn moeder me vanuit de achterdeur riep, gaf ik geen antwoord. Door grote slingers witte bloemen zag ik haar dan koken van woede. Ik vond het leuk om te spioneren. Mijn andere verstopplaats, strategisch gelegen vlak bij de voordeur, was onder de veranda, achter de blauwe hortensia's. Ik kon de harige benen en zwarte sokken van de postbode zien en de rokken van de bridgevriendinnen van mijn moeder, en soms hoorde ik flarden verboden gesprekken over de avontuurtjes van Lyman Carter, of Martha's shocktherapie in Asheville.

Hier heb ik potten roze en witte hortensia's, de bloemen zo groot als babyhoofdjes. Tussen twee van die potten heeft Ed een stenen bank gebouwd, een bijna verborgen plekje om naar de tuin te gluren, wat niet zo opwindend is als te kijken wie er mijn ouderlijk huis in- en uitgingen. We hebben witte en lavendelkleurige seringen geplant, die in het Italiaans de mooie naam *lillà* hebben.

Ik begin te merken dat de tuin een plek is waar ik herinneringen een plaats en jaargetijde kan geven waarin ze blijven leven. Ed is ook dol op de seringen. Ze groeiden overal in zijn geboortestad in Minnesota en moeten na de strenge winter een lust voor het oog zijn geweest. Zijn buurvrouw, Viola Lapinski, een 'oude vrijster' (hij beseft nu dat ze een eindje in de dertig moet zijn geweest), bracht altijd een bos mee als ze op zaterdagavond bij zijn familie naar *Gunsmoke* kwam kijken.

Ik moet mijn dochter, wier eerste woord 'flava' (voor *flower*, bloem) was, vragen of ze zich de esdoorns in onze achtertuin in Somers, NY, herinnert, die in de herfst een kniehoge laag gele bladeren lieten vallen waar de hond en zij onder kropen. Daar heb ik langs de scheidingsmuur mijn eerste kruidentuin aangelegd, en sindsdien heb ik nooit meer zo'n uitgebreide gehad. Toen Ashley op een dag naast me aan het graven was, vond ze een amethistkleurig medicijnflesje dat ze jaren heeft bewaard. In de voortuin schoot ieder jaar een heg van pioenrozen op. Ashley dacht dat iemand met te veel lipstick op de top van elke roze bol had gekust. Wat zou ze zich nog herinneren? Haar kamer in Palo Alto had een muur van glazen schuifdeuren. Als ze 's morgens naar buiten stapte stond ze tussen sinaasappel, citroen, Chinese sinaasappeltjes, Japanse mispel. De erfenis van die lichte geuren moet ronddrijven in haar hersenkanaaltjes. Ik wilde dat ze het druivenprieel had om aan terug te denken. Misschien is het genoeg als we er hier een bouwen.

Geuren werken als muziek en gedichten: ze brengen de woordloze gevoelens in beroering die door het lichaam stromen, niet als bewuste gedachten, maar als een lymfatische vloedgolf. Ed loopt langs de sering en tegelijkertijd zet zijn moeder de vaas met rokerig lila bloemen op de koffietafel, geeft zijn vader een doos toffees door aan Viola, die als voorbereiding op de zondagsmis haar haren om lege sinaasappelsapblikjes heeft gerold, begint Lawrence Welk op en neer te springen, en wordt de kamer beheerst door de schaduwtinten van de ingelijste Jezus boven de televisie, die even stilstaat in de tuin van Gethsemane om iedereen aan te kijken. *Zijn blik volgt je overal.*

De tuin bergt ook herinneringen op in het nieuwe. Ik heb geen verleden wat betreft lavendel, potten met citroenboompjes, balkons met afhangende koraalkleurige geraniums, dubbele stokrozen die omhoogschieten, rozenboompjes, dahlia's – maar ik zie nu al dat op mijn negentigste (als ik zo oud word) een zakje lavendel me de dag terug zal geven waarop Beppe veertig lavendelplanten in de grond zette, me de ene zomer na de andere terug zal geven, met witte vlinders en bijen rond het huis, die de lavendelmist induiken en er uitvliegen. Er is waarschijnlijk niets wat de herinnering zal wekken aan het walgelijke onkruid dat stinkt als oude vis, of het kleverige onkruid dat maakt dat ik naar binnen moet rennen om allergiepillen in te nemen.

'Als we alles planten wat je in je gele boek opschrijft, komen we in een botanische tuin te wonen.'

'Of misschien een paradijs.' Ed heeft me verteld dat de etymologische wortel van het woord 'paradijs' van het Griekse *paradeisos* komt, wat tuin of park betekent, en nog verder terug van *dhoigho-*, klei- of moddermuur, en van het Avestische *pairi-daeza*, wat omwald, ommuurd betekent. Paradijs: een tuin met een muur van klei erom. In Genesis staat niets over het bouwen van muren op een van de zeven dagen, maar ik kan me de hoge omheining van gouden stenen met de vingerafdruk van God voorstellen. Als Hij handen heeft natuurlijk. Was de muur van het paradijs begroeid met Zeemeermin, een snel groeiende roos? Die van ons leek wortels te schieten en er de vaart in te zetten vanaf het ogenblik dat we hem hadden geplant. De wilde purperrode rugosa's achter ons huis hadden het daar vast ook goed gedaan, de lage takken een onderdak voor de slang. Misschien moeten we een nieuwe appelboom op ons terrein neerzetten. De appels die we nu hebben, zijn zo knoestig dat ze niemand in verleiding brengen.

In historische tuininventarissen van veel later tijd word ik geïntrigeerd door zwarte byrony, wat dat ook mag zijn. Het klinkt als iets wat boven de graven van Catherine en Heathcliff was verstrengeld. Een schrijver uit die tijd raadt aan: om de meter anjers, en in de tussenruimten majoraan, lelietjes-van-dalen, ranonkel en tijm. Tijm en majoraan zouden het wat voller maken en kale grond bedekken. 'Wat vind je van zinnia's,' zegt Ed. 'Die goeie ouwe, doodgewone zinnia's. Wat heb je trouwens voor me in petto in dat gele boek van je?'

'Oké, ik zal de planten overslaan. We moeten een pergola bouwen. We hebben minstens één beeld nodig. En een fontein.'

'Is dat alles? Wat dacht je van een buitensporig fantasieprieel? En die sierheremieten waar je weleens over leest, lijken me ook leuk. En we zouden aan het eind van de Meerlaan een namaakruïne kunnen bouwen. Een beschadigde boog, een stuk van een deur, een ingestorte muur – een plekje om te zitten.'

'Dat is een geweldig idee! Een plekje om te zitten...'

Hij kijkt verbijsterd. 'Wacht even, rustig aan. Het was maar een grapje. Je meent het toch niet echt?'

LENTEKEUKEN

ANTIPASTI

Paolo's venkelbeignets

Alles wat Paul Bertolli kookt, eet ik op. Hij heeft me zelfs eens een keer pezen voorgezet. 'Van wie komen die pezen trouwens?' vroeg ik. Zijn gezicht vertrok maar even. 'Kalf. Je vindt ze vast lekker.' Hij weet dat ik een beetje kieskeurig ben en probeert me op te voeden. Toen hij chef was bij Chez Panisse mocht ik hem een paar keer in de keuken helpen. De eerste taak die me werd opgedragen was het onthoofden van een berg duiven. De gesloten blauwe oogleden stonden me niet aan, maar omdat ik niet alleen maar sla wilde wassen begon ik hun kopjes af te hakken. Paul heeft Italiaanse ouders en sterke banden met het Italiaanse leven. Zijn genie schuilt erin dat hij van alles wat hij kookt de essentie onthult. Zijn plezier en integriteit zijn duidelijk voor iedereen die in zijn *Chez Panisse Cooking* leest en eruit kookt. Kortgeleden heeft hij een *acetaia* gebouwd, een schuur voor het ingewikkelde productieproces van balsemiekazijn. Hij was een van onze eerste gasten hier en heeft ons geholpen bij het opzetten van onze modelkeuken. Als ik in Californië ben ga ik graag naar zijn restaurant, Oliveto's in Oakland, vooral op avonden dat hij de truffel of de porcini verheerlijkt. Dit is het recept voor venkelbeignets dat hij me heeft gegeven. Neem jonge venkel – oudere planten zijn te draderig.

185 g wilde venkelharten, schoongemaakt
185 g mals varenachtig blad
1 hele knoflookbol, geschild
2 ¾ kop stevige kruimels van brood dat een dag oud is
¾ kop vers gemalen Reggiano-parmigiano
1 ei
½ theelepel zeezout
versgemalen zwarte peper
¾ kop olijfolie

Schil de venkelstengels tot alleen het malse binnenste overblijft, maar bewaar het varenblad. Stengels en blad samen op een snijplank leggen en grof hakken. In een schaal doen, met koud water bedekken en goed laten uitlekken.

Doe de schone venkel in een stoompan met de geschilde knoflookteentjes. Stoom ze 12 tot 15 minuten op een hete hittebron, of tot de venkel en knoflook heel zacht zijn. Af laten koelen en overbrengen op een snijplank. Het mengsel fijnhakken en in een kom doen.

Voeg er 1 ¾ kop van de broodkruimels en de geraspte parmigiano bij. Vervolgens het hele ei, het zout en een beetje versgemalen zwarte peper toevoegen. Met een vork roeren tot het mengsel een stevige massa vormt.

Met twee soeplepels gelijke porties maken. De beignets een voor een door een kom met de overblijvende broodkruimels halen en er met de hand kleine, gelijke plakjes van vormen.

Verwarm de olijfolie in een grote koekenpan. Test de temperatuur van de olie door er een broodkruimel in te gooien. Die moet sissen en in de pan dansen. Braad de beignets op een hete hittebron, ze omdraaiend met behulp van een platte lepel met gleuven. Overbrengen op een schotel met absorberend papier of handdoek, en vervolgens op een schaal. Presenteren als ze nog warm zijn.

Gefrituurde artisjokken

Omdat ik uit het Zuiden kom vind ik 'gefrituurd' een betoverende uitdrukking. In mijn jeugd kwamen we artisjokken alleen gemarineerd en in potten tegen. Nog altijd komt me dat als verheven voedsel voor. Op de donderdagmarkt worden ze in vijf maten verkocht. Voor vulling met brood, kruiden en tomaten koop ik de grootste. Voor frituren en rauw eten zijn de kleinste met purperen vlekken het best. Haal zelfs bij die kleine alles eraf wat draderig of taai kan zijn.

Zoek 10 kleine artisjokken uit. Haal buitenblaadjes weg en snij de punten er dicht bij het hart af. In vieren delen en droogdeppen met papieren handdoekjes. Saffloer-, pinda- of zonnebloemolie verhitten. Klop 3 eieren in een kom met ¾ kop water, doop de stukken artisjok er vlug in en schudt ze dan in een zak met gekruide bloem. Veeg het teveel eraf. Frituren in hete olie (180°) tot ze goudbruin zijn. Als ze klaar zijn, op absorberend papier laten uitlekken en vervolgens op een schotel stapelen en serveren met schijfjes citroen. Genoeg voor 8 personen als hors d'oeuvre.

PRIMI PIATTI

Odori

Als je iets bij de groenteboer koopt, of het nu in een winkel is of op de markt, krijg je meestal een handvol odori – letterlijk: geuren, kruiden –, pittige smaakjes voor je gerecht: een handvol peterselie en basilicum, een paar stengels selderij en een of twee wortels. Als ik geen bouillon of stoofpot maak, verflenst dat cadeautje soms in de koelkast. Toen Ed op een avond niets in de kast kon vinden, hakte hij de odori heel fijn en ontdekte dit eenvoudige mengsel voor pasta. Later hebben we het op *focaccia* gesmeerd, en het ook tussen de blaadjes van artisjokken gestopt, een fris alternatief voor citroenboter of vinaigrette.

Hak 2 wortels, 2 selderijstengels en 3 teentjes knoflook heel fijn – vermaal ze bijna. Smoren in 2 theelepels olijfolie tot ze gaar, maar nog knapperig zijn. Basilicum en peterselie bij het mengsel knippen, nog 2 theelepels olijfolie toevoegen en op een lage hittebron 2 tot 3 minuten laten sudderen. Maak spaghetti voor 2 personen. Laten uitlekken en 2 tot 3 theelepels van het pastawater en een beetje olijfolie door de pasta mengen. Roer 4 theelepels geraspte parmigiano door de odori. De saus moet de structuur van pesto hebben. Door de spaghetti roeren. Genoeg voor 2 personen.

Risotto Primavera

'Ik heb nog nooit zo lekker gegeten,' zei een vriend na een eenvoudig diner van risotto met lentegroenten. Natuurlijk was dat niet waar, maar de aanblik van een mooie berg risotto midden op het bord, met een krans kleurige, geurige groenten eromheen, noodt tot uitbundige verklaringen. Dit lijkt het hart van lentediners. Je kunt erna nog gebraden kip geven, maar ik vind het lekker als hoofdgerecht, gevolgd door gemengde salade met schijfjes peer en gorgonzola. Een speciale plaatselijke risotto wordt met brandnetels gemaakt. In volwassen staat zijn die kwaadaardig, maar als ze heel jong zijn vormen ze een lentetraktatie. Thuis kun je ze zo nu en dan op de markt krijgen. Hakken en snel blancheren, dan op het laatste moment door de risotto roeren.

De groenten afzonderlijk klaarmaken en kruiden. Een kleine 3 pond verse bonen doppen en de erwten even stomen. Een grote bos jonge wortels schrapen en in ongeveer even lange stukken als de asperges snijden. Stomen tot ze bijna gaar zijn. De stengels van 2 pond asperges breken waar ze natuurlijkerwijs breken en stomen of in de oven gaar laten worden. 5 $\frac{1}{2}$ Kop kruidenbouillon en $\frac{1}{2}$ kop witte wijn aan de kook brengen en dan laten sudderen. In een andere pan 2 koppen arboriorijst en een fijn gehakte ui een paar minuten smoren in een theelepel olijfolie, en er dan geleidelijk de bouillon bij scheppen, zodat de rijst het vocht kan opnemen. Al roerend bouillon blijven toevoegen tot de rijst gaar is. Sommige mensen vinden het lekker als het bijna soep is, maar voor deze schotel kan hij beter vochtig en beetgaar zijn. Het sap van een citroen toevoegen, er een $\frac{1}{2}$ kop parmigiano door roeren en kruiden naar smaak. Dien de borden op met een krans groenten om de rijst. Genoeg voor 6 personen.

Orecchiette met groenten

Orecchiette, pasta in de vorm van oortjes, werkt goed als hij wordt opgediend *con quattro formaggi*, met vier soorten kaas: gorgonzola, parmigiano, pecorino en fontina. In de lente eet men het graag met groenten.

Smoor 2 bossen gehakte snijbieten met een paar gehakte lente-uien en teentjes knoflook. Kook orecchiette voor 6 personen. Laten uitlekken en de groenten erdoor roeren. Als je van ansjovis houdt, smoor dan ongeveer 10 filets, hak ze en meng ze door de groenten. Roer er ½ kop parmigiano door of geef die er apart bij.

Orecchiette met garnalen

Deze combinatie, leuk omdat de pasta en garnalen ongeveer dezelfde vorm hebben, vormt een vrij machtig gerecht.

Zo veel tuinbonen doppen dat je 1 kop hebt. Smoren in een beetje olijfolie tot ze bijna gaar zijn en dan een fijn gehakte kleine ui of een paar verse lente-uitjes in de pan doen. Koken tot de ui zacht is. Kruiden, en pureren in een mixer. Maak 450 g garnalen schoon en smoor ze in olijfolie met 4 hele teentjes knoflook. Voeg ¼ kop witte wijn toe, hittebron even hoog zetten, dan uitdraaien. Knoflook eruit halen. Pasta koken voor 6 personen, laten uitlekken, mengen met bijna alle groene saus; garnalen door overblijvende saus roeren. Dien de pasta op borden op, met de garnalen erbovenop.

SECONDI

Lentekalfsvlees

Dit zeer eenvoudige kalfsvleesgerecht, ontdekt toen ik plotseling geen tomaten had voor de stoofpot die ik wilde maken, is een favoriet geworden. De heerlijke, zuivere citroensmaak versterkt de smaak van het malse kalfsvlees.

Dep 450 g dobbelsteentjes kalfsvlees droog. Door bloem halen en snel bruin bakken in een zware ovenschotel. Een kop droge witte wijn toevoegen. Verwijder met een heel scherp mesje de dunne bovenste laag van de schil van 2 citroenen en voeg die bij het vlees met zout en peper.

Deksel op de pot en 40 minuten braden bij een temperatuur van 180°, of tot het vlees gemakkelijk uit elkaar gehaald kan worden met een vork. Roeren en het sap van 2 citroenen toevoegen. Doe dat helemaal aan het eind, want anders wordt het vlees taai. Nog 5 minuten in de oven zetten en er dan een handvol gehakte peterselie door roeren. Genoeg voor 6 personen.

CONTORNI

Tuinbonen met aardappels en artisjokken

De meest geliefde onder de lentegroenten zijn rauwe fave. De jonge fave zijn heel anders dan de bonen die ik in Amerikaanse supermarkten heb gevonden: die moeten worden geblancheerd en dan met veel moeite boon voor boon geschild. Hoewel ze nog best goed kunnen smaken zijn bonen die geschild moeten worden in principe over hun hoogtepunt heen. Ze zijn gemakkelijk te kweken, maar thuis moeilijk te vinden, hoewel ze op de markt soms een bak net geplukte, malse, groene bonen hebben. Bij een Toscaanse vriend thuis werden laat op de middag een kom rauwe, ongedopte fave en een ronde pecorino op tafel gezet, vergezeld van een fles wijn. Bij een andere vriend thuis werd het fave-e-pecorinoritueel tot besluit van een lichte maaltijd uitgevoerd, een gang van salade en kaas tegelijk. Elk tijdstip van de dag lijkt geschikt voor deze heilige combinatie. Het volgende recept kan bij een kalfskotelet of varkensfilet worden gegeven, maar is in de lente ook heel lekker als hoofdgerecht.

6 kleine artisjokken in vieren delen en stomen tot ze net zacht zijn. Afgieten en opzij zetten in zuurgemaakt water. 450 g witte aardappels schillen en in vieren delen (je kunt ook piepkleine rode nieuwe aardappels gebruiken). Stoom die ook tot ze net gaar zijn. Dop 900 g tuinbonen, zo vers mogelijk, en stoom ze tot ze bijna gaar zijn. Verhit 4 theelepels olijfolie in een grote braadpan. Smoor 2 of 3 gehakte jonge lente-uitjes (of 1 of 2 bosjes sjalotten) en 3 of 4 fijngehakte knoflookteentjes. De groenten erbij doen, plus gehakte tijm, zout en peper. Het sap van 1 citroen over de groenten persen. Het mengsel voorzichtig roeren tot het goed vermengd en warm is. Serveren op een schotel. Ruim genoeg voor 6 personen.

Geroosterde groenten, vooral venkel

Hoe groter je oven, hoe beter je verschillende groenten van het seizoen kunt roosteren. Ik maak groenten tegenwoordig liever in de oven dan onder de gril klaar. De individuele smaken worden versterkt, terwijl grillen een eigen rokerige smaak geeft. In de oven geroosterde venkel is ongelooflijk lekker. Zodra ik de oven uitdraai neem ik stiekem een stukje.

Smeer een niet-klevend bakblik met rand of een grote pan royaal met olie in. Rangschik gehalveerde paprika's, in vieren gesneden uien, uit elkaar gehaalde stukken venkel, gehalveerde courgettes en pulp, in plakken gesneden aubergine, hele knoflookbolletjes en gehalveerde tomaten. Besprenkelen met olijfolie, en gehakte tijm, zout en peper erover strooien. Schuif de pan in de oven en rooster bij een temperatuur van 180°. Begin na ongeveer een kwartier de pulp, courgettes en tomaten te testen en leg ze op een schotel als ze klaar zijn. Draai de aubergine en paprika's om. Alles moet binnen een halfuur gaar zijn. Op een schotel rangschikken. De knoflook is voor zelfbediening: de gasten trekken de teentjes eraf en knijpen ze uit op brood.

Andere geroosterde groenten

Sinds mijn vriendin Susan Wyler, schrijfster van verschillende kookboeken, me heeft geleerd om asperges in de oven te roosteren, heb ik ze nooit meer gestoomd. Zelfs verbrand en knapperig zijn ze heerlijk. Kleine snijbonen worden er ook beter op als je ze even in de oven legt. Roosteren haalt een verborgen smaak te voorschijn. Omdat er in de tuin ongeveer tweehonderd uienplanten als een gek staan te groeien, ben ik ze vaak gaan roosteren. Balsemiekazijn voegt er een zoete verrassing aan toe. Leg eens een krans van die uienringen om een gebraden kip.

Rangschik een enkele laag asperges in een taart- of cakevorm. Besprenkelen met olijfolie en kruiden met zout en peper. 5 minuten roosteren bij een temperatuur van 210°, of tot een vork er maar nét gemakkelijk ingaat.

Blue Lakesnijbonen stomen tot ze bijna gaar zijn. Droog schudden en besprenkeld met olijfolie 5 minuten roosteren bij een temperatuur van 210°.

Rangschik bijna geschilde uien – laat 1 of 2 lagen van de papierachtige huid zitten – op een niet-klevend bakblik. Maak een grote x-vormige inkeping in de bovenkant. Rijkelijk met balsemiekazijn en olijfolie besprenkelen. Kruiden met zout en peper. Bij een temperatuur van 180° 40 minuten *roosteren. Controleer een paar keer en doe er meer azijn en olie bij als ze er droog uitzien.*

DOLCI

In de primavera zijn de vruchten nog niet rijp. De meeste gelatokraampjes zijn nog gesloten. Net als in de winter bestaat het dessert vaak uit kastanjes die in de haard worden gepoft, een stukje gorgonzola, of *baci*, de chocoladezoenen van Perugia, met een glas limoncella of amaro erbij, of, voor de dapperen onder ons, grappa. Op de donderdagmarkt worden in één kraam gedroogde vruchten verkocht. Geweekt in wijn, met een paar spiralen dunne citroenschil en specerijen, geserveerd met biscotti, komen de vruchten tot leven en houden ze ons zoet tot de zomervruchten beginnen te komen.

In wijn geweekte vruchten

Dit tere, lichte, huiselijke dessert valt in de categorie behaaglijk voedsel. Geef er biscotti bij om in de gesuikerde wijn te dopen. Kinderen haten dit toetje.

Giet kokend water over 450 g gedroogde vruchten – abrikozen, perziken, kersen en/of vijgen – zodat ze net onder staan, en laat ze een uur rusten. Breng 2 koppen rode wijn, $\frac{1}{2}$ kop suiker, een beetje nootmuskaat en spiralen dunne citroenschil aan de kook. Roer er 1 kop rozijnen – een mengsel van gele en donkere – en het uitgelekte fruit door. Hittebron meteen verminderen tot suddersterkte. 10 minuten laten koken. De vruchten er uithalen. Het overblijvende vocht indikken en over het fruit gieten. Lekkerder als je het de volgende dag pas eet. Elke portie bestrooien met geroosterde pijnboompitten.

Bevroren zonsondergang

Het is gewoon ijs, maar alles met bloedsinaasappels erin lijkt exotisch en oorspronkelijk. Ligt het aan het woord 'bloed' dat tot de verbeelding spreekt als het rode sap in een glas wordt geschonken? Of komt het gewoon door het schokje dat je krijgt wanneer je een sinaasappel doorsnijdt en de twee helften rood glinsterend en wijnachtig uit elkaar ziet vallen? De zoete smaaklagen in het ijzige smelten van deze sorbet van bloedsinaasappels verkoelen en kalmeren de geest.

Maak een suikerstroop door 1 kop water en 1 kop suiker samen aan de kook te brengen en dan ongeveer 5 minuten onder voortdurend roeren te laten sudderen. Voeg er 2 koppen bloedsinaasappelsap en het sap van 1 citroen bij. Laten afkoelen in de koelkast. Als het mengsel goed koud is, verwerken in een ijsmaker volgens instructies van de fabrikant. Je kunt het ook in een ijsbakje half laten bevriezen, omroeren en weer een beetje laten bevriezen. Garneren met citroenmelisse of kruizemunt.

Gembercake

Bakken moet een diepgeworteld instinct zijn. Als het om desserts gaat, val ik vaak terug op iets wat ik ken uit de keuken van mijn moeder en Willie Bell. Gember heeft niets te maken met Italië, maar een heleboel met fruit. Als iemand van de douane ooit de moeite zou nemen om in mijn handbagage te kijken zou hij verbaasd zijn. Er zou een fles suikerrietstroop in kunnen zitten (want hoe kun je ontbijten met scones zonder boter en stroop), of een fles maïsstroop voor verschillende desserts, zoals deze oude favoriet.

Zeef 3 koppen bloem, ¾ theelepel zout, 1 theelepel bakpoeder, 1 theelepel baksoda, 1 theelepel nootmuskaat en 1 ½ theelepel gember. Roer 1 kop boter en 1 kop suiker door elkaar. Scheid dooier en eiwit van 4 eieren. Roer de geklutste dooiers door het cakebeslag. Klop 1 kop lichte maïsstroop door het boter en suikermengsel en roer dan het beslag erdoor, afwisselend met ½ kop room. Klop de eiwitten stijf en vouw ze voorzichtig door het beslag. Overbrengen in een licht beboterde cakevorm. Een uur bakken bij een temperatuur van 165°. Even laten afkoelen en dan omkeren op een schotel.

Bloedsinaasappels met vin santo

Als je geen vin santo hebt, neem dan cognac. Dit is een pittig dessert, vooral wanneer je het combineert met dunne plakken gembercake.

Later in het seizoen kun je perziken ook zo bereiden; je moet ze maar vijf minuten laten sudderen.

Breng 2 koppen water, 1 kop suiker, 4 theelepels vin santo en 3 of 4 kruidnagels aan de kook. De partjes van 6 geschilde bloedsinaasappels erbij doen, dan hittebron laag draaien en 10 minuten laten sudderen. Afgieten en koud laten worden. Meng 340 g mascarpone met 1 kop suiker, ½ kop witte wijn en het sap van 1 citroen. Serveer de mascarpone in coupes met de sinaasappels erbovenop.

CIRKELS OP MIJN KAART

◆

MONTE OLIVETO MAGGIORE

Een dromerige dag om auto te rijden. Vlagen groen landschap over de vooruit. Bloeiende kastanjes beginnen door te zakken onder de regen. We kruisen het dal, rijden om het heuvelstadje Sinalunga heen en gaan naar Monte Oliveto Maggiore, een van de mooiste kloosters in Italië. De tinten groen! Heuvels zien eruit alsof er voetlicht overheen strijkt – neongroen, gifgroen, fluweelgroen, zuurtjesgroen. Toen ik vijf was zag ik onweerstaanbaar groen mos en sprong erop. Ik zonk snel weg in het slijk en mijn vader, die een licht linnen pak droeg en 'Jezus Christus' brulde, moest me eruit vissen. Ik was in de open septic tank achter de katoenfabriek gesprongen. Een felgekleurde dikke laag algen bedekte het oppervlak. Dit groen is onschuldig; ik zou erin kunnen springen en me omrollen als een paard.

 We beginnen glimpen op te vangen van het woeste landschap van uitgesleten *crete*, klei, die je in veel schilderijen uit Siena ziet. In de late zomer is het dramatisch en afschrikwekkend, maar nu zijn de spleten nog verzacht door gras. De monniken die deze plek hebben gekozen wilden werkelijk de wereld verruilen voor bespiegelende afzondering. Ik probeer me voor te stellen hoe het was om hier in de zestiende eeuw te reizen, toen je per dag hooguit dertig kilometer kon afleggen en er op de bestaande kaarten zelden wegen waren aangegeven. Een bochtige weg als deze moet een kronkelend spoor zijn geweest dat bij zware regenval snel onder water liep. Je ziet borden die naar bepaalde plaatsen wijzen, in plaats van 580 oost of 880 noord, een gebruik dat waarschijnlijk samenhangt met het vroegere reizen. Een reiziger in de zestiende eeuw schreef: 'Ik heb zo weinig rust gehad dat mijn zitvlak voortdurend in brand heeft gestaan door het zadel.' Kennelijk een veel voorkomend probleem; al eerder hadden de lasten van het reizen Cato geïnspireerd tot het advies: 'Om schuren te voorkomen: wanneer je op reis gaat, leg dan een takje alsem van de Zwarte Zee onder de anus.' De comfortabele Alfa ligt vast op de weg en Ed geniet van het voortdurend schakelen op heuvels en in haarspeldbochten.

Als we een bocht om komen, doemt het complex van rode baksteen plotseling op. De slotgracht en het bolwerkachtige van het massieve bouwwerk herinneren me eraan dat in de Middeleeuwen zelfs hier verdediging belangrijk was. Cipressen, kapelletjes en voetpaden omringen het klooster dat eruitziet als een prachtige gevangenis. Bij de ingang controleert een benedictijner monnik in een enkellange witte pij die er ondraaglijk kriebelig en warm uitziet, of iedereen wel decent is gekleed. Mijn dochter is de vorige zomer door deze modediender weggestuurd toen ze zich aanmeldde in een mouwloze lycra blouse en een korte rok. De monnik schudde zijn vinger voor haar gezicht en knikte van nee. Blote armen mogen niet. Ze was woedend toen ze zag dat mannen in shorts wel binnen mochten, maar ze ging terug naar de auto, leende het wijde T-shirt van haar vriend en werd toen toegelaten. Vandaag zie ik hem een man met een heel korte short wegsturen. Als de benedictijnen die wollen pijen moeten dragen, zal hun opvatting over vlees wel een onderdeel van hun filosofie zijn. Vandaag wordt in elk geval bewezen dat die niets met vrouwenhaat te maken heeft. Hij laat zijn blik over mijn halflange rok en gele trui gaan en knikt dat ik naar binnen mag.

Wanneer je eenmaal in het vijftiende-eeuwse klooster bent, lost de indruk dat het een bolwerk is op in de serene rust van een in licht gedrenkte binnenplaats met potten geraniums. Ergens in het complex zwoegen monniken aan de restauratie van oude boeken, of zijn ze Flora di Monte Oliveto aan het brouwen, een kruidenlikeur die als geneesmiddel wordt gebruikt. Hun andere hoofdproduct is honing. Ik zou willen dat ik hen in hun pijen de korven kon zien openmaken, een handeling die sinds de Middeleeuwen niet is veranderd.

Op de binnenmuren achter de gewelfde arcaden zie je de fresco's van Sodoma en Signorelli (die in Cortona is geboren) over het leven en de wonderen van Sint Benedictus, heilige inspiratie voor deze orde.

We zijn al jaren bezig met de restauratie van ons huis en raken, al naar gelang het onderhanden project, geobsedeerd door bepaalde aspecten van bouw. Een tijd lang viel, waar we ook kwamen, ons oog op afvoerbuizen: hoe ze waren bevestigd, waar ze lekten, of ze van koper of blik waren. Toen we problemen hadden met een muur die vocht doorliet, betrapten we onszelf erop dat we plekken schimmel en bladderende verf ontdekten op muren van kathedralen en musea, en aan de kunst en architectuur voorbijgingen terwijl we probeerden vast te stellen wat de oorzaak van het probleem was.

Vandaag zijn we gebiologeerd door Signorelli's fresco van een instortende muur. 'Muren storten in,' aldus de onsterfelijke woorden van Primo Bianchi, toen ons Lindepriel op de weg eronder stortte. Vallende stenen zijn echt een nachtmerrie voor ons. Op de achtergrond van het fresco verliest een monnik zijn evenwicht als een muur begint te verschuiven, en hij valt tussen steigers door naar beneden. Een duiveltje zweeft boven hem. Zweefde er een rode duivel in de lindebomen boven onze muur? Op het middenplan dragen drie monniken het levenloze lichaam, en op de voorgrond wordt de monnik wonderbaarlijk tot leven gebracht door een zegening van Sint Benedictus. Volgens mij mag deze gebeurtenis, net als die in de andere fresco's, niet als een groot wonder worden beschouwd. Per slot van rekening was de monnik waarschijnlijk alleen bewusteloos. Benedictus moet heel geliefd en geëerd zijn geweest, zozeer dat alles wat hij deed een wonder leek. Als ik in de kloosterwinkel de gids niet had gekocht, zou ik er geen idee van hebben wat er op deze muurschilderingen allemaal gebeurt.

Ik houd van het gevoel van tijd dat je in veel fresco's vindt: de hele loop van een verhaal is als één schildering gecomponeerd, van verleden naar heden afgebeeld van klein naar groot of van links naar rechts; de kijker ziet eerst de hele, tegelijkertijd plaatsvindende gebeurtenis, en 'leest' vervolgens hoe het ging. De tijd valt weg, zoals dat zo vaak gebeurt in de herinnering. De schilder die een verhaal wil vertellen is gebonden aan een chronologisch tijdsbegrip, maar de gestructureerde compositie van het hele fresco gaat terug naar een vroegere intuïtie: alle tijd is eeuwig aanwezig.

Op het volgende fresco zie je vier monniken die het niet klaarspelen om een grote steen te verplaatsen. Als je van dichterbij kijkt zie je een duivel in de steen zitten. De monniken hebben lange ijzeren palen – precies zoals de onze – onder de steen gewrikt, maar de boze kracht houdt hem op zijn plaats tot Benedictus er het teken van het kruis boven maakt. We hebben veel van zulke stenen versjouwd, zonder de hulp van goddelijke tussenkomst. Nu begrijp ik waarom hij heilig is. De macht om stenen op te heffen moet daarvoor voldoende zijn.

Opzij is nog een fresco van Signorelli, een in het blauw geklede vrouw die drie kwart van de kijker is afgewend. Ze is net zo mooi als het beroemde schilderij van Vermeer van de vrouw die bij een raam iets uit een kan schenkt. Twee monniken zitten, in strijd met de regels van hun orde, lekker te eten in een huis buiten het klooster. Ze concentreren zich op een rijkbeladen tafel en worden bediend door twee vrouwen en een jongen die voorzichtig een kom vasthoudt. De vrouw in het blauw schenkt wijn uit een kan in een glas, en je kunt het geklok bijna horen. Haar haren zijn gevangen in een muts die haar oor naar buiten drukt. De lange halslijn en de flauwe aftekening van haar ruggengraat door haar jurk maken dat je voelt hoe haar lichaam zich spant terwijl ze schenkt. Aan alles merk je met hoeveel aandacht ze bezig is. De andere vrouw, die in het zeeschuimgroen is gekleed, heeft voor andere fresco's vast geposeerd als madonna. Hier heeft ze een andere rol. Ze is met waaierende rokken van het vuur aan komen snellen en houdt iets omhoog wat verdacht lijkt op een *torta della nonna*. Ondanks al haar tere schoonheid en haar amandelvormige ogen heeft ze buitengewoon grote handen en voeten. Misschien heeft een assistent ze geschilderd, toen Signorelli zelf even weg was om een kan koele wijn te halen. Deze vrouwen aan weerskanten van het fresco zijn de boeiendste beelden in de hele cyclus. Net buiten het raam is het later in de tijd. De twee goed doorvoede monniken zijn door Benedictus gesnapt. Ze vragen op hun knieën om vergeving, de smaak van de wijn en de torta nog talmend in hun mond.

Tijdens de decoratie van Monte Oliveto, waarmee hij in 1495 begon, is Signorelli vertrokken nadat hij zes fresco's had geschilderd, en in 1505 heeft Sodoma de Benedictuscyclus voortgezet. Il Sodoma, wat een naam. Hij was geboren als Giovanni Antonio Bazzi. De monniken noemden hem 'Il Mattaccio', wat idioot of krankzinnige betekent. Op weg hierheen heb ik *Levens van de kunstenaars* van Vasari uit de doos met gidsen op de achterbank van de auto getrokken en er aan Ed uit voorgelezen: 'Hij leidde een losbandig en onterend leven en had altijd jongens en baardeloze jongemannen om zich heen, van wie hij buitensporig veel hield. Dat leverde hem de naam Sodoma op, maar daar schaamde hij zich niet voor, integendeel: hij was er trots op, schreef er coupletten en gedichten over en zong die met begeleiding van de luit. Hij vond het heerlijk om zijn huis te vullen met allerlei soorten merkwaardige dieren: dassen, eekhoorns, apen, lynxen, dwergezels, Barbarijse renpaarden, pony's uit Elba, kauwen, bantammers, tortelduiven... zodat zijn huis een ware ark van Noach leek.'

'Misschien heeft hij zijn bijnaam te danken aan zijn liefde voor dieren – bestiaal,' zegt Ed peinzend. 'Ik heb ergens gezien dat hij ook drie vrouwen had en vader was van dertig kinderen. Dat lijkt onmogelijk.'

'Hij dacht alleen aan plezier...' gaat Vasari verder. En daarin heeft hij geen gelijk. Ik heb overal in Toscane zijn fresco's gezien. Hij heeft veel over het maken van zijn kunstwerken nagedacht. Vreemd genoeg moet ik aan Warhol denken, die de indruk maakt dat hij decadent en lichtzinnig is en zijn kunst er nonchalant uitgooit. Een bezoek aan het Warholmuseum in Pittsburg geneest je van die indruk. Hij werkte als een bezetene en heeft een immense hoeveelheid fantasievol, speels en serieus beeldend werk geproduceerd.

Je ziet zó waar Sodoma het werk heeft overgenomen, want zijn menagerie begint op de muren te verschijnen – raven, zwanen, dassen, een miereneter, verschillende honden en een dier dat volgens mij een hermelijn is. Zijn zeven dansende vrouwen vertegenwoordigen de verleidingen van het vlees, die Benedictus wist te weerstaan. Hij heeft een heel fresco gewijd aan de verzoeking van de heilige, waarop hij tot zichzelf komt door zijn pij uit te trekken en zich in een doornstruik te storten – waarschijnlijk effectiever dan een koude douche. Hij tuurt omlaag vanaf een balkon en regelt het vertrek van zijn monniken en een ezel; blijkbaar arrangeert hij hun ontsnapping aan de verleidelijke vrouwen. Dit is een van de mooiste fresco's, waarop de beeldige soepele gewaden van de vrouwen contrasteren met de zware monnikspijen, en de twee groepen zijn gescheiden door een deuropening waardoorheen we in de verte een bochtige weg zien die naar een meer leidt. Ik kan de gedachte niet van me afzetten dat de woeste Sodoma met speciaal plezier verrukkelijke vrouwen heeft geschapen waar de monniken elke dag langskwamen. Toen Sodoma ze schilderde, ondergingen de kijkers nog grotere spanning omdat de mooie vrouwen naakt waren. Later heeft iemand hen aangekleed om de voortdurende verzoeking te verminderen.

Als je niet oplet mis je een van de grote momenten van Sodoma. In een gewelfde poort ziet Ed toevallig zijn aan een pilaar gebonden Christus, met opgezwollen schaafwonden van de touwen op zijn armen en kriskras door elkaar lopende bloedsporen van kastijding op zijn tors. Net zoals Piero della Francesca in zijn *Wederopstanding* schildert Sodoma Christus niet als een slanke zielige man, maar als een viriele grote kerel met machtige spieren. Er vlak bij verschijnt Sodoma's zelfportret in het fresco van een van de eerste wonderen van Benedictus, het herstellen van een gebroken dienblad, weer een huiselijk wondertje dat door gebed wordt verricht. Poserend als een hoveling kijkt Sodoma de kijker recht aan met een directe, geboeide blik. Bij zijn voeten heeft hij twee dassen en een vogel geschilderd. Hij is vol leven. Ik wed dat de benedictijnen hun handen aan hem vol hebben gehad.

Hoewel niemand de Sodoma-route schijnt te volgen, zoals dat in het geval van Piero della Francesca gebeurt, zouden we het wel kunnen. In Trequanda, een stadje dat in de tijd is blijven stilstaan, heeft hij een fresco achtergelaten in een kerk met geblokte gevel, de ss. Pietro e Andrea. In de Pinacoteca en in de Sant'Agostino in Siena heb ik schilderijen en brandschilderwerk gezien. Uit zijn San Sebastiano in het Pittipaleis in Florence blijkt weer zijn stralend talent voor het afbeelden van de glorie van het mannenlichaam: het intense plezier dat hij in schouder- en maagspieren schept, de dunne doek die zó om de geslachtsdelen is geslagen dat je bijna ziet wat er is bedekt. Het opgeheven gezicht van de arme Sebastiaan die een engel om hulp smeekt, en de pijl die zijn hals doorboort, zie ik nauwelijks.

We gaan een stenen trap op om de bibliotheek te zien. Onderweg passeren we een deur waar CLAUSERA op staat, waarachter monniken in afzondering leven; dan komen we langs de openstaande deur van de eetzaal waar een bezorger kratten met water naar binnen rijdt. Op de tafels, die in de vorm van een reusachtig hoefijzer zijn opgesteld, liggen witte kleden. Bloemen, flessen water en wijn, en een verrukkelijke geur die uit de keuken komt aandrijven, vertellen ons dat de monniken niet meer naar buiten hoeven te sluipen voor een goed maal. De zaal ziet er uitnodigend uit en de lessenaar wijst erop dat ze naar een voorlezing luisteren terwijl ze in stilte zitten te eten. Ik zou er dolgraag eens bij zijn.

Hoewel hier meer toeristen rondlopen, kun je gemakkelijk het isolement van deze plek in je opnemen, de stilte die in de afgesloten gedeelten en op de binnenhof heerst wanneer de laatste bezoeker vertrekt. De mannen blijven achter om in nauw contact te staan met de tijd. Ik heb het gevoel dat ik een complexe biografie heb gelezen, en dat is ook zo. In de Italiaanse schilderkunst zie je overal taferelen uit de levens van de heiligen. Elk paneel of fresco is een hoofdstuk. 'Maak van de actie een tafereel,' zeggen mijn collega's fictie tegen hun schrijfstudenten. Sodoma en Signorelli waren daar bijzonder goed in.

Ik verzamel nog meer beelden om in slapeloze nachten de revue te laten passeren. De roze schedel van de monnik die in de gang tegen me knikte; de dennen- en specerijengeur van de wierook en mirre in de kapel; een Afrikaans kind dat met grote ogen staat te kijken naar het enige fresco waarop een zwarte persoon voorkomt; een drieste rossige kat op een lessenaar, een woest ogend schepsel dat strak kijkt naar iets wat een muis moet zijn; een zingende monnik in de cipressenlaan. Hij zou de goede Benedictus kunnen zijn, op weg om slachtoffers van de pest te helpen, of misschien gaat hij gewoon de bijenkorven controleren om te zien of de bijen al weten dat het lente is.

BAGNO VIGNONI EN PIENZA

Ed hinkt omdat hij een kneuzing heeft opgelopen door een steen. Hij sprong weg toen hij met zijn schoffel plotseling een slang verstoorde.

Zijn voet kwam neer op een puntige steen. 'Wat voor slang?' vroeg ik.

'Hij zag er heel slangachtig uit. Ik schrok me dood. We keken elkaar recht aan.' Hij wrijft zijn voet in met lotion.

'Laten we gaan kuren. We kunnen er om vier uur zijn.'

'Dan kunnen we doorrijden naar Pienza om te eten. En ik wil ook wel even naar Montechiello. Daar zijn we nog nooit geweest.'

Bagno Vignoni, het piepkleine heuvelstadje vlak bij San Quirico d'Orcia, en in het zicht van het kasteel op Rocca d'Orcia, is gebouwd rond een grote warme bron waarin de Medici's zich plachten onder te dompelen. Waar in de meeste steden de centrale piazza ligt, weerspiegelt de bron (niet meer in gebruik) over elkaar tuimelend loodkruid, geelbruine stenen huizen en stenen arcaden. Er is niet veel te doen in Bagno Vignoni. Vlak achter het stadje loopt een warm-waterstroompje door een marmeren goot de heuvel af. Aan allebei de kanten kun je je voeten zitten weken, net zoals Lorenzo il Magnifico in 1490 deed.

In het begin van mijn zomers hier volgde ik in een Italiaanse krant een verhitte discussie over de vraag of ziektekostenverzekeringen jaarlijkse verblijven in kuuroorden of bij warme bronnen – een gebruik dat veel Italianen als een geboorterecht beschouwen – moesten blijven vergoeden of niet. Ik was naar Chianciano Terme geweest en had mensen glaasjes water zien nippen, terwijl ze hun lever omklemden. Verder zagen ze er gebruind en fit uit. Ik ving glimpen op van tanks waarin verschillende lichaamsdelen of het hele *corpo* kon worden ondergedompeld om de geneeskrachtige eigenschappen van lokale bronwaters te absorberen. Ik heb werkers in ons huis horen praten over de voordelen van de verschillende soorten bronwater alsof ze het over wijn hadden. Italianen zijn grote kenners van het eenvoudigste elixer. Ik zie hen bij verschillende bronnen langs de weg mandflessen vullen. Water is niet gewoon water; het heeft eigenschappen.

Mijn grootmoeder ging altijd een week naar White Springs, Florida, vlak bij de Sewanee River, om zwavelwater te drinken. Ik vond het oersaai en beschouwde haar als een overblijfsel uit de Victoriaanse tijd. Ik ging alleen met haar mee om in de koude zwarte bronnen te kunnen zwemmen, en kwam dan het water uit met de reuk van een bedorven paasei om me heen. Ze wuifde vanaf het derde balkon met open latwerk bij de bron, een papieren bekertje met het stinkende water in haar andere hand.

Ik dacht niet dat ik me ooit tot deze passie zou laten overhalen. Toen ging ik naar Bagno Vignoni. Ik was bekeerd. Nu gaan we erheen vanwege Eds kneuzing, maar we moeten er minstens eens per jaar naar toe.

'Haar honden blaffen,' zei mijn tante altijd als we een vrouw zagen met zulke gezwollen voeten dat ze over de randen van haar pumps puilden. Na een paar weken stenen sjouwen, latwerk opzetten en door hobbelige straten lopen, blaffen mijn honden ook. We gaan graag heel vroeg, voor iemand zijn door het werk versleten, zieke, soms afschrikwekkende voeten heeft onthuld. Vandaag zijn we laat. Ik trek mijn sandalen uit en laat mijn zielige voeten langzaam in het stromende water zakken. Ed steekt de zijne er meteen tot de bodem in. Dan zien we een man met een ongelooflijk rode neus zijn gele, klauwachtige teennagels in het water knippen. Hij moet ze in maanden niet hebben geknipt. We kijken met grote ogen toe als de nagel van zijn grote teen als een krul was in het water valt. We gaan een eindje stroomopwaarts van hem zitten.

Op een warme dag geeft water met een temperatuur van 52 graden een intense schok. Eds maatjes 48 worden vergroot door het water, naast mijn lange konijnenvoeten. Soms voelt het water alleen warm aan. Ik wrijf mijn hielen tegen de gladde marmeren stroombedding en concentreer me op de onzichtbare, maar krachtige mineralen die blaren beginnen te kalmeren, pezen en spieren ontspannen, zelfs nagels en huid zuiveren. Ed zegt dat zijn purperen kneuzing vervaagt, steeds meer vervaagt. Ik begin het gevoel te krijgen dat het water dóór mijn voeten stroomt. Als ik mijn ogen sluit, lijken alleen mijn voeten te bestaan.

Na twintig minuten heb ik mijn sandalen weer aan, mijn tenen zo rood als een kreeft. Ed trekt onder water zijn espadrilles aan en stapt spetterend op de kant. Genezen.

En het is zo vreemd: als ik naar de stad terugloop voor een aardbeiengelato, gaat er niet alleen een vlaag welbehagen door me heen, maar voelen mijn voeten aan alsof ze zouden kunnen zweven. Het dagelijkse Italiaanse leven blijft me verbijsteren. Wat ís er met dat Italiaanse water?

We rijden naar Montechiello over een witte weg die omhoogloopt door velden paarse lupines met hier en daar de laatste klaprozen. De ommuurde stad is geheimzinnig leeg. Ten slotte hebben we door hoe dat komt: iedereen is gewoon met werken opgehouden en naar huis gegaan om naar de belangrijke voetbalwedstrijd te kijken, die we uit alle ramen horen blèren. Terwijl we rondslenteren, zien we aan de rand van de stad een man tegen een gesloten openbare wc plassen. Een groot deel van de kasteelmuur is bewaard gebleven. De straten erbinnen zijn zo schoon dat ze gedweild lijken.

'Ze hebben de stad opgetut,' heeft een vriend ons gewaarschuwd. 'Ik heb in mijn leven nog nooit zo veel geraniums bij elkaar gezien.' Het is waar: ze staan op elke stoep, traptree en vensterbank. Het geeft een verbluffend effect tegen de achtergrond van de smetteloze huizen met luiken en de strepen zonlicht die in de middeleeuwse lanen vallen. Er bestaan honderden van zulke heuvelstadjes, maar dit hadden we nog niet gezien. We moeten nog eens terug voor de stoffenzaak waarover ik heb gelezen, en om de madonna van Lorenzetti te zien, want de kerk is dicht. Zelfs de pastoor is waarschijnlijk gekluisterd aan een balletje dat over het televisiescherm wordt getrapt.

We laten Montechiello met zijn uitbundige geraniums achter ons en rijden naar beneden door weiden met veldbloemen, wijngaarden, langs verlaten, troosteloze boerenwoningen op heuvels, door de zachte vroege avond en varkensluchtjes, naar Pienza, de eerste renaissancestad.

Pienza lijkt op geen andere stad. Een paus met de schitterende naam Aeneas Silvius Piccolomini heeft hem gebouwd als eerbetoon aan zijn geboorteplek. Hij moet bijna alle middeleeuwse gebouwen hebben afgebroken om zijn ultramoderne renaissancestad op te trekken, want het is een harmonieus geheel.

Over Rosellino, de architect, gaat een verhaal dat iedereen die met restauratie of bouw heeft te maken, door de ziel snijdt. De architect overschreed op een godgeklaagde manier zijn budget en hield dat voor de paus verborgen. Toen de overschrijding ten slotte aan het licht kwam, zei de paus tegen de architect dat het goed was dat hij die verborgen had gehouden. Hij zou zulke uitgaven immers nooit hebben goedgekeurd en dan zou hij nooit zo'n prachtige stad als monument hebben gehad. Hij beloonde de architect met goud en een opzichtige cape. Misschien had onze eerste aannemer dat verhaal gehoord!

De piazza, omgeven door de kathedraal en verschillende paleizen voor bisschoppen, kanunniken en de paus, is verbijsterend, waanzinnig mooi. Pienza is glorieus in al zijn onderdelen, van de prachtig uitgevallen straat met woonhuizen langs het bolwerk, tot de ijzeren vlaggenpalen en handige ringen in de vorm van dieren, waaraan vroeger paarden werden vastgebonden, terwijl hun eigenaars zaken deden in de stad. Vandaag de dag geen paarden, en ook geen auto's, wat bijdraagt aan de rustige sfeer en het gevoel dat de stad één geheel is. We slenteren door de vicoli, smalle straatjes, met beeldende namen: Vicolo Cieco (blind), Via della Fortuna, Via della Serve Smarrite (kwijtgeraakte bedienden), Via dell'Amore, Via del Balzello (hoge belasting), Via del Bacio (kus), Via Buia (donker).

De achterkant van Rossellino's kathedraal is aan het verzakken, de poreuze kalksteen eronder geeft elk jaar een beetje mee. Een onheilspellende scheur, die eruitziet alsof hij met een nietpistool is gerepareerd, loopt langs de muur naar beneden en gaat verder over de vloer. Ik ga naar mijn lievelingsschilderij kijken: de maagd Agata martelares, die de attenties van Quintino weigerde, en werd beloond met het afrukken van haar borsten. Ze is de geschiedenis ingegaan als de vrouw die haar afgerukte borsten op een schaal voor zich uit houdt, en oorspronkelijk dacht ik dat het gebakken eieren waren. Vrouwen die bang zijn hun borsten te verliezen roepen haar hulp in, en ze is ook de patroonheilige van klokkenmakers. Misschien zijn op het een of andere schilderij de koepelvormige borsten voor klokjes aangezien.

Ik heb in een boek over de middeleeuwse pelgrimsroutes eens gelezen dat alle steden onderweg waren overladen met souvenirwinkels. Dus heeft Pienza's overdaad aan winkels waar we op onze verschillende pelgrimstochten keramiek hebben gekocht, een precedent. Dit gebied is beroemd om zijn pecorino. In de straat die naar het centro voert, staan zo veel verleidelijke winkels die de ronde, in bladeren of as gewikkelde kaasjes verkopen, dat de pikante geur ons achtervolgt. We kopen een belegen pecorino (*stagionata*) en proeven een jong belegen exemplaar (*semi-stagionata*). Honing en kruiden zijn ook specialiteiten van dit gebied. Sommige zijn homeopathisch – we zien een honing voor de lever en een voor de luchtwegen. Een winkel heeft potten *ruta*, wijnruit, die ik aan mijn kruidentuin zal toevoegen.

Ik word door al die winkels met etenswaren tegelijkertijd aangetrokken en afgestoten. Pienza heeft er gewoon te veel; ik zou de schoenmaker en de ijzerwarenwinkel graag weer in de hoofdstraat zien. Alles wat over is van het oude ambacht van *ferro battuto*, ijzersmeedwerk, is een chique winkel die lampen en tafels en een paar antieke hekken en haardijzers verkoopt aan de toeristen die voor het weekend overkomen uit Bologna en Milaan. En aan ons natuurlijk. We kijken naar hun smeedijzeren hanglampen met glazen bollen die uitlopen in een ronde druppel, reproducties van oude lampen die je in sommige straten in Siena en Arezzo nog vindt. We hebben een buitenlamp bij de limonaia nodig en een plafondlamp in een slaapkamer. Ze hebben ze. Ik koop ook een oud strijkijzer waar je hete kooltjes in kunt doen. Aan het versleten houten handvat zie je dat iemand deze vijfponder over heel wat werkhemden en schorten heeft geduwd.

Net buiten de hoofdpoort vinden we een trattoria met een terras. Als ik gefrituurde courgettebloemen zie word ik altijd opgewonden. We storten ons op gegrilde varkensfilet met rozemarijn, gebakken aardappels met veel peper, en een sla van jonge arugula (soort kool) met een heel klein beetje goede olie.

De voorname gebouwen van bleke steen rond de kathedraalpiazza hebben een marmeren verbreding aan de onderkant. Ze dienen als bank en zijn in de loop der jaren glad gepolijst door de achterwerken van mensen die daar uitrustten, terwijl ze de prachtige put en de magnifieke piazza van de paus bekeken. Boven een van de banken staat CANTON DE' BRAVI, hoek van de rechtschapenen. Horen wij hier thuis? We voelen ons soezerig na het eten, het marmer is nog warm van de zon. We kijken hoe een klein meisje in een wit matrozenjurkje een katje achterna zit. De volle maan hangt boven Piccolomini's volmaakte piazza. 'Niet te geloven wat een beetje egomanie en een heleboel goud kunnen doen,' zegt Ed.

'Misschien heeft hij zelfs verordonneerd dat de volle maan elke avond boven het plein moet hangen.'

De voetbalwedstrijd knalt uit de televisie in de bar, zodat de vrouwen en kinderen buiten blijven, terwijl de mannen binnen zitten. Op een piazza vlak bij het centrale plein is een televisie neergezet naast een renaissanceput en alle omwonenenden hebben hun stoelen naar buiten gebracht om in de vroege avond te juichen en te brullen voor Italië. Het blauwe licht van het scherm weerkaatst op de halve cirkel geboeide gezichten. Gearmd lopen we over de vestingwal. Voor de tweede keer vandaag ben ik verbijsterd over het dagelijks leven in Italië. Ed steekt zijn voet uit en zegt dat die helemaal geen pijn meer doet.

EEN LUS OM HET TRASIMENOMEER

Omdat we zo'n waanzinnige lijst klussen voor het huis moeten afwerken hebben we meestal een doel, een tijdslimiet, een rooster. Een plotseling 'Stop!' of 'Laten we die weg ingaan' komt te laat. Maar het landschap rond het Trasimenomeer noodt tot dwalen, het niet erg te vinden als het doel dat je voor ogen had in een ander doel verandert. Het gebied, dat zo dichtbij is en zo ver verwijderd van de magnetische steden Perugia en Assisi en de grootse Toscaanse steden in de buurt, is rustig en groen, met zonnebloem- en korenvelden rond het water. Met zijn omtrek van 54 kilometer is het meer het grootste op het Italiaanse schiereiland, en de drie groene eilanden – Maggiore, Minore en Polvese – benadrukken de omvang. Kleine blauw met witte veerboten onderhouden de verbinding met de eilanden. Het meer ziet er eindeloos uitgestrekt uit. Roerige wolkenluchten werpen dramatische bewegende schaduwen op water dat verblindend blauw is op heldere middagen en vaak ijzig zilver wanneer de zon op- of ondergaat. Soms weerspiegelt het wateroppervlak een opzichtige zonsondergang met oranje en lavendelkleurige vegen, en worden de omringende heuvels donkerpaars. Ik heb nooit een veranderlijker landschap gezien. Ik heb gehoord dat in de Tweede Wereldoorlog piloten het meer voor een landingsbaan aanzagen en dat de bodem vol neergestorte vliegtuigen ligt. Langs de horizon ontrollen zich de uitlopers van de Apennijnen, en op veel heuveltoppen zie je torens, ruïnes en ommuurde stadjes.

Ik kan de magnetische aantrekkingskracht van verlaten boerenhuizen nog steeds niet weerstaan. Om de paar kilometer parkeert Ed de auto en wringen we ons door doornstruiken, terwijl we in gedachten de zachtgekleurde huizen, die vaak geen dak hebben, restaureren en betrekken. In de grotere dorpen, zoals Castiglione del Lago, Città della Pieve, en vooral Passignano, dat aan het meer ligt, zien we een paar andere reizigers, maar niemand die zich uit een bus stort of door de straten stroomt met de vastberadenheid die ik vaak voel. In deze buurt zijn reizigers meer geneigd om op een veranda aan het meer pizza met geroosterde rode paprika te zitten eten, of langs een muur onder een renaissancepoort te slenteren, of met alle ramen open door het frisse landschap te rijden, misschien met het bandje waarop Pavarotti hartverscheurende aria's zingt keihard aan.

De serene dorpen met uitzichten op blauw water weerspreken alles wat we over de geschiedenis van dit gebied weten. Alleen het oudste verhaal is romantisch: de halfgod Trasimeno ging naar het binnenland van Italië om te jagen. Toen hij bij het meer kwam ving hij een glimp op van de waternimf Agilla en werd verliefd op haar. Natuurlijk dook hij het water in en natuurlijk – omdat hij half menselijk was – verdronk hij. Het meer werd naar hem genoemd. Daarna somt de te boek gestelde geschiedenis het ene gevecht na het andere op: plunderingen gevolgd door roof, kastelen die weer werden opgebouwd om vervolgens te worden ingenomen, verbrand en opnieuw bezet. Huurlegers, strijdende hertogen, buitenlandse koningen en de naburige steden voerden allemaal voortdurend aanvallen uit op elke nederzetting, waarbij de kastelen, die er vandaag de dag zo charmant uitzien, fungeerden als plaatselijke schuilkelders. Hun hoge ligging was wel degelijk gekozen vanwege het uitzicht – maar waar ze naar uitkeken was het volgende leger plunderaars. Waar ging het nu eigenlijk om? In het binnenland is water een waardevolle bron, vooral in een droog klimaat. Daarom waren de kastelen en steden zonder muren op zichzelf al interessant. Een blik op de kaart maakt het grotere belang van dit gebied duidelijk. Trasimeno, dat in het hart van Italië ligt, was het centrale punt bij veel verhuizingen en verplaatsingen. Degenen die over dit gebied heersten bepaalden in belangrijke mate wie naar het noorden of zuiden kon. Veel platgetreden pelgrimsroutes liepen om het meer heen en volgden oude wegen naar het zuiden.

Al die verwoesting heeft – aardige ironie – een landelijke erfenis nagelaten.

Ik ben dol op Castiglione del Lago, een ommuurd stadje dat bijna helemaal door water is omringd. Op drukkende zomerdagen gaan we tijdens de siësta vaak met tuinstoelen en boeken naar een van de strandjes. We kunnen over het prikkende gras naar een bar om een ijsje te halen, langs het strand lopen, of gewoon in midzomerloomheid wegzakken met het slaapverwekkende geluid van Italiaanse zonnebaders op de achtergrond. Ik ben één keer het water in geweest. Het had kamertemperatuur en een slikachtige bodem waar ik eindeloos doorheen moest waden om bij water te komen dat diep genoeg was om te zwemmen, terwijl kleine wezens met vinnen langs mijn benen streken.

Het plaatselijke sprookjeskasteel, het Leeuwenkasteel, heeft loopplanken langs de kantelen aan de bovenkant, en een smalle stenen gang, die ongeveer twee huizenblokken lang is, met uitgespaarde raamspleten voor de verdediging. Wanneer je vooruit of achterom kijkt, lijkt het alsof je een spiegel inloopt. De eigenares van de thee- en koffiewinkel heeft ook plaatselijke soorten honing in voorraad. Ik heb al lang de kastanjehoning willen proberen, heel donker, en tiglihoning van de bloeiende lindebomen. Ik was nieuwsgierig naar de aftreksels, homeopathische dranken van verschillende bloemen en kruiden, met een etiket waarop de geneeskrachtige eigenschappen staan vermeld. Ze vertelde ons dat de honing ook bepaalde nuttige eigenschappen had. Het klonk me niet erg homeopathisch in de oren, maar ze zei dat acaciahoning met grappa beslist goed is voor migraine. Ik heb altijd gedacht dat je van grappa, de sterkste druivenlikeur, juist hoofdpijn kréég.

Na een ochtend aan het meer en een wandeling rijden we naar de Cantina Sociale aan de rand van de stad. Boeren uit de buurt verkopen daar hun druiven en er wordt plaatselijke wijn van gemaakt. De rode Castiglione del Lago kan heel goed zijn. We zouden onze auto achteruit kunnen rijden en er een mandfles uit halen, die precies zo zou worden gevuld als een auto met benzine. De pomp geeft het aantal liters aan en de wijn kost ongeveer een dollar per liter. Gebottelde wijn kost meer – twee tot vijf dollar. Hun rode en witte wijnen met Colli del Trasimeno en Duca di Corgna – een van die oude krijgers – etiket, zijn DOC (*denominazione di origine controllata*), een bewijs dat de kwaliteit van de wijn uit dit gebied deze overheidsbenaming verdient.

We begonnen te discussiëren over mijn lievelingsonderwerp – waar we zouden lunchen. Omdat de meeste stadjes rond het meer in gidsen helemaal niet worden genoemd, lopen we rond, bestuderen de menu's die buiten hangen, bekijken de omgeving van de restaurants. In het hele Trasimenogebied is het voedsel stevig en traditioneel, nooit modieus, hoewel sommige pastasauzen met konijn of wild zwijn voor ons ongewoon lijken. Bij koel weer is *ribolitta*, een soep die zo dik is dat je lepel erin overeind blijft staan, mijn favoriet. De meeste specialiteiten zijn vissen uit het meer – karper, elft, baars, *frittura* (een gefrituurd mengelmoes van piepkleine meervisjes die eruitzien als de wezentjes die om mijn benen zwermden toen ik het water in ging), en *tegamaccio*, de plaatselijke vissoep die varieert al naar gelang de vangst. Gele palingen zijn er hier in overvloed en ze worden vaak gebruikt in een pastasaus (*spaghetti al ragù d'anguilla*). Een zeer gewaardeerde vis, *lasca*, blankvoorn, is uit het meer verdwenen.

We besluiten om het meer rond te rijden, af te slaan bij wegen die ons lokken, de veerboot te nemen naar Isla Maggiore, en met de auto naar Panicale, Paciano en Città dellla Pieve, enigszins buiten de route, te gaan. Omdat het allemaal heel kleine afstanden zijn, kun je aan het eind van een dag reizen gemakkelijk naar huis. Maar het is net zo gemakkelijk om onderweg ergens te overnachten. Passignano, de belangrijkste badplaats aan het meer, lijkt een goede keus voor een nacht, en Isla Maggiore ook. Net als de restaurants zijn de hotels in dit gebied niet luxueus, maar gezellig en comfortabel, en ze hebben bovendien het voordeel, zeker in Italië, dat ze goedkoop zijn.

Voor we vertrekken kopen we bij de forno twee soorten *torta al testa* (knapperig plat brood dat op een heet ijzer in een houtoven wordt gebakken), een met *pancetta*, ontbijtspek, en de ander met parmigiano. In de etalage liggen ook *serpentoni*, amandeltaartjes in de vorm van een slang.

Tuoro is onze eerste stopplaats. We willen de moerassen aan de rand van het meer beter bekijken. En natuurlijk weten we dat hier een beroemd slagveld ligt. En man die de visnetten van zijn platte boot haalt wijst waar Flaminio 's nachts bivakkeerde, terwijl Hannibal wachtte tot het ochtendgloren om hem aan te vallen met zijn samengeraapte leger Numidiërs, Berbers, Libiërs, Gasconjers, Iberiërs en andere dissidenten die hij onderweg had opgepikt. Hannibal had, na zijn beroemde tocht over de Alpen met 39 olifanten, er toen nog maar één. Hij was ook een oog kwijtgeraakt, maar had nog de totale controle over zijn 40.000 manschappen. Hij was Flaminio te slim af en dreef op een mistige ochtend de Romeinen het meer in. Er sneuvelden 15.000 Romeinen, tegenover 1500 manschappen van Hannibal. Naast Ossaia (kerkhof), waar Anselmo woont, herinnert ook Sanguineto (bloederig) aan die dag. In Tuoro wordt Hannibals heldendaad met een afschuwelijk lelijk modern borstbeeld herdacht.

Toen ik ouderejaarsstudent was verbaasde ik me erover dat mijn college moderne geschiedenis bij het jaar 1500 begon. Dat leek voor mij de oertijd. Toen ik door Italië begon te reizen, kreeg ik eindelijk door dat 1500 werkelijk, en niet op een abstracte manier, heel kort geleden is. Ik vind het nog steeds moeilijk om me voor te stellen dat Hannibal hier de Romeinen versloeg – het vredige landschap ziet eruit of het sedert lang voor die periode onveranderd is gebleven. Net achter de moerassige oever zijn palen in het water gestoken met netten eraan, een methode die weleens uit prehistorische tijd zou kunnen stammen.

Langs de kant van het meer waar Tuoro en Magione liggen, loopt een vierbaans snelweg. We houden ons aan onze goede kaart en vermijden de drukke *raccorda*; het is leuk om over de smalle wegen te rijden. Onderweg kijken we uit naar de dunne gele borden die de weg wijzen naar een dertiende-eeuwse kerk, een *fortezza*, Romeinse poorten of een toren. Het is ook leuk om te stoppen bij de borden met VENDITA DIRETTA erop die bij de boerderijen of landhuizen staan die hun wijn, olijfolie of honing rechtstreeks aan je verkopen. Buiten Tuoro voeren intrigerende wegen naar de scheve toren van Vernazzano, naar Mariotella, een middeleeuws versterkt huis, en naar Bastia Corgna, een wat groter verlaten kasteel uit 1300.

Castel Rigone staat op een van mooiste plekken boven het meer.

Grote delen van de oude stadswallen zijn bewaard gebleven. In het begin van de zestiende eeuw is een mooi kerkje gebouwd vanwege plaatselijke wonderen die in verband werden gebracht met een schildering van de maagd Maria. In de eenvoudige kerk van zuiver grijze steen zie je nog prachtige fresco's, waaronder een tenhemelopneming door Battista Caporali.

We rijden heuvelafwaarts naar Passignano, een vredige badplaats met door oleanders omzoomde straten, een middeleeuws stadsgedeelte, en veel cafés en hotels aan het meer. Twee winkels laten tot op straat toe uitgebreide collecties handbeschilderd majolica uit Deruta, dat hier vlakbij ligt, zien; het kost hier minder dan in Deruta. Hoe brengen ze het op om al die bekers, kannen, kandelaars en schotels elke avond binnen te halen? Ik vind de vrolijk beschilderde espressokopjes, borden en pastakommen onweerstaanbaar, al is het een hele toer om ze naar San Francisco te slepen. Ons serviesgoed op Bramasole wordt een wilde mengelmoes. Botervloten, parmigianostrooiers, theepotten – de hemel zij dank voor bobbelplastic; ik ben al een heel eind met mijn kerstcadeaus. Ed slentert naar de buurman voor een espresso. Hij heeft er genoeg van. Ik zet de zakken in de auto en zie hem afstevenen op een rosticceria- en pizzawinkel, het hoofdkwartier voor aardappelpizza, die veel lekkerder is dan het klinkt. De uienpizza is bijna net zo goed. De uien worden langzaam gebakken, tot ze bijna karamelachtig zijn.

Je hoeft geen tijd af te spreken om naar Isla Maggiore en Polvese te gaan; de veerboten vanuit Passignano of Castiglione del Lago gaan zo frequent dat je er vaak op kunt springen. Twintig minuten over het water en we stappen uit op vreemde bodem – geen auto's. Omdat Maggiore zo compleet van de tijd afgesneden lijkt, besluiten we te overnachten in het enige hotel op het eiland, Hotel Suaro. Als de laatste veerboot is vertrokken en het eiland weer het vissersdorp is dat het altijd is geweest, voelen we het bijzondere isolement van deze plek. Een eenzame wandeling door de hoofdstraat rond middernacht kan je het gevoel geven dat je in een tijdcapsule zit. Er wonen hier nu ongeveer zestig mensen; het hoogtepunt qua bevolking was zeshonderd, tijdens de zestiende eeuw. Aan weerskanten van praktisch de enige straat van het dorp staan huizen van goudgele steen, met oplopende olijfgaarden erachter. Zo nu en dan zie je een vrouw in een deuropening om licht op te vangen voor het kantklossen. Grote netten met hoepels, *tofi*, hangen in de zon te drogen. Ze hebben de vorm van een hoorn des overvloeds en zijn bedoeld om palingen te vangen. We lopen helemaal om het eiland heen (ongeveer anderhalve kilometer) en komen langs een plek waar Sint Franciscus in 1211 is geland. De heilige Franciscus is overal in Toscane en Umbrië geweest, zoiets als het 'Hier heeft George Washington geslapen' in de Verenigde Staten. Er zijn nog drie kerken open op het eiland. De Buon Gesù, in de hoofdstraat, heeft de sfeer van veel Mexicaanse kerken, met naïef uitgevoerde fresco's. De spontaniteit maakt je bewust van de hand van de maker. De andere twee kerken stammen uit de twaalfde eeuw: de Salvatore en de San Michele Aartsengel op de top van het eiland, een warme klim omhoog door olijfgaarden.

Ik vraag de kosteres van de San Michele naar het vreemde kasteel op een punt van het eiland. We zijn er op onze wandeling omheen gelopen en hebben geprobeerd naar binnen te kijken, maar de luiken zijn al zo lang gesloten dat er klimop overheen is gegroeid, die het hout heeft gespleten en zich in de stenen muren heeft genesteld – Doornroosje ligt vast in een bovenkamer te dromen. Het kasteel staat op een ronding van het eiland en heeft een uitzicht van 300 graden over het water. De kosteres vertelt ons dat het kasteel, al jaren onbewoond, vroeger een klooster was. 'Kunnen we het vanbinnen bekijken?' vraag ik zonder veel hoop. Maar zoals dat in Italië zo vaak gebeurt: ja, haar vriendin is de conciërge en ja, die zal het ons laten zien. Ze komt hier over een uur langs, kom dan terug. We lopen weer omlaag naar het dorp en kopen een gids van het eiland. Het kasteel, lezen we, is aan het eind van de negentiende eeuw gebouwd op een klooster en kerk van Sint Franciscus uit 1328. Een markies heeft dit buitenissige verblijf gebouwd voor zijn vrouw Isabella. De familie heeft de kerk gerestaureerd, de aanlegsteiger gebouwd en een Ierse vrouw naar het eiland gehaald om de bewoners de kunst van het kantklossen bij te brengen. Maar in de jaren zestig is dit voormalige leengoed verlaten en zijn de luxueuze meubels verkocht.

De conciërge draait een enorme ijzeren sleutel om en leidt ons naar de kasteelkerk die, op het licht van haar zaklantaarn na, in totale duisternis is gehuld. We ontwaren een blauw gewelfd plafond met gouden sterren. Stoelen, stukken van het altaar en koorschermen liggen in hopen op de vloer. Algauw slaan we hoeken in gangen om en volgen we haar licht door steeds donkerder kamers. Soms gooit ze plotseling een raam open en laat het verbijsterende blauwe uitzicht binnen, en dan zien we damasten wandbekleding die er in repen bij hangt, rijkelijk beschilderde randen en profiellijsten. Op een binnenplaats vangen we een glimp op van wat de kloostertuin met zijn grote stenen put moet zijn geweest. Ik raak de tel van de kamers kwijt. In haar lichtcirkel zien we de vervallen speelkamer, tevens theater, met geschilderde decors en fluwelen gordijnen in stapels op de grond, een kasteel voor generaties muizen. Het is verbazingwekkend hoe snel dit gebouw weer in verval is geraakt. Zal iemand de prinses wekken? De conciërge zegt dat iemand uit Rome van plan is om het kasteel te zijner tijd te restaureren. Laten we hopen dat hij een lading lires heeft.

We vervolgen onze tocht rond het meer en zigzaggen tussen groepjes betoverende stopplaatsen. Vooral het vredige Monte del Lago vind ik leuk, een kasteelstad met indrukwekkende muren en poort recht boven het meer. Het hotel daar serveert een verbazingwekkende *carpe regina in porchetta*, karper met kruiden en stukjes gebraden varkensvlees, en *zzurlingo al sugo di lago*. Zzurlingo is een dialectwoord voor een dunne, platte pasta, die hier wordt geserveerd met een rijke, op visbouillon gebaseerde saus. Hun *filetti di persico con salsa della casa*, malse baars met een kruidensaus, smaakt ook heerlijk met een glas mousserende witte wijn erbij. Monte del Lago heeft uitzichten van 180 graden op het meer. Wanneer je op bewolkte dagen van de vestingmuren omlaag kijkt, lopen er door het grijze water bij de oever appelgroene, groenblauwe en lapisblauwe strepen. Behalve een kat met drie poten, die op een muur ligt te slapen, is er niemand. Even vredig zijn Antria, een ommuurd speelgoeddorp, en Montecolognola, met zijn dubbele toegangspoort. Deze plekjes herschikken mijn gevoel van tijd. Zonder te veranderen blijven ze in de zon liggen stoven zoals ze altijd hebben gedaan. De vreemde poort van Montecolognola biedt ruimte aan een brullende Moto Guzzi (waaróm zijn er toch geen geluidsdempers verplicht?), maar ook aan een door ossen getrokken kar zoals die in vroeger tijd werd gebruikt.

De grotere, minder aantrekkelijke stad Magione ligt onder een heel hoge toren die permanent in de steigers lijkt te staan. De Maltezer ridders hebben ook een prachtig bolwerk uit de tijd van de kruistochten in Magione achtergelaten, maar het is nu privé-bezit en je kunt er zelfs nauwelijks een glimp van opvangen omdat er zo veel bomen staan. Maar net buiten Magione heb ik nog een cantina sociale ontdekt en hun DOC-wijnen zijn volgens mij even goed als die van hun buren aan de overkant van het meer. De cantina staat naast een Ferro Battuto, een grote werkplaats voor ijzersmeedwerk. Dit is het oude ambacht van de streek. Cortona heeft, net als veel steden, fakkel- en vlaggenhouders, ringen om paarden vast te leggen, bovenlichten en lantaarns. Op een paar meestersmeden na is het ambacht aan het uitsterven. Maar hier wordt het op grote schaal uitgeoefend. Ze maken nog traditionele ijzeren lantaarns met doorzichtige bollen, haard- en grilgereedschap, haardijzers, en ook tafels, bedden en andere grote stukken. Aan hun opslagplaats kun je zien dat ze in het groot verkopen. Een van de dingen die ik in Italië het leukst vind is dat ze zelfs in zo'n bedrijf alles doen om het je naar de zin te maken. Ik vond de bloem op het haardscherm niet mooi. 'Kan ik er een krijgen zonder bloem?' Marco denkt even na. Kom mee, wenkt hij. We gaan naar de reusachtige werkplaats met zijn smeulende vuren, bakken verf en stapels ijzeren onderdelen. Met een brander en een beetje bijwerken heeft hij in tien minuten de bloem verwijderd. Kunnen we haardijzers zonder die ronding krijgen? Ja, volgende week. Ik bedenk me dat er thuis nog een achtergelaten stuk marmer staat en vraag of ze een onderstel voor een tafel kunnen maken. Natuurlijk. Hij neemt ons mee naar zijn huis en laat de tafel zien die hij voor zijn familie heeft ontworpen. Zijn vrouw biedt ons een cola aan en we zitten op zijn veranda, terwijl hij een onderstel schetst dat volgens hem misschien wel iets voor ons is. We vinden het leuk. In de verwachting dat hij zal zeggen: 'Over zes weken,' vraag ik hem wanneer het klaar kan zijn. 'Is volgende week dinsdag goed?'

In de buurt liggen Rocca Baglioni, met een dubbele toren, en Zocco, een verlaten kasteel op een vooruitstekend plateau dat op het meer uitkijkt. In het vissersplaatsje San Feliciano vinden we het Visserij Museum, waar we misschien meer leren over de geschiedenis van de plaatselijke visserij dan we willen weten.

Het klinkt alsof we door Umbrië racen, maar dit zijn kleine afstanden, een paar kilometer tussen elke stopplaats. Vervolgens dalen we af naar het gebied even ten zuiden van het meer, op zoek naar het Santuario di Mongiovino. Als we aankomen, galmen de torenklokken, vliegen de deuren open en lopen tientallen kinderen en nonnen de voorhof in; de oude gebouwen eromheen zijn vervallen, alleen de kerk is intact. De bijna vierkante bouw is uniek onder de kerken die ik heb gezien. Als we achterom lopen om de kerk te bekijken ontdekken we een aantal verplaatsbare eenheden, behuizing voor de benedictijners. Heuvelopwaarts ligt Mongiovino Vecchio, in vroeger tijden een militair bolwerk en nu bewoond door een paar families. Niet dat we iemand zien. In veel kasteelplaatsjes heerst de rust die je na de dag des oordeels verwacht. We zien wel wasgoed aan een lijn wapperen, en uit een raam in de hoogte horen we het onmiskenbare geluid van Jimi Hendrix. We gaan bij een omgevallen boom in het gras de warme druiven zitten eten die we op de achterbank van de auto hebben laten liggen.

We zijn op zoek naar de Torre d'Orlando, een kasteel met een toren, gebouwd in 917. Op de detailkaart staat het aangegeven op een kronkelweggetje tussen Paciano en Panicale. We rijden over hellingen met olijfbomen omhoog naar Paciano en lopen door de middeleeuwse poorten een stad in die helemaal gesloten is voor de siësta. Rossige katten die op een hoop in een deuropening liggen te slapen kijken niet eens op. Op een uitzichtpunt over de vallei heeft iemand een kring goed gedijende lavendel rond twee tegenover elkaar staande banken geplant, en we gaan zitten om van de geheime tuin te genieten. Bijen en gele en blauwe vlinders zoemen en schieten heen en weer – de enige activiteit in de stad. Na een lichte regenbui in de ochtend lijkt de geur in golven omhoog te komen. Paciano heeft, lezen we, een museum, twee kerken die rond het jaar 1000 zijn gebouwd, en verschillende vijftiende-eeuwse kerken met fresco's en gebeeldhouwde deuren. Allemaal gesloten natuurlijk.

We kunnen te midden van de griezelige stilte zelfs geen espresso op de kop tikken, dus rijden we door en slaan linksaf waar we waarschijnlijk rechts hadden gemoeten om de ongrijpbare toren te vinden. Bij elke bocht in de weg krijg je een nieuw breed vergezicht over het Umbrische platteland. We komen niet meer verkeer op de weg tegen dan een kudde schapen, die als gekken gras en wilde arugula in de berm staan te kauwen, terwijl een gefrustreerde spaniël probeert ze de heuvel op te krijgen. We zetten de motor af en luisteren naar hun belletjes.

Algauw zijn we in Panicale, de woonplaats van Boldrino, een beroemde huurling en een van de voornaamste onruststokers van de veertiende eeuw. Verschillende steden betaalden hem een regelmatig salaris om te garanderen dat hij ze niet zou aanvallen. Ondanks al zijn plunderen en moorden wordt hij met een plaquette herdacht. Is de maffia misschien een voortzetting van deze middeleeuwse huurlingen? Panicale heeft veel aantrekkelijker eigenschappen dan de nagedachtenis aan deze ondeugende jongen. Door de indrukwekkende poort kom je bij een fontein op de centrale piazza, die in de Middeleeuwen een slim ontworpen put was om regenwater op te vangen. Zoals veel steden in Italië heeft Panicale een kerk van de Maagd van de Sneeuw, als herinnering aan een zeldzame sneeuwbui op 5 augustus 552. Hoewel Masolino hier is geboren, is er maar één schilderij van hem te zien: een annunciatie in de San Michele. De in elkaar uitlopende straten noden tot ronddwalen en bij de vergezichten over het meer vanuit deze hoge positie moet je wel aan schilderijen denken. Op de *Marteling van Sint Sebastiaan* van Il Perugino, in de kerk van Sint-Sebastiaan, zie je door de bogen op de achtergrond het onveranderde Umbrische landschap.

In dezelfde kerk hangen nog twee schilderijen van Perugino: *Madonna met kind* en *De Maagd in Glorie*. De kunstenaar is ongeveer drie kilometer verderop begraven, vlak bij Fontignano, waar hij aan de pest is gestorven. In de Aankondigingskerk daar zijn zijn (moderne) tombe en een fresco te vinden. Hijzelf ligt vlak bij het huis waar hij als Pietro Vannuci is geboren.

Città della Pieve is een van mijn favoriete steden. Dit levendige, rare oude stadje, de laatste stop van onze tour rond het meer, lijkt een fantastische plek om te wonen. We gaan in een café zitten om het dagelijks ritme van de omgeving op ons in te laten werken. Grote groepen mannen zitten in een prieel te kaarten, een meisje schreeuwt omhoog naar een man in de zeer schilderachtige gevangenis, monniken schrijden voort met boodschappenmanden, vlaggen in alle kleuren van de regenboog wapperen boven de piazza. Na alle bleke, mooie kalksteen van Umbrische dorpen komt dit als een schok: allemaal rode baksteen. Met zijn pannendaken en architectuur op menselijke schaal komt Città della Pieve warm en vriendelijk over. De rode baksteen is niet het enige uitzonderlijke. De 'smalste straat in Italië', Via Baciadonna, is inderdaad zo smal dat twee mensen elkaar kunnen zoenen als ze zich uit hun ramen buigen. De onregelmatig gevormde centrale piazza is grofweg een driehoek met de kathedraal als hypotenusa. De kathedraal is op oude tempelfundamenten gebouwd en heeft ook zijn eigenaardigheid. Het donkere interieur is woest beschilderd met marmerpatronen: spiraalvormige pilaren, hekken, panelen en cirkels in alle kleuren en patronen die marmer kan hebben en zelfs niet kan hebben. Krullerige geschilderde lijsten omringen de krullerige echte lijsten van schilderijen. Van de vele schilderijen hier zijn *De doop* en *Maria in Glorie* van Perugino het boeiendst. Om ze te zien laten we lires in het *luce*bakje vallen; vervolgens gaan de lichten even aan.

Ik wist dat er schilderijen van Perugino in Città della Pieve waren. Maar ik wist niet van het bestaan van het verbijsterende voorwerp aan de overkant van de straat in het Palazzo della Corgna: een zeldzame, hoge Etruskische obelisk uit de achtste eeuw voor Christus. Er staan ook Etruskische sarcofagen. Het andere plaatselijke artistieke hoogtepunt is ongetwijfeld *Aanbidding van de Magi* van Perugino, in het Oratorio di S. Maria dei Bianchi, naast de gelijknamige kerk. Het schilderij, dat in 1984 is gerestaureerd, is werkelijk schitterend. Hoe heeft hij die kleuren voor elkaar gekregen: grijzig lavendelblauw, saffraangeel, amandelgroen, zeeblauw, en dat stralende bronloze licht? Omdat het het enige schilderij in de kamer is en omdat we op het punt staan deze idyllische stad te verlaten, blijf ik bij elk detail stilstaan: een engel rechtsboven, een schaapherder, een witte hond in beweging, vederachtige bomen, paarden, en daar, op de achtergrond, het landschap dat Perugino het best kende – de zachte heuvels waarvan de flanken zich uitstrekken tot de wateren van Lago Trasimeno.

UIT EEN GEEL BOEK: GEDACHTEN OVER REIZEN

❖

Ik ging voor het eerst alleen op reis toen ik zes was. Ik smeekte om in Vidalia bij mijn lievelingstante en blinde grootmoeder te mogen logeren. Mijn moeder reed me dertig kilometer naar Abbeville, waar ik de trein zou nemen. Toen we daar aankwamen, begon de trein net weg te puffen. Ik weet niet waarom ik 's avonds zou gaan, maar in mijn herinnering is de trein helder verlicht. Mijn moeder springt uit de auto onder het roepen van: 'Stop, stop!' en op de een of andere manier staat de trein stil, word ik aan boord geduwd en komen we in beweging, terwijl de blauwe Oldsmobile van mijn moeder knerpend wegrijdt, een wuivende arm uit het raampje.

Ik zit alleen in de coupé. Ik heb mijn ronde blauwe weekendtas bij me en een Bobbsey Twin om te lezen. Ik zal gauw bij tante Mary zijn. Morgen zal mijn grootmoeder scones maken en zal ik haar tastende vingers het werk van ogen en handen zien doen. Ze zal onophoudelijk klagen over haar lever en haar sinusitis. Ik zal de ziektes optellen om te zien hoeveel ze er kan hebben. Ik heb er al zeventien geteld. Ze zal me met de cirkel met het groene handvat de zachte beslagrondjes laten snijden. Ik zal in de vochtige grotten achter hun huis spelen, paarden en vogels maken met de glibberige rode klei. De trein! Door het donker razend, helemaal – honderddertig kilometer – naar Vidalia, laat ik mijn rieten wagentje met poppen, mijn zwarte cockerspaniël Tish achter. Zal de conducteur me waarschuwen als ik moet uitstappen? Mijn moeder heeft het hem gevraagd.

Ik krul me op tegen het raam, voel de klikkende metaalachtige geluiden van de rails in mijn schouder, kijk naar de verlichte ramen van boerenhuizen. *Wie woont daar?* Ik vraag me af hoe ze zijn, hoe het leven in de huizen op het platteland is.

Ik kan bijna weer in het stevige kleine lichaam kruipen, mijn voorhoofd tegen het glas voelen. Alle mysteries en bekoringen van het reizen zijn er altijd geweest, zelfs de intense geboeidheid door het leven dat ergens op een plek wordt geleid, dat alledaagse mysterie dat ik jaren later herkende in een van de laatste haiku's van Basho, geschreven aan het eind van de zeventiende eeuw:

> Diep in de herfst is 't;
> wat zou nu mijn buurman doen,
> hoe zou die leven?

Aan het eind van zijn leven vroeg hij zich nog steeds af wat ik me aan het begin van mijn leven begon af te vragen en nog altijd afvraag.

Nog eerder, toen ik vier of vijf was, kneep ik hard in de arm van mijn vriendin Jane Walker en vroeg haar: 'Hoe kun je bestáán, terwijl je niet mij bent,' een vroegtijdige gooi naar de metafysica. Het is een levenslange queeste: uitvinden wie 'de ander' is, en hoe het leven buiten je eigen dunne huid wordt geleefd.

Als ik op pad ga om een ander land te zien, ga ik op pad om te zien wat op een grootsere manier anders is – hele culturen, geografieën, talen. Wie ben ik op de nieuwe plek? En wie zijn zij die er wonen?

Wanneer je je ergens nestelt, al is het maar voor twee weken, in een huis woont en niet in een hotel, vijgen en zeep koopt in de plaatselijke winkels, in cafés en restaurants zit, naar een plaatselijk concert of plaatselijke kerkdienst gaat, dan sta je onwillekeurig open voor de resonanties van die plek, en hoe dieper je erin duikt, hoe vreemder de mensen worden omdat ze net zo zijn als jij en toch weer niet. In Pienza werd ik op die warme avond getroffen door het feit dat ze een televisie naar de piazza hadden gesleept zodat de buurt samen naar de voetbalwedstrijd kon kijken. Zoiets zal in Pacific Heights, waar ik woon, niet gebeuren. Zelfs de kleinste dingen maken duidelijk dat het een nieuwe wereld is.

Ik heb op de boekenmarkt in San Francisco eens in het panel voor het schrijven van reisverslagen gezeten. Een van onze onderwerpen was: 'Hoe vind je een oord om over te schrijven, nu de wereld overal hetzelfde is? En hoe schrijf je er vervolgens op zo'n manier over dat het te onderscheiden is van andere oorden?'

Het antwoord op de eerste vraag kan kort zijn: de wereld is niet overal hetzelfde. Bij de tweede vraag moet ik altijd denken aan het advies van Gerard Manley Hopkins: kijk net zolang naar een voorwerp tot het terug begint te kijken. Reizen kan gevaarlijk zijn. Een sterk reflecterend licht wordt op het 'echte leven' teruggekaatst, soms een verontrustende ervaring. Soms ga je ver het binnenland in en wie weet wat je daar vindt?

Ik lees een heleboel reisverhalen en kranten- en tijdschriftartikelen over reizen die niet verdergaan dan observatie. Er staat in waar je kunt overnachten, waar je goed kunt eten, en wat je niet mag missen. Die artikelen kunnen ficties, idylles worden. Een artikel over een Duitse stad dat de kleurrijke types, het bier en het met de hand beschilderde speelgoed ophemelt, trekt je aan. Drie pagina's verderop staat een levensgroot nieuwsartikel over een neonazibeweging die zijn schaduw over diezelfde stad werpt. Weg is de *Gemütlichkeit*. Je bladert verbaasd terug naar het reisverslag. Ik heb reisartikelen geschreven en een paar keer is me daarbij gezegd dat ik niets moest vermelden over armoede of onaangename toestanden. Nou, begrijpelijk. Het is een regenachtige zondagochtend en de lezer wil even wegdromen nadat hij de grimmige verhalen over vrouwen in dodencellen en hongersnood in Soedan heeft doorgeploegd.

Maar de hartstochtelijke reiziger zoekt iets. Wat? Je moet door iets veranderen, door een onuitsprekelijk iets – anders gebeurt er niets. 'Verander me,' schrijft Ed in een gedicht, 'verander me in iets wat ik ben.' Verandering – de transformerende ervaring – maakt bij reizen een deel van de queeste uit.

Vaak nemen we Amerika met ons mee. Hoe zouden we anders kunnen, doorgewinterde producten van onze cultuur als we zijn? We zien dingen die we hebben geleerd te zien. Machtige ingebouwde genetische draden die teruggaan tot territoriale instincten uit het stenen tijdperk maken dat we in ons hart denken dat Denen of Hongaren 's avonds thuis Engels spreken. Hoeveel is dat in dollars? Wat zijn dit voor vreselijke ontbijten? Waar kunnen we echte koffie krijgen?

Nog pijnlijker: we zijn overal bang dat we worden beroofd en in elkaar geslagen. We vrezen het geweld van Amerika overal.

We zijn niet de enigen die ons eigen land voor ons uit dragen. Verlangen naar het vertrouwde is een machtige stimulans. Ik heb in Perugia Japanners in de rij zien staan voor het Aziatische restaurant. Te midden van alle heerlijkheden uit de Italiaanse keuken kiezen ze voor een vreemde versie van het voedsel van hun geboorteland en vinden het vervolgens waarschijnlijk verschrikkelijk. Het is heel natuurlijk om Via Veneto te vergelijken met Main Street, onvermijdelijk. In zijn uiterste vorm werkt dat ongelukkigerwijs als een voorbehoedsmiddel tegen ervaring; wat we weten wordt gewoon bevestigd. Een andere Japanse dichter heeft geschreven: rij naakt op een naakt paard. Maar we voelen ons bij het reizen uitermate ontheemd wanneer de ontkenning van die ontheemdheid snel inzet. Als we dat maar konden erkennen – als we de haast om te oordelen en alles in vakjes te stoppen maar een beetje konden intomen. Reizen kan de primitieve drang om het nieuwe in de kring van het bekende te brengen, versterken.

Ik ben in Pasadena geweest – het woord zet me aan tot dromen, Pasadena – en toen ik daar op een prachtige dag rondliep zag ik Starbucks, Banana Republic, Gap, Williams Sonoma, Il Fornaio – al de betere winkelketens met identieke koopwaar in tientallen andere steden. Waar ben ik? Er gebeurde niets met me. En toch bestaan er lagen Pasadena, die ik vast had ontdekt als ik langer dan een dag was gebleven. Pasadena moet anders zijn dan welke andere stad ook. In Amerika, met zijn winkelketens en televisie die hun oplosmiddelen elke seconde over ons uitgieten, moet je langer en beter kijken.

In Italië is het gemakkelijker. Elke plaats, grote stad, borgo of fattoria is intens zichzelf. Ze hebben allemaal hun eigen fontein met verstrengelde dolfijnen en nimfen, stenen kapel met een muurschildering van de Annunciatie, Etruskische obelisk, families met namen die al sinds 1500 op de kerkbanken staan.

Een schrijver zei eens tegen me: 'Wees op je hoede voor het exotische; het is zo gemakkelijk verkrijgbaar.' En hier, aan de andere kant van de oceaan, is het exotische helemaal gemakkelijk verkrijgbaar. We zien de woest knappe man in het Armani-pak zijn espresso drinken in de bar, terwijl hij *La Repubblica* doorbladert, en toch zien we hem niet. In Italië bestaat het begrip *la bella figura*, een goed figuur slaan. De woest knappe man in Armani woont misschien wel in een naargeestige kamer achter een winkel. Te arm om het er goed van te nemen kan hij zich ten minste netjes kleden en naar de piazza gaan in een wolk goddelijke eau de cologne.

Toen ik gedichten begon te schrijven hield ik een Beeldbank bij, zoals ik het noemde, een fotoalbum vol museumbriefkaarten van schilderijen, foto's, getypte lijsten van woorden die ik mooi vond, alles wat voor mij verband hield met het schrijfproces. In de loop der jaren is mijn aanpak veranderd. Ik houd nog steeds verschillende soorten notitieboeken bij, maar de beelden zijn meer innerlijk geworden. Vooral wanneer ik reis, in Italië woon, ben ik me bewust van het opslaan van dingen die ik meemaak en zie. Ik streef naar een overvloed van beelden om me voor de geest te halen, voor het geval ik eindig op een schommelstoel op de veranda van een sullig huisje ergens in de binnenlanden van Georgia. Landschappen, lekkere maaltijden, eenzame wandelingen – ja, die laat ik de revue passeren, maar het zijn de levens van mensen waaraan ik met het meeste gevoel terugdenk. Een hand trekt een kanten gordijn weg. Een gezicht verschijnt voor het raam. Omlaag getrokken mond, kille ogen, naakt van teleurstelling, staren naar buiten en vangen mijn blik op. We kijken elkaar even aan en het gordijn valt dicht. *Hallo, dag*. Om zeven uur 's morgens veegt Nicolò, de knappe eigenaar van de sigarenwinkel, zingend de stenen rond zijn ingang schoon. *Prent hem in je geheugen: zijn haar nog vochtig van de douche, zijn liedje, zijn plotselinge glimlach – wie hij is als hij alleen is*. Door zulke glimpen ben ik die moeilijke regel van Wallace Stevens gaan begrijpen: 'Schoonheid is in de geest slechts een moment, maar in den vleze is zij onsterfelijk.'

Het is een wonder om Pompeji, Machu Picchu, Mont St.-Michel te zien. Het is ook een wonder om Cortona binnen te slenteren en het jonge stel in hun groente- en fruitwinkel te zien. Ze bouwt een piramide van citroenen in een vlek zonlicht. Ze veegt elk blad af met een doek, zodat het glimt. Ze heeft een fris gezichtje en ziet er jong uit in haar roze gestreepte schort; waarschijnlijk doet ze haar uiterste best om eruit te zien als een eigenares. Haar lange tere hals geeft het gevoel dat ze net is neergestreken na een vlucht. Hij lijkt op de fluitspeler op de muur van een Etruskische tombe – zwart krulhaar, cherubijnengezicht. Hij stalt de manden doperwten uit die hij vanochtend in de tuin van zijn moeder heeft geplukt, snijdt dan een watermeloen doormidden en zet hem overeind in de etalage zodat iedereen kan zien hoe rijp en verrukkelijk hij is. Ze zet haar bordje op de kassa – alle groenten voor minestrone kunnen daags tevoren worden besteld en thuis door haar worden klaargemaakt. Elke klant wordt uitgebreid begroet. Als je drie peren wilt hebben, worden ze stuk voor stuk uitgezocht en je aangegeven om ze te inspecteren. Ik ben een ogenblik het dagelijks leven binnengegaan van een plek die ik niet ken, en de rode peer die me wordt toegestoken in een eeltige werkhand zal telkens weer bovenkomen in mijn herinnering. *Onsterfelijk.*

AP

❦

'Dit weekend is er markt in Arezzo.'
Ed hakt peterselie, basilicum, wortels en selderij fijn voor zijn speciale manier om met odori om te gaan – dat bosje smaakmakers dat in de frutta e verdura in je tas wordt gegooid. Zie ik zijn gezicht even vertrekken? Of is het een reactie op de ui die hij heeft gehakt? 'Wil je erheen?' vraagt hij.
'Ja, eigenlijk wel, jij niet?'
'Ja hoor, als jij er zin in hebt.' Hij rolt het lemmet van het *mezzaluna* (hakmes) over de selderij.
'We scharrelen altijd iets fantastisch op.' Denkt hij aan de keer dat hij het kersenhouten kastje bijna een kilometer op zijn hoofd heeft gedragen door het winkelende publiek? Ik kijk even naar het kastje dat aan de keukenmuur hangt, de glazen deurtjes open en espressokopjes uit heel Italië op de planken. Veel ervan hebben we gekregen van onze vriendin Elizabeth toen ze weer naar Amerika ging; andere hebben we op onze eigen zwerftochten opgepikt. Logerende vrienden hebben er een paar aan toegevoegd. Gek, veel dingen die we hier hebben verzameld zijn snel iets voor ons gaan betekenen, alsof ze gekoesterde erfstukken zijn. Dat verwart me. Ik dacht dat dingen alleen door het verloop van de tijd symbolische waarde kregen, of, als ze die meteen hebben, omdat het betekenisvolle geschenken zijn: de gouden manchetknopen van mijn vader, de zilveren stroopkan van mijn grootmoeder, de ring met lapis lazuli die is gemaakt van een oude oorbel.
Als ik dit huis rondkijk, zijn veel 'nieuwe' dingen me net zo dier-

baar, dierbaarder. 'We hebben het schilderij met de engel daar gevonden, weet je nog,' opper ik. Deze achttiende-eeuwse engel waakt nu over ons bed, een mooie blonde aanwezigheid met een gezicht waarvan ik ben gaan houden. Ze draagt laarzen, en haar brokaten rokken wijken vaneen om een driehoekig stuk kant te laten zien. Wie had ooit kunnen denken dat engelen kant dragen? Ze is androgyn, en haar of zijn parmantige gezicht staart in de spiegel aan de andere kant van de kamer. In de weerspiegeling zie ik haar of hem twee keer.

Ed schraapt de fijn gehakte odori in de braadpan. Met het gesis stijgt een snelle geur van aarde en regen op. Die gronderige reuk komt van de wortels, terwijl selderij, waarvan je niet zou denken dat die onder de grond groeit, altijd een mistig, fris parfum geeft.

'De laatste keer dat we er zijn geweest hebben we die kettingen opgescharreld. Wil je bruschette of alleen vers brood?'

Die kettingen wogen bijna twintig pond, ik weet het. Jammer genoeg vonden we ze vroeg op de dag, vóór de drie engelenvleugels met bladgoud, de Napolitaanse *putto*, naakt kinderfiguurtje, met het ontbrekende been, en de meters brokaat die eens op een altaar hebben gelegen. Aan de handgesmede kettingen, gemaakt van mooie ijzeren ringen, werden vroeger potten ribolitta en polenta boven het vuur gehangen. De onze hangen nu aan weerskanten van de open haard. 'We zijn er wel dol op. Bruschette, alsjeblieft.'

De antiekmarkt van Arezzo wordt op het eerste weekend van de maand gehouden, in de zomer om het weekend. Ik ga er altijd heen, behalve in augustus, dan is het me te warm. De markt spreidt zich uit over en rondom de Piazza Grande, loopt over tot aan de Duomo, vult de piazza voor de kerk met de prachtige frescocyclus van Piero della Francesca, en heeft uitlopers in de zijstraten. Op tafels, stoepen en straten zijn schitterend meubilair, kunst en smakeloze rommel uitgestald. Arezzo is met zijn ongeveer tachtig antiekzaken trouwens ook door de week een centrum voor antiek. Achter de marktkramen huizen de reguliere handelaren. Soms slepen die hun meubels de stoep op als het markt is. Je kunt er alles vinden – een chique wieg, een negentiende-eeuws stilleven dat een hele muur in beslag neemt, geborduurde prentbriefkaarten uit de Eerste Wereldoorlog, urnen voor de tuin, hele koorbanken. Vorig jaar begonnen er lintjes uit de Tweede Wereldoorlog, hemden van krijgsgevangenen, Duitse oorlogssouvenirs en stug geworden uniformen te verschijnen. Ik zag zelfs een gele ster met JUDE erop gestikt voor dertien dollar. Ik raakte de draden van flanelsteken langs de randen even aan. Iemand had dit gedragen. Het leek immoreel om de ster te kopen of hem daar te laten liggen, een voorwerp tussen voorwerpen. Opzichtig glaswerk en Venetiaanse roemers zijn in overvloed uitgestald, zonder dat ze ooit worden verbrijzeld door het dringende publiek. Er lijkt voor alles een koper te zijn, hoe schitterend, onbelangrijk of foeilelijk iets ook is.

Als kind legde ik verzamelingen aan. Oom Wilfred bewaarde zijn sigarendozen (Antonius en Cleopatra) voor me en ik liet ze open in de zon staan tot de scherpe geur bijna helemaal was weggebrand. In één doos bewaarde ik gevonden pijlpunten, in andere knopen, kralen en mooie steentjes. In schoenendozen bewaarde ik papieren poppen met klederdrachten van over de hele wereld, prentbriefkaarten, zeeschelpen, en stijf opgevouwen driehoekige briefjes die Johnny, Jeff en Monroe op school naar me toe hadden gegooid. Mijn raarste verzameling was brochures. Ik schreef voortdurend brieven naar kleine steden in heel Amerika, geadresseerd aan de kamer van koophandel: 'Stuur me alstublieft informatie over uw stad,' en dan kwamen er brieven en brochures met nieuws over het Pioneer Museum, de Future Farmers of America, de recreatiemogelijkheden van een kunstmatig meer, de opening van een bandenfabriek. Het verlangen om te vertrekken kwam al vroeg over me. Ik weet niet meer waarom, maar ik wilde in Cherry, Nebraska, wonen.

Wanneer ik een doos opendeed en de slofschelpen, engelenvleugels, belletjes, zanddollars en mosselschelpen uitspreidde, opende ik ook de herinnering aan een plek, een reeks momenten. Als ik de schelpen op de vloer rangschikte, liep er een beetje strandzand uit. Wanneer ik de spiraalschelp tegen mijn oor hield, bracht het suizen binnen in mijn oor het gevoel terug van schelpen die in Fernandina tegen mijn enkels spoelden. Ik volgde met mijn vinger de pastelkleurige en mosselbruine spiralen, wreef met mijn duim over de dageraadkleurige paarlemoeren binnenkanten.

Ik zie mijn verzamelingen nog zo levendig voor me dat ik het gevoel heb dat ik zó een doos uit mijn kast kan halen, op deze regenachtige middag zou kunnen spelen met het blonde Nederlandse meisje van papier met haar gebloemde schort en haar klompen, met de Poolse tweeling met hun rokken met zigzagbanden, hun linten en schorten.

Verzamelen is een *aide-memoire*, net als schrijven. Een heel oud familielid verveelde me gruwelijk met haar zilveren souvenirlepeltjes. 'Deze heb ik gekocht op een vakantie in de Smokies in 1950...' Maar herinnering kan inderdaad maken dat je twee keer leeft. Terwijl woorden op papier vallen, kan ik de kat nog eens met de hond laten trouwen.

Herinnering: het parelsnoer dat ik voor mijn eindexamen heb gekregen, breekt; parels rollen buiten bereik over de kerkvloer, terwijl het koor 'Jeruzalem' krijst.

Herinnering: ze zijn allemaal weer jong, in staat te zien zonder te kijken. Ze roepen om het hardst dat ze het wensbotje willen hebben, vragen wat het toetje is. Sluit de doos, sla het album dicht, hang het oude kanten gordijn in het raam op het zuiden waar het de zachte bollende wind vangt.

Nu ik volwassen ben heb ik weinig verzamelingen. Ik ben eens begonnen oude bellen te kopen, maar na een tijdje dacht ik er niet meer aan. Ik heb een aantal Mexicaanse op blik geschilderde ex-voto's, en veel antieke handen en voeten van houtsnijwerk of klei, en poppenarmen en -benen. Ik was helemaal niet van plan om die verzameling aan te leggen en merkte haar zelfs pas op toen iemand zei dat er heel wat lichaamsdelen in mijn huis rondslingerden. Mijn verzameling schijnt zich uit te breiden naar andere lichaamsdelen, want op de markt in Arezzo heb ik ook drie porseleinen heiligenkopjes gekocht, twee kale, een met een gouden pruik en beschilderde glazen ogen. Als ik oude studioportretten van Italianen tegenkom koop ik ze. Ik vul een muur van mijn studeerkamer met die portretten, en voor veel ervan heb ik een levensgeschiedenis verzonnen. De echte passie die ik op de markt in Arezzo uitleef was evenmin gepland, die komt uit een oude bron voort.

Ik ga niet alleen voor de kans dat ik meubels vind voor de vele lege plekken op Bramasole en om schatten te ontdekken, maar om de mensen te zien, even te pauzeren voor gelato, onzichtbaar te dwalen over die reusachtige markt, die nog steeds de sfeer van een middeleeuwse markt heeft. Om één uur 's middags leggen de handelaren zeildoek of kranten over hun tafels en gaan ze lunchen, of ze zetten gewoon ter plekke tuinstoelen en een tafeltje, compleet met kleed, neer voor familie en vrienden en halen stukken gebraden kip, bakken pasta en broden voor den dag. Mensen verdringen zich in de bars, bestellen broodjes, stukken pizza of, in de chiquere *gastronomia*, worst- of aspergetorte.

Vergulde kerkkandelaars, kannen voor olijfolie, stenen cherubijnen – wat trekt me te midden van dat alles naar de verkopers van oud linnengoed? 'Deze keer,' zeg ik tegen Ed, 'ga ik er niet eens heen. We kijken alleen naar smeedijzeren hekken, marmeren gootstenen uit vervallen kloosters en familiezilver met monogram. Ik heb echt geen slopen meer nodig of...'

In het begin lukt het me. Er is zoveel te bekijken dat ik verzadigd kan raken. Ed werpt een blik op haardijzers en een spiegel. Ik ontdek beschilderde blikken ex-voto's. Hij vindt het leuk om handgesmede ijzeren gereedschappen, sloten en sleutels te zien, maar na twee uur verschijnt de bekende strakke halve glimlach op zijn gezicht.

In warenhuizen thuis heeft hij een doeltreffende manier om me tot spoed aan te zetten. Andere mannen gaan in de gemakkelijke stoel zitten die speciaal voor hen is neergezet. Maar Ed blijft staan, en terwijl ik talm bij het rek met blouses, de zijde bevoel en de knopen inspecteer, begint hij luid tegen een mannequin te praten. Hij gebaart en glimlacht, loopt om haar heen. 'Een prachtig mantelpak,' zegt hij bewonderend. 'Het staat u geweldig.' Mensen beginnen te staren, het personeel kijkt nerveus.

Hier slentert hij weg om koffie te drinken of een krant te kopen. Als hij terugkomt ben ik in witte bergen linnengoed aan het rommelen. Ik weet niet of hij verbijsterd of benauwd kijkt. Ik vraag me af of hij bij zichzelf denkt: *o, nee toch, een uur bij de voddenhoop*.

Uit een berg waar 5000 lire bij staat, vis ik een stapel mooie handdoeken met AP erop geborduurd.

Thuis in Californië en hier in Italië heb ik langzamerhand een collectie oud damast, linnengoed en huishoudkatoen verzameld, soms met monogram, soms zonder. 'Wat moet je met de initialen van iemand anders?' vroeg een vriendin me eens, toen ze aan tafel haar servet open schudde. 'Ik vind het een beetje eng.'

'Dit zijn de servetten van mevrouw Beck, de grootmoeder van mijn vriendin Kate,' antwoord ik, me ervan bewust dat het geen uitleg is. Toen Kate het huis van haar moeder moest opruimen gaf ze een stapel tafellinnen aan mij door. Ze had geen zin in strijken. Het zijn enorme servetten, met CBC in het midden geborduurd, zo dik als een kinderpink. 'Ik heb iets met oud linnengoed.' Zwak uitgedrukt. Spiralen en geschiedenis ontrollen zich uit die losse opmerking.

Ik zeg niets over mijn moeder, over haar lakens met monogram, waartussen ik als kind sliep en die nog steeds in mijn koffer liggen. Ik herinner me mijn witte spijlenbed duidelijk, de sensatie als je tussen kille lakens van fijn katoen glipte, met de geschulpte roze rand, en in het midden de zwierige initialen van mijn moeder, FMD, teer als vogelbotjes. Voor haar kamer had ze om de week blauwe en witte lakens met blauwe monogrammen. Daarvan heb ik er ook nog een paar, versleten tot ze zacht zijn geworden, maar nog steeds goed. Als mijn dochter een huis heeft, geef ik ze aan haar. Tientallen eenvoudige handdoeken, lakens, servetten en slopen zijn door mijn huishouden gegaan zonder een spoor achter te laten. Maar de handdoeken die mijn moeder voor mijn huwelijk van monogrammen heeft voorzien, doen nog dienst, hoewel het initiaal K nu uit mijn naam is verdwenen. Toen ze ze aan me gaf, was ik even geschokt door de verandering van mijn initialen: JKM. Ik streek met mijn vinger over het nieuwe initiaal; K, de letter die nog voortbestaat op ongebruikte zilveren servetringen, zilveren maatbekertjes, een broodschaal, een pepermolen.

In mijn familie waren monogrammen niet beperkt tot stof. Rammelaars, zilveren bekers, zilveren toiletartikelen, en de achterkant van tafelzilver werden onderworpen aan deze manie. Ik vind de drang om ergens een monogram op te zetten altijd mysterieus, en dat vond ik helemaal toen ik op mijn tiende mijn babyjurkjes tegenkwam. Ik was dol op plunderen, zoals mijn moeder het noemde. 'Plunderen en rondstrooien! Plunderen en rondstrooien! Je strooit het vlugger rond dan ik het kan oprapen.' Ik was in de gangkast de middelbare-schoolrapporten van mijn vader aan het bekijken, de koopakte van het huis, een kralentasje met een glibberig zilveren spiegeltje erin, dat mijn moeder droeg toen ze als jonge schone de Charleston danste, in de tijd dat er een verenboa in haar kast hing. Ik was op zoek naar geheimen. Ik rommelde tussen de rollen stof waarvan eens misschien rokken of badjassen gemaakt zouden worden, door de in plastic zakken opgeborgen kasjmieren truien van mijn moeder, gewassen en verstopt in cederhout om ze tegen motten te beschermen. Toen trok ik een platgedrukte stapel babyjurken van blauw batist te voorschijn en hield er een omhoog. Op de plaats waar het hart zou hebben gezeten zag ik het monogram: MMF.

Was er een kind gestorven? Een geheim kind? Ik rende naar de kamer van mijn moeder.

Ze zat in haar hemelbed een modeblad te lezen. 'O, die waren van jou, voor als je een jongen was geweest. M voor oom Mark, F voor Franklin, de naam van Big Daddy.' Haar vader, de man met de opgeblazen wangen op de foto, waar zij gehuld in witte stroken pruilend op zijn knie zit, was overleden toen ik drie was. Ik zou Mark en Franklin zijn geweest, niet Frances, niet Elizabeth. En de onvermijdelijke conclusie: ze hadden Mark in gedachten, niet mij.

'Waarom heb je er monogrammen op laten maken voor je wist wat ik zou worden?'

'Dat weet ik niet meer. We dachten dat je een jongen zou zijn.' Ze heeft zilveren klemmen in haar haren om de golven erin te leggen. Ik zie dat kind bijna voor me. Zijn oren steken uit en hij heeft korstjes op zijn stomme benige knieën. Hij kijkt de wereld in met mijn blauwe ogen.

Kleine wielen van logica draaien snel rond. 'Waar zijn de jurken met FEM erop?'

'Die zijn er niet.'

Ik had al snel uitgevogeld dat ze na twee meisjes wanhopig verlangden naar een jongen en dat het maken van de monogrammen een daad van bijgeloof en vastberadenheid was, een poging om het lot te dwingen. Jaren later vertelde mijn moeder me dat mijn vader verdween en twee dagen de hort op ging toen ik was geboren. Gek genoeg was mijn vader dol op me, en als hij zei: 'Al mijn jongens zijn meisjes,' hoorde ik daar nooit iets van spijt in.

En is het ook gek dat ik, wanneer ik denk over een laken of hemd met monogram, het zie als een merkteken?

Mijn moeder borduurde AMY op de batisten jurk van een van mijn poppen. Amy, een naam uit *Little Women* die ik prachtig vond, hoewel ik diep in mijn hart zelf graag Renée had willen heten. Dat was de enige keer dat ik mijn moeder ooit naald en draad heb zien hanteren. Meestal brachten we een hoedendoos vol zakdoeken en hemden van mijn vader, of kussenslopen en zijden onderjurken van mijn moeder naar Alice, een vrouw die in een smal huis met een Chinese bessenboom ervoor woonde. Ik klom rond in de boom, waar ik eens een bijenzwerm zag, of zat op de veranda op de schommelbank met haar hond Chap, die opgezwollen teken op zijn oren had. Soms wachtte ik aan tafel, zoute koekjes etend en kijkend naar mijn moeder en Alice, die lang en hoekig was, met enorme handen die eruitzagen alsof ze grote bergen beslag zouden moeten kneden – hoe kon ze heel dunne naalden vasthouden? Ze had helroze tandvlees dat een heel eind te zien was boven korte tanden. Ze was bruin en woonde in 'kleurlingenstad'. Dat mijn moeder en zij vriendinnen waren, kwam misschien bij geen van beiden op. Ze roddelden en dronken koffie, die Alice zette in een blauw met wit gestippelde blikken kan.

Mijn moeder schoof haar onderlip naar voren als ze zich concentreerde. Ze knipten zorgvuldig om gedrukte initialen heen, spelden vloeipapieren patronen op stof en streken de indigoblauwe letters onuitwisbaar op het overhemdzakje of laken, waarna de omtrekken van de initialen en de reuk van geschroeid papier overbleven. Moeder liet dan het bedrukte linnengoed bij Alice achter. De meest gebruikte borduurzijde was zijdeachtig wit, slappe lussen in de vorm van een acht, die in het midden bijeen werden gehouden met een goud en zwart etiket. Een paar weken later liep Alice de anderhalve kilometer naar ons huis en dan spreidden mijn moeder en zij haar handwerk uit op het bed en riepen hoe mooi het was geworden.

In juni is de markt in Arezzo zo mogelijk nog groter dan in april en mei. Ik vind de tors van een heilige, losgeraakt van het hele gebeeldhouwde lichaam. Ik vind een met bladgoud bewerkt houten kruis en een prachtig studioportret van een jonge vrouw, rond 1910. Ze zit op de rand van een stoel maar straalt innerlijke rust uit. Een paar vrouwen verzamelen zich bij een kraam met ragdunne kant en linnen gordijnen. De koopvrouw heeft dagenlang gesteven en gestreken. Ze heeft een stapel van mijn favoriete vierkante kussenslopen met gekloste kant langs de rand en een sluiting met paarlemoeren knoopjes aan de achterkant. Ik heb in alle slaapkamers van die kussens van 90 bij 90 centimeter – zo'n mooie vervanging van ontbrekende hoofdeinden, en ook heel prettig als je in bed wilt lezen. De meeste vrouwen zijn te druk bezig met kanten tussenzetsels om op monogrammen te letten, maar daar heb je RNP in witte krullen. Thuis in Californië heb ik een kussensloop van zakdoeklinnen met dezelfde initialen. Het is van de tante van mijn vriendin Josephine geweest, die in een schitterend huis in Palm Beach woonde. Josephine heeft me ook de heel lichtroze linnen lakens van haar tante Regina gegeven, met labyrintachtig ajour boven en onder haar initialen. Josephine heeft ze vijftig jaar gehad, haar tante dertig of veertig; ze zijn in perfecte staat. Waarom gaan dingen met een monogram lang mee, terwijl andere worden weggedaan? Ik heb de lakens meegenomen naar Italië omdat bij zomerhitte niets zo koel is als linnen lakens. Op de markt heb ik er nog een paar gekocht. Ik ben ook dol op de zware witte lakens met randen van webachtig wit haakwerk, en de eenvoudige ongelijkmatige katoenen lakens die zo zwaar zijn als een zeil. Als je ze na het wassen buiten te drogen hangt, hoeven ze niet gestreken te worden, alleen maar even met de hand gladgestreken bij het opvouwen.

Door het slapen op linnen of dicht katoen raak ik verwend. Een enkele keer ontdek ik een beddensprei, wit katoen natuurlijk, met een dik erop liggend patroon en geborduurde guirlandes langs de rand. Voor de tegenwoordige bedden zijn ze kort, maar ik heb er toch een gekocht en laat mijn kussenslopen er bij het hoofdeinde uitsteken. Ik val in slaap terwijl ik denk aan de oude villa's en boerenhuizen op het platteland waar deze lakens werden gebruikt bij geboorte, dood, liefde en doodgewone uitgeputte slaap na een dag spitten op het land. Ze zijn in stenen waterbakken gewassen, hebben gewapperd in lentewinden en zijn haastig binnengehaald als er een regenbui aankwam over de heuvels. Het sierlijke DM of SLC werd bij het haardvuur geborduurd voor een bruid. Misschien waren sommige lakens 'te mooi' en werden ze in de armadio bewaard (voor welke gelegenheid?) met geurige laurierblaadjes en lavendel om ze fris te houden.

Alle textielkramen op de markt hebben rollen kant, onderrokken, doopjurken, blouses en nachtjaponnen. Ik kom niet in de verleiding. In Frankrijk heb ik eens een ochtendjas met lange mouwen gevonden, met knoopjes tot aan de hals voor kuisheid of warmte, en de initialen van mijn dochter Ashley er in rood op geborduurd. Het is inderdaad een beetje eng: de ochtendjas dragen van iemand anders, een Frans iemand, met je eigen monogram. Ze heeft me ervoor bedankt, maar om de een of andere reden is de ochtendjas terechtgekomen in een koffer met ander bijzonder linnengoed. Misschien is de familiemanie in haar generatie uitgewoed, of heeft hij een andere wending genomen. Ze heeft kunstprojecten gemaakt met damasten servetten met haar schrift erop, en zwevende kamers van gaas met geschilderde gedichten op de afhangende banen.

Mijn zusje heeft in Florence een winkel ontdekt waar ze nog met de hand monogrammen borduren. Ze hebben een boek met modellen, sommige eenvoudig, andere zo rijkversierd als een barokplafond. Ze heeft er een stapel linnen servetten voor haar pas gekregen schoondochter heen gebracht en drie maanden later kwamen ze in Atlanta aan. Op markten heb ik voor mijn dochter prachtige linnen handdoeken verzameld met ingeweven cirkels voor monogrammen. Mijn dochter, die nog geen strijkijzer heeft. Ik hoop dat ze ze leuk vindt.

Als ze bijna droog zijn – een beetje vochtig maar warm van de zon – haal ik de zes handdoeken die ik op de markt heb gekocht van de lijn. Zoals ik dacht zijn ze spierwit uit de was gekomen. Ik houd het monogram tegen het zonlicht: AP. Deze met de hand gezoomde handdoeken hebben een lusje om ze op te hangen, merk ik. Dat heb ik nog nooit gezien. Toen ik vorige zomer naar het zuiden van Italië reisde zag ik op het kerkhof bij Tricarico het graf van een zekere Assunta Primavera. Haar steen was versierd met verse gele gladiolen en roze plastic bloemen en een foto van haar op middelbare leeftijd. Haar naam suggereerde een etherisch iemand die op het punt stond in de lente in de hemel te worden opgenomen, maar ze zag er heel stevig en aanwezig uit. Haar haren werden bij elkaar gehouden in een losse knot en haar gezicht lichtte op met een brede glimlach. Ze zag eruit als iemand die een kip de kop kon afhakken, geen probleem, of kon assisteren bij een moeilijke bevalling. Het leek onmogelijk dat ze onder de steen lag. Ze stond vast in een keuken, de kruidige geur van haar *tortellini in brodo* opstijgend in het trapgat.

Mijn handdoeken kunnen niet van haar zijn geweest, maar haar sterke gezicht kwam me onmiddellijk voor de geest toen ik de initialen zag. En zo is het met al dat linnengoed. Ik vind het leuk om het deksel van mijn *cassone*, kist, open te doen, er een stapeltje uit te halen en me de cocktailparty's van de verblindende tante in Palm Beach voor te stellen: jazzplaten op de grammofoon, champagne, piepkleine servetjes die worden uitgedeeld, dienbladen met canapés – wat aten ze in de jaren twintig eigenlijk op chique soirees –, de golven van de Atlantische Oceaan schuimend over de golfbreker. Ik stel me Assunta's huis voor: het walnoten sleebed waar de jonge echtgenoot naakt op lag omdat hij wilde dat zijn rug werd gemasseerd, en waar later de oude echtgenoot lag te snurken, terwijl zij wakker lag en zich afvroeg of haar zoon van het Russische front zou terugkomen, of ongespeend lam geschikt zou zijn voor het festa, of haar tuinbonen waren bevroren. AP, geborduurd door haar moeder, een cadeau voor haar naamdag.

Ik stel me ook de witte nachtjaponnen voor die ik niet heb gekocht op de markt, maar waar ik met verbazing naar heb staan kijken. Ze waren zo groot als tenten, alle drie met monogrammen in passend reusachtige letters: TCC. Daar moet een berg vlees in hebben geslapen. TCC moest zich haar bed uit laten rollen, roze voeten koud op de tegelvloer, de tweeling schreeuwt tegelijk in de nacht, deze snelle witte boodschapper vliegt door de donkere gang om hem te troosten.

Het monogram bakent een terrein af. Dit is zonder enige twijfel van míj, zegt het. Daarbij legt het monogram herinneringen vast. De zilveren beker gaat altijd terug tot het moment waarop de baby is gedoopt. Het dozijn linnen servetten voor de bruid doet nu al denken aan alle diners voor Thanksgiving die aan haar tafel gehouden zullen worden.

In oude stenen is *Ubi sunt* uitgehouwen, de afkorting van de vraag die je nooit loslaat: *Ubi sunt qui ante nos fuerunt*, waar zijn zij die vóór ons hebben geleefd? Naam geven is een diepgeworteld instinct, een verweer tegen het opslokken door de tijd van alles wat bestaat. Op mijn achttiende, toen ik op het punt stond naar de universiteit te gaan, kreeg ik een grote voorraad groene badhanddoeken, handdoeken en washandjes, allemaal met een monogram. Groen vond ik niet mooi, maar die handdoeken gingen met me mee naar de universiteit, bleven jaren in gebruik, en zelfs nu liggen er nog twee in de achterbak van mijn auto. Tientallen jaren later veeg ik, dankzij het eindexamencadeau van tante Emmy, gemorste Coca-Cola van de autobank, mijn hand om de in elkaar gefrommelde initialen van een aankomend student van heel lang geleden, die haar haren ermee droogde. *Een vluchtige aanraking van nat haar, nee, gemorste drank.*

Carolyne, Assunta, Mary, Regina, Donatella, Altrude, Frankey, Luisa, Barbara, Kate, Almeda, Dorothea, Anne, Rena, Robin, Nancy, Susan, Giusi, Patrizia, we dineren samen in mijn huis.

KUNST INADEMEN

❖

Aan de overkant van de piazza in Orvieto stuiteren drie jongens een voetbal tegen de zijmuur van de kathedraal. Het zonlicht valt op de grootse, vergulde gevel van dat schitterende, oogverblindende, arrogante gebouw. Ik koester me in het weerkaatste licht, terwijl ik nip aan een middagcappuccino. Deze maand kunnen we vrijelijk rondzwerven. Primo heeft de ingestorte muur hersteld en die zelfs mooier gemaakt met twee stenen pilaren voor planten. Verder heeft hij met zijn mannen de stenen muren van de cantina opnieuw gevoegd, en alle scheuren gedicht waar stof en muizen in kunnen komen. De voorgenomen projecten beginnen in juli.

Hoewel het vanaf Cortona maar een uur rijden is, lijkt Orvieto ver. Mijn Californische gevoel voor afstand zet hier op een geheimzinnige manier uit. In Amerika lijkt 90 of 120 kilometer niets, maar in Toscane en daarbuiten is binnen elke kilometer iets te zien, te bestuderen, te eten of te drinken, allemaal dingen die je van het doel kunnen afleiden. Californië, met zijn ruim 408.000 vierkante kilometer, is op de een of andere manier kleiner dan Toscane met zijn ruim 23.000 vierkante kilometer.

In de kathedraal heb ik al gekeken naar het fascinerende fresco van Signorelli van de dag des oordeels – waar skeletten die net tot leven zijn gewekt door de kunstenaar zijn afgebeeld op het moment dat ze op het punt staan weer op te gaan in hun herboren lichamen, of net daarmee zijn versmolten – lichamen in de bloei van hun leven. Het gaf me een gelukkig gevoel –, de realiteit van zien wat niet gezien kan worden, en ook het tot leven brengen van de zin *de wederopstan-*

ding van het lichaam en het eeuwigdurende leven. Iets wat je weet, of waarop je hoopt, of waarin je niet gelooft – maar wat je je eigenlijk niet kunt voorstellen – krijgt plotseling alle schijn van waarheid.

Ik keek naar boven tot ik pijn in mijn nek kreeg. Toen ik verderliep om de rest van de kathedraal te bekijken, kwam ik langs een vrouw die zat te bidden. Er stond een boodschappenmand vol groenten naast haar. Ze had haar schoenen uitgetrokken en liet haar voeten op de tegels afkoelen. Vlakbij was een klein meisje de haren van haar vriendinnetje aan het vlechten. Hun poppen zaten rechtop op een bank. Aan een met katholieke familielectuur beladen tafel zat een jonge priester doelloos in een tijdschrift te bladeren.

Ze kennen die schitterende kathedraal tot in hun poriën, kennen hem zo goed en door en door dat ze hem helemaal niet hoeven te kennen.

Ik herinner me ook elke centimeter van de sobere Central Methodist Church in Fitzgerald, Georgia. Ik zie het versleten wijnrode tapijt, een glazig wit licht nog voor me, voel nog hoe gefascineerd ik was door de houten houders voor piepkleine bekertjes Welch-grapefruitsap, dat op magische, griezelige wijze in het bloed van Jezus zou veranderen als het door mijn mond ging.

Zittend onder de grootse Middellandse-Zeezon, in evenwicht bij de zonnewende, probeer ik iets over te brengen van mijn gevoel: 'Het leven zou anders zijn als je in je jeugd met je bal tegen de muur van de kathedraal in Orvieto had gestuiterd.' Maar Ed probeert een artikel in *La Repubblica* over de laatste politieke schermutseling te ontleden, dus lepel ik de schuimige melk uit mijn kopje. Stel dat de wederopstanding van het vlees was geschilderd boven de hoofden van ons in witte gewaden gehulde koor, terwijl het luidkeels *'I come to the garden alone while the dew is still on the roses...'* zong. Ik zou op mijn zevende, zevenendertigste, zevenenzeventigste – in alle stadia van het leven – geboeid naar dat visioen kijken. Als ik me het interieur van de kerk in mijn geboorteplaats voor de geest haal, zie ik helemaal geen kunst.

Toen ik opgroeide, stond op de boekenplank in de huiskamer een boek van mijn moeder uit haar studietijd aan het Georgia State College for Women: *Kunst in het dagelijks leven*. Ik herinner me korrelige foto's van schalen met fruit op tafels. Het moeten voorbeelden zijn geweest van opstellingen voor het schilderen van stillevens. Als zevenjarige had ik er geen idee van dat er zoiets als schilderen bestond. Ik dacht dat de foto's te maken hadden met tafeldekken omdat ik wel zag dat mijn moeder eindeloos aandacht besteedde aan tafelkleden en gepoetst zilver en bloemschikkingen.

Voor mij betekende kunst het Engelse jachttafereel boven de bank, de roze balletdanseressen op mijn slaapkamer, en het olieverfportret van mij dat me afschrikte door zijn gelijkenis en primitieve levendigheid. Daar zat ik: gevangen in de gehate blauwe jurk met geschulpte kraag, mijn dunne lippen vaneen zodat heel kleine tanden te zien waren, de twee snijtanden puntig als die van een dier. Een vrouw in de stad gaf op woensdag na school schilder- en boetseerles op haar veranda. Ik boetseerde plichtsgetrouw herderinnetjes en clowns van gips. De week daarop, wanneer ze hard waren geworden en als de kinderen en honden van de lerares het lam of de grote neus er niet hadden afgebroken, beschilderde ik ze met felle verniskleuren die er op de een of andere manier introkken en teleurstellend vlekkerig werden.

Toen ik in Virginia naar de universiteit ging, waren veel van mijn studiegenoten ongelooflijk wereldwijs in vergelijking met mijn plattelandsopvoeding. Ze kletsten goed ingelicht over kubisme en expressionisme en de New-Yorkse school. Algauw zoog ik met hen de genoegens van de National Gallery op en maakte ik verdere verkenningstochten naar het Museum of Modern Art. Ik kocht kunstboeken, tot grote woede van mijn grootvader, die hooguit in de openbare bibliotheek geloofde. Lautrec, Dufy, Nolde, Manet – het was precies zo als verliefd worden. Ik kreeg een nauwe relatie met kunst. Dat is zo gebleven.

Terwijl ik naar het neergaande licht op de gevel in Orvieto kijk, begin ik langzaam te ademen, terwijl ik het geschreeuw van de jongens in me opneem, de man die aan het tafeltje naast ons een kruiswoordpuzzel oplost, twee nonnen in lange witte pijen, de hoekige schaduw van de kathedraal die de piazza kruist als de staaf van een zonnewijzer. Ik voel een knarsende verschuiving optreden in de tektonische lagen van mijn brein. In Italië zou het vreemd zijn als je níet nauw verbonden was met kunst. Je groeit hier omgeven door schoonheid op en denkt dat schoonheid iets natuurlijks is.

Voor mij heeft kunst altijd búiten me gelegen, iets wat ik waardeerde, waarvan ik hield, wat ik opzocht, maar niet precies iets natuurlijks. Er zijn veel Amerikaanse steden zonder kunst. Op scholen is kunst meestal een luxeartikel dat geluidloos wegvalt als er met de budgetbijl wordt gezwaaid. Kunst, muziek, dichtkunst – natuurlijke genoegens waarvoor we in de wieg zijn gelegd – zijn wegwerpartikelen, luxe extraatjes, zo helemaal niet-essentieel. De onnatuurlijkheid komt ook voort uit de sfeer van eerbiedige stilte in musea, waar de meesten van ons kennismaken met kunst. In Italië is er zo veel kunst in kerken. Italianen praten in de kerk maar een beetje minder dan op de piazza. Ze ervaren kunst en de mis niet als iets verhevens, maar als iets vertrouwds.

Cortona heeft een galerie met ingang aan de Piazza Signorelli – zijn borstbeeld neemt vanuit de hoogte het schouwspel waar. Er is elke week een andere tentoonstelling en het werk varieert van uitstekend tot bespottelijk. Maar het is er toch maar, een deel van het leven, net als de kleding-, tabak- en bloemenwinkels. De kunstenaar is altijd aanwezig en maakt dus rechtstreeks kennis met de mensen die komen kijken. 's Zomers heeft de naburige Bar Signorelli tafeltjes buiten staan, en daar kan de kunstenaar dan met een *caffè* zitten als er geen kijkers zijn. Een eindje verderop worden wisselende fototentoonstellingen gehouden in een palazzo, waar ook iedereen die belangstelling heeft zo kan binnenlopen. De muren van Caffè degli Artisti verschaffen ongedwongen tentoonstellingsruimte aan jonge kunstenaars.

Die galeries zijn lichtjaren verwijderd van de gesloten, koele tentoonstellingsruimten in Soho, Chelsea en San Francisco, waar je alleen al door te kijken je vaak een indringer voelt. Er is natuurlijk verschil tussen platteland en grote stad, maar ik kan me niet herinneren dat ik thuis in kleine plattelandssteden ooit een levendige galerie heb gezien die energiek deel uitmaakte van de hoofdstraat. Treurig, die afschrikwekkende sfeer. Wat een veralgemening – maar zo is het toch?

Op de borden van Cortona staat Città d'Arte, stad van de kunst, en dat is het altijd geweest. Cortona was een van de twaalf oorspronkelijk Etruskische steden en sinds de zeventiende eeuw heeft de stad een actief Etruskisch museum. Hun pronkstuk is in de negentiende eeuw in een sloot gevonden – een zware bronzen kaarsenkroon, ingewikkeld gegoten in vormen van hurkende, erotisch afgebeelde figuren. Een paar jaar geleden hebben archeologen belangrijke nieuwe graftomben ontdekt, en het museum heeft nu een beeld van een groot liggend dier en een voortdurend uitdijende tentoonstelling van verfijnde gouden sieraden, beeldhouwwerk en potten. Vorig jaar heeft een metselaar een bronzen plaat gevonden waarop Etruskisch schrift was gekrast.

Ik heb een stuk oude kunst verkregen, niet door ontdekking maar als cadeau: een Etruskische voet. De hand van de maker staat stevig afgedrukt in de dubbelgeslagen plak klei bij de hiel. Ik voel de deuken voor de nagels, het lange bot van de grote teen, de knobbel van het enkelbeen. Omdat de voet voor het midden van de kuit is afgebroken, is de enkel hol, op een beetje oeroude grond die binnenin is samengekoekt na. De voet doet me denken aan alle mensen die eeuwenlang over ons land hebben gelopen. Heel veel mensen hebben zulke stukjes. In huizen van buren heb ik een Romeins votief, een Etruskisch glazen flesje, een marmeren hoofd, een gebeeldhouwde middeleeuwse deur gezien. De Italianen doen nonchalant over zulke oeroude voorwerpen. Veel garages zijn voormalige huiskapellen, beschilderd met fresco's waarover de eigenaars hun mond houden, omdat ze niet willen dat de *belle arte*-commissie hen dwingt om hun kostbare garage, huis van die meest kostbare *macchina*, op te geven.

Zelfs in Italiaanse musea willen de meeste suppoosten dolgraag een praatje aanknopen. Ik moet weer denken aan de suppoost in Siracuse die heel spontaan een lezing weggaf over de *Begrafenis van de heilige Lucia* van Caravaggio. In vochtige stenen gangen kruipen de suppoosten 's winters meestal bij elkaar rond de armzalige straalkacheltjes. Maar zelfs dan maakt iemand zich los uit de warme kring om op een vraag te antwoorden en met je te praten over restauraties die aan de gang zijn of een toeschrijving die ter discussie staat.

Er wordt verteld dat Cimabue de jonge Giotto heeft ontdekt toen deze in Vicchio, waar hij kudden hoedde, een schaap aan het tekenen was op een steen. Dat is zeker twijfelachtig, maar het verhaal wijst wel op een verbazingwekkend moment in de geschiedenis waarop in heel Italië schaapherders – en leerlingen en klerken en bedienden van edelen – het penseel of de beitel ter hand namen. De middenklasse was in opkomst. Men begon de Toscaanse streektaal in literaire werken te gebruiken. De onderwerpen van de schilders waren meestal godsdienstig; opdrachten voor kerken stroomden binnen als vino di tavola. En hoewel het onderwerp vaak vaststond – de Annunciatie, of een heiligenleven – begonnen de schilders hun 'preken' in de frescokunst een prettige huiselijke sfeer mee te geven, en een gevoel van *campanilismo*, een woord dat te maken heeft met het gemeenschapsgevoel van de mensen die binnen het geluid van de plaatselijke kerklok, de *campanile*, wonen.

Ik ervaar dit nieuwe gevoel van het vertrouwde al bij werk uit de dertiende eeuw, toen Duccio (1278-1318) een zweempje emotie toeliet op het gezicht van de madonna als Christus van het kruis wordt genomen, waarbij hij inbreuk maakte op de statische, iconografische en formele schilderstijl die helemaal onder de invloed van Byzantijnse mozaïeken stond. Je zou die nieuwe, meer expressieve benadering waarschijnlijk van maand tot maand kunnen volgen. Stel je voor dat je in die werkplaatsen rondhing toen nieuwe technieken van mond tot mond, van dorp tot dorp gingen. Van hieruit is het moeilijk om de verrassing van Duccio's tijdgenoten te peilen. Giotto (1267-1337) legde de verandering vast in de schilderkunst, en Nicola Pisano (1258?-1284) en later zijn zoon Giovanni (1265-1314) deden dat voor de beeldhouwkunst. Dan ontrollen de namen zich: Masaccio (1401-1428?), Fra Filippio Lippi (1406-1469), Fra Angelico (14??-1455), Andrea Mantegna (1430-1506), Domenico Ghirlandaio (1449-1494), enzovoort.

Als kunsthistorici over dit zich verspreidende realisme in de Italiaanse kunst praten, doen ze dat vaak in termen van de nieuwe emotie en het nieuwe perspectief, maar die vormen maar een deel van wat er is gebeurd. Toen het dwaze kleine hondje naar de voorgrond van een schilderij verdwaalde, maakte het denkbeeldige kwispelen van zijn staart dat de kunst op een veel directer niveau tot de verbeelding van de kijker sprak dan ooit tevoren in de geschiedenis. In 1430, toen Donotella's *David* met een zwierige hoed op zijn hoofd zijn bronzen heup uitstak, ontging de vloeiende sensualiteit van zijn geslachtsrijpe lichaam niemand.

Kunstenaars kregen opdrachten voor het beschilderen van kerken, kapellen, korenmarkten, banken, kloosters, stadhuizen, gildenhuizen, slaapkamers, gedenktekens op kerkhoven en standaards die door de straten werden gedragen. Beeldhouwers verheerlijkten de rijken met standbeelden en plaatselijke piazze met speelse, vreugdevolle fonteinen. De mensen begonnen de kunst elke dag in te ademen. *Kunst in het dagelijks leven.* Niet alleen een bovennatuurlijke daad om te vereren. Niet alleen een schaal met fruit op tafel.

Er moeten 10.000 Annunciaties bestaan. De engel is er getuige van dat de laserstraal van de heilige geest op een verschrikte (wie zou dat niet zijn) Maria afschiet. De boodschap kan niet worden misverstaan. Maar de plaatselijke inwoonster, haar mand groenten vlak naast zich terwijl ze bidt voor haar zoon die ten oorlog is getrokken tegen de Welfen, staart naar de achtergrond: naar het meer waar haar man vist, de heuvellijn die haar zo vertrouwd is als de rondingen van haar eigen heupen.

In Crivelli's (1435?-1495) versie van de Annunciatie is de maagd zelf het middelpunt. De bevruchtende lichtstraal vanuit de hemel, die zo op de condensstreep van een vliegtuig lijkt, verlicht haar over elkaar liggende handen en brede voorhoofd. Maar onze bezoekster met de mand groenten kijkt een hele tijd. Wat is dat, buiten de deur van de maagd? Een appel en een pompoen, zo duidelijk als wat. En op een plank boven haar hoofd haar zes witte pastaborden. Een kaasdoos. Een fles olie – ongetwijfeld extra puur – en een kandelaar. Uit haar raam op de eerste verdieping hangt een houten kooi met een zangvogel. Over een stenen balustrade hangt een oosters tapijt, met een kamerplant erop die moet luchten. We zijn plotseling thuis.

In heel Italië knielen ze of koelen ze hun voeten op de tegelvloer van de kerk. Op een zijpaneel is een paard een ravijn in geslipt, valt een man van een ladder, stort een stenen muur in op een monnik. Het kindeke Jezus ziet er net zo uit als het kind van de buurvrouw, geboren zonder dat er een vader te bekennen is. Lelijke kleine *bambino* die een vogel de keel afknijpt. Of daar: Sint-Hiëronymus, groot man, in zijn studeerkamer met de schaduwachtige figuur van zijn gezel, een leeuw. En daar: zijn badhanddoek aan een spijker, een briefje op zijn bureau geprikt, een kleine kat. *Mijn huis is jouw huis.*

Een prachtig palazzo in Cortona is in dertien appartementen verdeeld. Achter de renaissancegevel staat nog het middeleeuwse huis. Het moet voor de architect een nachtmerrie zijn geweest om van die bochtige gangen en in elkaar overlopende kamers appartementen te knippen en te plakken. We zitten aan het avondeten in de keuken van Celia en Vittorio. Vroeger moet het een zitkamer zijn geweest. Vittorio en Celia hebben op alle vier muren onder het witsel een tweehonderd jaar oud tuintafereel gevonden. Het trompe-l'oeil ijzeren hek scheidt de kijkers van de bloemen en verre heuvels. We bewonderen het uitzicht, terwijl we schijfjes venkel in de olijfolie van Vittorio's ouders dopen. 'O, alle flats in dit gebouw hebben fresco's in elke kamer,' vertelt hij, 'maar de meeste mensen hebben nooit de moeite genomen om ze bloot te leggen.' Hij laat ons de andere kamers zien, de verleidelijke glimpen van meloenkleur en aquamarijn waar ze de fresco's nog niet hebben gerestaureerd. Hoe kunnen ze ertegen om ze niet te zien? Ik denk dat ik hele nachten zou opblijven om het poederige witsel met een natte spons en een tandenborstel te bewerken. Toen we in onze eetkamer een fresco ontdekten vonden we het bijna een wonder. Een fresco! Sindsdien zijn we erachter gekomen dat je in Cortona bijna altijd een fresco ontdekt als je begint te schrobben.

Antonio, die ook in dit palazzo woont, komt langs voor een glas wijn. Hij neemt ons mee naar het geheimzinnige appartement waarin hij is opgegroeid. We komen een grote kamer binnen, dan nog een. De muren hangen vol schilderijen van zijn overleden moeder – portretten en landschappen. Haar piano, haar meubels, haar foto's op de schoorsteenmantel staan er nog steeds. Er is een foto van de vier jaar oude Antonio op de knie van de kerstman. Jaren geleden heeft iemand onder op de muur een beetje geveegd, genoeg om te onthullen dat er iets kastanjebruins en groens onder zit, maar wat? Ik verbeeld me de snelle ronding van een paardenbil te zien. Deze kamer wordt kennelijk niet gebruikt. We gaan door een rare lage gang naar een enorme ruimte onder het dak, van waaruit je een schilderachtig uitzicht hebt op de piazza helemaal in de diepte. Antonio neemt me mee naar een zijkamertje dat propvol staat met zijn schilderijen. In de grote ruimte staat een lange tafel met schetsen en uitgeknepen tubes verf. Twee katten vliegen de kamer door en rollen zich dan samen op in een reusachtige haard waar mensen zich sedert de zestiende eeuw hebben verwarmd. Wie heeft intussen deze muren met zijn kwast bewerkt en wat is er geschilderd? En wie kreeg genoeg van de muurschilderingen, vond dat wit mooier was en vaagde ze gewoon weg? Antonio zit bij de tochtige haard met zijn wilde katten, drinkt koffie, tekent en loopt naar de ramen om naar de piazza te kijken.

Hij heeft nog meer kamers die we niet zien, kamers die hij heeft afgesloten. Onder verf en rook stel ik me andere tuintaferelen voor, Annunciatie, mythologische samenkomsten, Europa's, verafgelegen kastelen, taferelen uit de levens van heiligen. Maar Antonio laat me de decoratieve rand zien die hij voor iemands huis heeft ontworpen, een gerestaureerd huis met pas gepleisterde muren waarop hij gouden acanthusbladeren met omtrekken van Pompejisch rood zal schilderen. Over honderd jaar zal op een ochtend een vrouw wakker worden, haar ogen langs de bovenkant van haar slaapkamermuur laten gaan en denken: *nee*, denken: *bloemen, ik wil daar graag bloemen zien*, en Antonio's werk zal worden bedekt met een rozenrand.

Ik vraag Antonio of zijn vriendin Flavia en hij een rand willen schilderen in de badkamer die we gaan opknappen. Ik vind de gestileerde aanrollende Etruskische golf prachtig. Hij schetst er een paar. We kiezen voor melkachtig blauw, met omtrekken van twee abrikooskleurige lijnen.

De volgende dag sta ik me in een winkel voor schildersbenodigdheden te vergapen aan het oorspronkelijke aquarelleerpapier, tubes met verrukkelijke namen, dikke schetsblokken en dozen kleurpotloden. Toen mijn dochter klein was, zetten we vaak een tafel in de achtertuin, waar we dan de hele ochtend schilderden. Ze had een levendig gevoel voor kleuren en dacht toen al in het groot. Ze schilderde reusachtige purperen olifanten met achtergronden van woest neergesmeten kleuren, en prinsessen in wervelend roze. Bij haar blokkendoosachtige huizen met een zon vol spaken erboven tekende ze altijd mensen in de tuin en katten op de vensterbanken. En wat staat daar opzij? Een gele cabriolet. Mijn aquarellen werden opgerold en onder het bed verstopt. Het stilleven met een blauwe kom met sinaasappels was doodgeboren. De tere koraalkleurige klokjes tegen de stenen muur brachten geen sfeer van structuurcontrast over. Met hoeveel plezier zat ik in de zon naar mijn dochter te kijken, die karmijnrood verdunde tot lichtroze, het fijne penseel erin doopte en iets schiep waar niets was – ze voelde zich helemaal vrij. Ik was niet zomaar spontaan góed genoeg.

In de winkel zoek ik pastelkrijt uit en iets uit de stapel handgemaakt papier. Het vage idee dat ik in Orvieto begon te krijgen, neemt een bewustere vorm aan. Ik ga het plezíer tekenen dat ik beleef aan wilde paarse orchideeën die elke dag te voorschijn springen, aan de schandelijke *upupa*, hop, die elke morgen in mijn hazelaar neerstrijkt, en aan de lijnen van de heuvels die ik vanuit mijn studeerkamer zie, hoe ze in elkaar overlopen als plooien in een groen fluwelen rok. Ik heb die beelden ingeademd. En als ik kunst echt heel diep zou kunnen inademen, zou ik proberen uit te beelden hoe ik me voel wanneer al die vogels 's ochtends zingen, al hun megahertz tegen de zonsopgang aan smijten.

Ik heb altijd gehouden van het raakpunt dat de natuur heeft met het verlangen om kunst te scheppen. Ik doe het in de vorm van woorden. Hoe moet je de geur van natte jasmijn door de muren van het huis trekken? Door middel van de inkt in de pen, de toetsen van de computer? Het donker, als de vogels beginnen – zo door elkaar kwetterend dat je hun wijsjes niet kunt onderscheiden – zo eigenzinnig toegankelijk voor muziek, kunst, woorden. Gezang als een stroomversnelling, een zandbank net onder water, zonlicht voortgeduwd door het tij. Hoe weten ze wat ze moeten zingen en waarom zingen ze? Hoe moet je uitdrukken dat weliswaar alles op het spel staat wanneer je kunst ervaart of maakt, maar dat het tegelijkertijd een vreugde is waarvoor we in de wieg zijn gelegd? Hoe moet je de dagelijks oprijzende groene uitbarsting van vogelgezang schilderen of beschrijven? Het zweven, de draad die met een zilvergepunt instrument langs de zwarte heuvels wordt getrokken, langzaam smelten van roze, doorzichtig blauw, en het ritme van de vogels dat nog steeds opstijgt?

Ik lig half wakker in bed en vraag me af of ik ben gestorven en of dit het is wat beloofd was. De pijn in mijn onderrug door het uitgraven van stenen in de bloembedden herinnert me eraan dat ik nog onder de levenden verkeer en dat de aarde gewoon is teruggekeerd tot dageraadkleuren; tot verstrooiing van licht, en dan tot de vogels die wegfladderen uit hun koor en nu hun eigen brutale gekwetter van boom tot boom laten horen. Ik verlang naar de schepping.

Dit is een dag als alle andere, zo glipt kunst naar binnen en naar buiten.

KRANKZINNIGE JULI: DE GONZENDE URN

❖

Eenendertig dagen achter elkaar logees. Een zevende stel dreigt te arriveren. Als Primo Bianchi langskomt om te zeggen dat hij aan het werk kan, bel ik die kennissen; ik had al gewaarschuwd dat we hen misschien niet te logeren konden hebben vanwege het restauratieproject. 'We zouden het enig vinden om te zien hoe dat toegaat,' zegt mijn voormalige collega. 'We zullen niemand voor de voeten lopen.' In San Francisco zie ik hem zelden, maar ik kwam hem tegen toen een wederzijdse vriend een boek signeerde, en dat heeft er op de een of een andere manier toe geleid dat zijn vriendin en hij nu bij ons willen logeren.

'Dat werkt echt niet. Ze gaan twee badkamers slopen. Ik denk dat jullie in een hotel prettiger zitten.'

Stilte aan de andere kant van de Atlantische Oceaan. Dan: 'Jullie hebben toch drie badkamers?'

'Ja, maar je moet door onze slaapkamer om bij die derde te komen.' Daar heeft hij even niet van terug en hij vindt het goed dat ik een hotel voor hem bespreek.

Toen ik studeerde droomde ik vaak over een geel huis aan een schaduwrijke straat. De onbepaalde locatie kon Princeton, Gainesville, Palo Alto, Evanston, San Luis Obispo, Boulder, Chapel Hill zijn – een universiteitsstad waar iedereen zich het liefst op de fiets verplaatste, tomaten in de achtertuin werden gekweekt en vrienden langskwamen zonder van tevoren te bellen. Mijn bureau zou op de eerste verdieping bij een raam staan, waar ik de spelende kinderen in de gaten kon houden, naar beneden kon rennen om het braadvlees te controleren. Ik stelde me logeerkamers voor met blauw linnen behang, een kamer met dakkapel en spijlbedden voor kinderen, en een eetkamer met openslaande deuren over de hele breedte. Vrienden konden zo lang komen logeren als ze wilden, hun kinderen samensmeltend met de mijne aan de grote ronde tafel. Deze fantasie werd afgewisseld met een andere: alleen in een prachtige stad wonen, Parijs, San Francisco of Rome, waar ik een nauwsluitende zwarte tricotjurk, sandalen en een zonnebril zou dragen en dunne sigaren zou roken terwijl ik in een café gedichten schreef in een leren boek.

In de loop van de jaren zijn fragmenten van die dromen uitgekomen. Maar tot nog toe had ik nooit meer dan één logeerkamer gehad. Met drie extra slaapkamers is mijn droom van de gulle tafel en de open deur werkelijkheid geworden.

Je kunt beter zeggen: draaideur. Dromen moeten soms worden bijgesteld. Deze zomer hebben we al zes stellen logees gehad, bedden die eenendertig dagen achter elkaar waren bezet. Geen pauze. Ik moet per lopende band brood en vlees uit de stad laten komen. Giusi en ik halen de lakens van de bedden en de wasmachine staat uren te bonken en te draaien. Ik ben vervallen in een vast menu voor de lunch: *caprese* (salade van mozzarella, basilicum en tomaten), *focaccia*, verschillende soorten salami en ham, groene sla, kazen en fruit. 'Al weer?' vraagt Ed.

'Ja! Zij weten niet dat we dat al vier dagen achter elkaar hebben gegeten. En vanavond gaan we buitenshuis eten.'

Ik sta klaar om routes te tekenen naar de antiekwinkels van Monte San Savino of de Etruskische tomben bij Perugi, maar vaak zeggen ze: 'We willen gewoon hier blijven. Die vier dagen in Rome waren doodvermoeiend...'

Op welk moment sloeg ik van *ik verheug me erop jullie te zien* om in *hoe lang, o, hemel, hoe lang blijven jullie logeren?* Dat moet rond de tiende dag zijn geweest. Voor Ed was het rond de vijfde dag; hij is meer een kluizenaar dan ik. Hij moet zijn uren voor zichzelf hebben om te schrijven en op het land te werken. Als er te vaak mensen over de vloer zijn, knapt er iets en krijgt hij migraine. Bij de derde ronde gasten werden we moe van ons eigen stemgeluid. Bij de vierde ronde schakelden we over op de automatische piloot, begonnen we bijna te wijzen in plaats van te spreken. 'Bus naar Siena vertrekt,' fluisterde ik bij hun deur. Een zwakke poging tot humor. We hebben afgesproken om acht uur in de auto te zitten om de hitte te vermijden. Ed heeft al getankt zodat we vroeg weg kunnen. We hebben gedoucht en zijn om halfacht klaar, borden meloen op tafel, de koffie sissend op het fornuis. Om halftien slapen ze nog. Als we om tien uur vertrekken zijn we een uur voordat alles dichtgaat vanwege de siësta in de stad. Onze gasten zullen zich ontzettend ergeren aan dat achterlijke gebruik. Het schijnt onmogelijk te zijn om het ritme van de Italiaanse dag te begrijpen. 'We hebben vakantie; we willen geen schema. Laten we gewoon kijken hoe het loopt,' zegt hij. 'Ja,' beaamt zij, 'en een heleboel winkels blijven trouwens open tijdens de siësta.' Nee, dat doen ze niet, denk ik, maar ik zeg niets.

Toen ze vertrokken, kon ik het zelfs niet meer opbrengen om de grijze kat van de buren, die soms langskomt voor een schoteltje melk, dag te zeggen.

'Is tien dagen te lang?'

'De vrienden met wie we op reis zijn, hebben zoveel over jullie gehoord. Mogen we met zijn zessen komen lunchen?'

'De kamergenoot van mijn zoon en zijn neef komen in jullie buurt en we dachten dat jullie het leuk zouden vinden om een stel jongens te spreken die voor het eerst in Italië zijn.'

Mijn mond vindt het moeilijk om het woord 'nee' te vormen, maar ik begin het te leren. 'Ik ben bezig met een project,' zeg ik, waarop ik te horen krijg: 'Nou, maak je over ons geen zorgen. Je zult helemaal geen last van ons hebben. Jij schrijft maar gewoon en wij gaan er overdag op uit.' Als ik zeg dat we tot onze spijt helemaal vol zitten op de data die ze voorstellen, is het antwoord vaak: 'Zeg maar wanneer het schikt, dan richten we onze vakantie naar jou.'

Welkom, Primo. Je weet niet hoe welkom. We hebben de twee oorspronkelijke badkamers al vanaf het begin willen renoveren. Omdat ze werkten, zijn andere, meer dringende projecten eerst aan de beurt gekomen. We negeerden de gebarsten porseleinen wastafels en de grillige douches die de hele vloer nat sproeiden, hingen gewoon koperen handdoekrekken en antieke spiegels van de markt in Arezzo op en besteedden onze energie en ons geld aan centrale verwarming en het ontwarren van elektrische bedrading. Anders dan die monsterprojecten geeft het veranderen van de badkamers onmiddellijk plezier.

Terwijl onze eerste gasten zonnebrandolie op elkaars rug smeerden, vlogen wij weg om wc's en lampen te bestellen. Toen de volgende logees er waren, zochten we naar tegels. Het werd tijd om te kiezen; ze moesten worden besteld. Karen en Michael wuifden ons na vanaf het terras op de eerste verdieping, waar ik een kom fruit en een kan ijsthee met kaneel had achtergelaten om ze zoet te houden tot we terugkwamen.

Tegels uitzoeken in Italië zou zelfs mijn twee zusjes afschrikken, die hele dagen kunnen doorbrengen met het bekijken van stoffen, lampen of behangpapier. Achter de aantrekkelijke showrooms van bedrijven in bouwmaterialen liggen altijd stoffige opslagplaatsen. Als je in de showroom, in de modelbadkamers met douches als ruimtecapsules en whirlpoolkuipen boordevol snufjes, niet vindt wat je zoekt word je losgelaten in het *magazzino*. Daar moet je het zelf maar uitzoeken tussen rekken, stapels en kisten met tegels in tinten honingroze, elegante kalksteenvierkanten, de duizend versies van handgeschilderde blauwe en witte vogels en bloemen, glanzige primaire kleuren, en – het is toch niet te geloven! – de roze met blauwe vlinder die we juist uit het huis gaan verbannen. Ik merkte meteen dat ik een voorkeur had voor tegels waarin je de maker herkent, met het wat ruwere oppervlak en de traditionele ontwerpen. De collectie marmeren en natuurstenen tegels is ook overweldigend. Voor de eerste keer in mijn leven dacht ik dat ik geen keus kon maken. Toen we de eerste badkamer opknapten, wist ik wat ik wilde – grote marmeren vierkanten – en keken we gelukkig niet eens verder.

Ten slotte werkten we volgens het afvalsysteem, zodat er een paar keuzen overbleven, en besloten we na een paar dagen terug te gaan. Toen we op Bramasole terugkwamen, zagen Karen en Michael er stralend en smetteloos uit in nieuwe kleren die ze voor de reis hadden gekocht. Ed en ik waren vuil van het pakhuis, en mijn stofallergie begon op te spelen. Maar – lunch over een paar minuten! En 's middags het Etruskische museum, de kerken in Boven-Cortona, het klooster waar het smalle bed van Sint Franciscus nog is te zien.

'*La dolce vita*,' zeggen ze, achteroverleunend voor een slokje grappa tijdens de lange avonden, terwijl ik in de keuken een blik werp op de stapels pannen. 'Ik denk dat ik maar eens naar bed ga; het is zo ontspannend hier. Jullie boffen toch maar – de hele dag niets anders te doen dan genieten van al deze schoonheid.' De mooie gasten lopen op hun gemak naar boven en vergeten te zien dat Ed en ik onze mouwen opstropen voor een rondje vet en zeepsop. Terwijl we schrapen en vegen bonkt boven onze hoofden hun bed ritmisch tegen de muur.

Tegen de tijd dat ze vertrekken zijn we wat de tegels betreft van gedachten veranderd. Eindelijk hebben we een hele ochtend de tijd om rond te kijken, hoeven we niet naar huis te rennen om uitgehongerde gasten te voederen. Voor de oorspronkelijke badkamer van het huis, door mijn dochter 'il brutto', de lelijkerd, genoemd, kiezen we een rozige natuursteen, met dezelfde steen in crème voor de rand. Voor de nachtmerrieachtige vlinderbadkamer nemen we een handgemaakte Siciliaanse tegel met een blauw en geel patroon op wit.

De droom over het gele huis is nog steeds werkelijkheid. Ik vind het heerlijk om hier vrienden en familie te logeren te hebben. In een vreemd land zien we elkaar in een ander perspectief dan anders, wat de intimiteit die er al tussen ons bestaat kan verhogen en verrijken. Goede vrienden steken meteen de handen uit de mouwen en lopen graag naar de markt om aardbeien te halen. Ze komen thuis met ideeën voor het avondeten en we hebben de grootste pret met het frituren van courgettebloemen en het maken van watermeloensorbetto. Ze staan klaar om op zoek te gaan naar een Romeinse weg waarover we hebben gehoord, koffie te zetten, of zelfs het aspergebed te wieden. Voor de slechte gast maakt het niet uit waar hij is; de goede gast lijkt te weten dat elke plek uniek is en geeft zich over aan de nieuwe hartslag, laat de plek zijn gang met hem gaan.

Nu arriveren Toni en Shotsy uit San Francisco met een lijst dingen die ze willen zien; sommige zijn nieuw voor ons. Op hun eerste avond zijn ze opgetogen over de zwermen vuurvliegjes in de laan. Zelfs als je met hen naar de stad wandelt beleef je nieuwe avonturen. We lopen langs de San Francesco, een kerk die eeuwig dicht is wegens restauratie. Shotsy ziet een priester bij de zijdeur en vraagt of we even binnen mogen kijken. Hij lijkt het leuk te vinden dat we belangstelling hebben. Zijn halve gezicht is bedekt met een geboortevlek. Hij heeft een openhartige blik en onder het lopen beweegt hij zijn hoofd heen en weer, terwijl zijn zwarte pij stofpluizen verzamelt. We lopen een uur rond in de gewelfde, donkere kerk, die in plaats van de oorspronkelijke sobere architectuur een barokinterieur heeft gekregen. Dan neemt de priester ons mee naar een kamer met gesloten kasten. Hij wil ons iets bijzonders laten zien, maar eerst toont hij ons de schedels van een aantal Romeinse martelaartjes, elf of twaalf jaar oud. De planken liggen vol haarstrengen en stukjes bot. Eerbiedig haalt hij er een lap stof af. 'De laatste sjerp van Santa Margherita, een zeldzaam en kostbaar relikwie.' Dan laat hij ons een stuk van een gewaad van Sint Franciscus zien. Deze kerk, die naar hem is genoemd, is gebouwd door zijn vriend broeder Elias, over wie weinig bekend is, behalve dat hij een tijd als kluizenaar heeft geleefd in de heuvels boven ons huis. De priester geeft ons een hand en zegt: 'Ik ga waarschijnlijk naar de hel, maar jullie gaan allemaal naar de hemel.'

In de buurt van de Piazza San Cristoforo roept een man die kersen aan het plukken is: '*Buon giorno*,' en gooit er een paar naar beneden om te proeven. Dat alles hebben we meegemaakt, en het is nog niet eens tien uur. De rest van de dag gaan ze eropuit en ze komen thuis met hele verhalen. We vinden het jammer als ze vertrekken.

Vroeg in de vorige zomer, toen Ed zijn voorjaarscolleges nog moest afmaken, zijn mijn twee zusjes met me meegegaan. Omdat onze moeder al vele jaren in een verpleeghuis zit, draaien onze gesprekken wanneer we elkaar zien bijna altijd om haar ziektes, haar onverwachte moeilijkheden of gewoon de pijnlijke regelmatige bezoeken aan haar. Voor het eerst in te lange tijd praatten we over alles behalve moeder. We doorkruisten heel Toscane, kookten pasta en werkten in de tuin. Semi-professionele winkelbezoekers als ze zijn, ontdekten ze in Florence zaken waarvan ik het bestaan niet vermoedde. Onze tante Hazel was niet lang daarvoor overleden en had ons alle drie een kleine erfenis nagelaten. We besloten geld over de balk te gaan gooien. We hadden tenslotte helemaal niet op dit meevallertje gerekend. Ik al helemaal niet. Wanneer ik me als kind van een egoïstische kant liet zien kreeg ik altijd te horen: 'Je wilt later toch niet zo worden als tante Hazel?' Toen mijn grootmoeder overleed, was tante Hazel te zeer overstuur om naar de begrafenis te gaan. Toen we na afloop allemaal naar het grootmoederlijke huis gingen kwamen we tot de ontdekking dat tante Hazel alle beste spullen van moeder Mayes in haar auto had geladen. Vanwege een andere pijnlijke herinnering, waarover ik liever niet schrijf, had ik niet tegen Hazel gepraat sinds ik was gaan studeren.

Mijn zusjes en ik gingen in de beste restaurants eten en eindigden elk maal met: 'Dank je, Hazel. Dat was heerlijk.' We begonnen zowaar een beetje genegenheid voor haar te voelen. We kochten schoenen en presenteerbladen en shawls, en zeiden: 'Hazel, wat lief van je,' als we de winkel uitliepen. Hoe weinig ik haar ook mocht, ik merkte dat haar laatste daad ten opzichte van mij een gevoel in me wakker maakte dat sterk leeft in onze familie: het aloude instinct dat het hemd nader is dan de rok, en toen begon ik haar alsnog te vergeven.

Op een dag bevonden we ons in de diepe schuilhoeken van een middeleeuws gebouw in Florence, waar ons kamers met tassen en sieraden van ontwerpers werden getoond. Mijn zusjes waren opgetogen over de prijzen en begonnen uit te zoeken – gouden armbanden, portefeuilles, zomerhandtassen. Plotseling kreeg ik het gevoel dat dit allemaal gestolen waar was, maar ik kon niets zeggen omdat de signora die ons vanuit haar winkel hierheen had gebracht net genoeg Engels verstond. Ik hoopte dat ze klaar waren voordat de carabinieri een inval deden. We verlieten het pand met artikelen van Gucci en Chanel, allemaal echt, dat wisten mijn zusjes. 'We hebben geluk gehad dat we niet zijn opgepakt,' zei ik in de taxi. Vreemd genoeg hebben ze betaald met cheques, en niemand heeft die ooit geïncasseerd. Er viel maar één opmerking waardoor we plotseling weer op vertrouwd terrein waren. Toen we in de hoteltuin met klaterende fontein ontbeten, kregen we volmaakte kanteloep. Ik weet niet meer wie van ons zei: 'Dat zou moeder heerlijk hebben gevonden.' Een grote opluchting om weer contact te hebben op een nieuwe basis. Als we elkaar nu onverwacht een cadeautje sturen doen we er een kaartje bij: *Liefs van Hazel*.

Badkamers. De Romeinen waren er dol op. Hun baden met zwart en witte mozaïekdolfijnen en gestileerde zeewezens zijn nooit verbeterd.

De oorspronkelijke ontwerpers van de badkamerdecoraties op Bramasole hebben zich helemaal niet laten beïnvloeden door de fantasievolle Romeinse ontwerpen. Al in een vroeg stadium van dit avontuur realiseerden we ons niet alleen dat de oude badkamers lelijk waren, maar ook dat onze rioolzuiveringsinstallatie – één cementen tank – onvoldoende was als we logees hadden. Vieze luchtjes en schorpioenen kropen door de afvoerbuizen omhoog. We lazen boeken over zelfstandige watervoorziening, over afvalverwerking op het land, maakten kopieën van tekeningen van septic tanks. Na een paar uur graven achter het huis onthulde Primo dat de afvoer van de douche rechtstreeks in de tank uitkwam, wat helemaal in strijd is met de milieuvereisten. Na nog meer graafwerk bleek dat alle drie douches en wastafels er tientallen liters water in loosden, waardoor het afval werd weggeperst voor er biologische zuivering kon optreden. We zijn ons eigen terrein aan het vervuilen. Dat denken wij, met onze boekenkennis, tenminste. 'Zo wordt het altijd gedaan,' hebben loodgieters ons verzekerd. 'Uw systeem is in orde.' Wij vinden van niet. We hebben er bij Primo op aangedrongen dat er een betere opzet komt. We willen dat de afvoer van douches en wastafels buiten het septic systeem om gaat. We willen dat het afval de septic tank verlaat via lange buizen, waarin hier en daar met stenen gevulde holten zitten om het nog beter te filteren.

Als Primo en zijn mannen arriveren, gaan we naar buiten om het aanvalsplan met hen te bespreken. Ed en ik hebben dagen van tien uur gemaakt om tegelvloeren te ontkalken, dagen van tien uur om deuren te schuren, maar je ware liefde aankijken over de open septic tank zou weleens een lakmoesproef kunnen zijn. Primo wil uitleggen hoe het allemaal in elkaar zit. Hoe ze het afval zuiveren en waar het de tank uitgaat. 'Deze tank is oké,' houdt hij vol, 'ik moet er alleen een extra compartiment in maken. Kijk maar, *acqua nera* erin,' en hij wijst naar een pijp van de badkamer. Hij schraapt zand van het deksel van de septic tank en wrikt het omhoog. Ik slaak een kreet en deins achteruit. Dit is te erg. Ik wil overal liever zijn dan hier. Totaal niet van zijn stuk wijst hij: '*Acqua chiara* eruit.' Zwart water erin, helder water eruit. Voor mij ziet het er allemaal nera uit. Primo springt rond, zo kwiek als een kat op een eettafel. Ed heeft met zijn hand over zijn neus een stap achteruit gedaan. 'Daar, dan daar, dan naar buiten. Allemaal helder.' Plotseling maakt Primo een kokhalzend geluidje als hij het deksel weer op zijn plaats schuift en opzij springt. We beginnen allemaal te lachen en lopen snel weg.

Omdat vanwege onze steile heuvel een heel grote tank alleen afgeleverd kan worden met behulp van een kraan die hem over de muur hijst, stelt Primo voor dat we twee tanks gaan gebruiken: de oude achter het huis houden en een nieuwe installeren in het Lindeprieel. Hij schudt zijn hoofd en haalt zijn schouders op. 'Groot genoeg voor een flatgebouw. Een ziekenhuis. Bel de honingwagen op; vraag of ze vandaag komen.'

Hij vertrekt om materialen te halen. De mannen gaan naar boven. De kleine badkamer is het eerst aan de beurt en die is in een ommezien gesloopt. Franco en Emilio – hoe kunnen ze daar met zijn tweeën werken? – brengen de ene emmer met tegels na de andere weg. Dat zijn Ape er niet onder is bezweken, begrijp ik niet, maar Primo is heel langzaam door de buxuslaan naar boven en over het voorterras gereden met een reusachtige cementen septic tank, die moet worden ingegraven. De oude wc wordt in de Ape geladen. Zeno, een Pool, begint een greppel te graven en Ed sleept stenen naar onze stapel, waarmee we nu een klein huis zouden kunnen bouwen.

Op de weg beneden toetert de honingwagen. Ik kijk uit het raam en zie een tractor met een roestige tank en een wuivende man. Ed loopt snel naar buiten. De chauffeur gooit hem een touw toe en Ed hijst de slang naar boven. Secondo komt naar boven en laat zijn tractor op de weg staan ronken. Hij heeft haren als wattenballetjes en loopt alsof hij een prooi bespringt. Hij begroet Ed als een oude vriend. Na mijn korte blik op het darmenstelsel, om het zo te zeggen, van het systeem wil ik niet eens kijken. Ik hoor zuigende, plassende geluiden. Niet lang daarna hoor ik Ed in de douche. Hij lacht. 'Wat is er zo grappig?'

'Dat was ongelooflijk. Het is gewoon – ik had nooit gedacht dat ik dat nog eens zou doen, weet je. In het rond rennen om te helpen poep uit een tank te halen. Het systeem is leeg en doorgespoeld. Ik vond Secondo echt aardig – hij wilde de olijven zien en zei dat hij zijn zoon zou sturen om onze terrassen te ploegen.'

Hoewel ik er moeilijk toe kom om te schrijven, Italiaans te studeren of te lezen wanneer er logees zijn, heb ik daar helemaal geen problemen mee als er een project aan de gang is. De mannen van Primo werken, en ik ook. Ed ook. Twee uur vóór de werkers arriveren is hij al op en zit hij in het schemerige licht te schrijven, wat hij het prettigst vindt. In de reeks gedichten waarmee hij bezig is, begint en eindigt elk gedicht met een Italiaans woord, vaak een woord dat in het Engels ook iets betekent, zoals *ago*, naald, en *dove*, waar. Een van zijn genoegens van Italiaans leren is geweest dat het doordringt in zijn werk. Hij kan uren zitten studeren op de herkomst van woorden.

Ik begin elke dag met een wandeling naar de stad. Mijn ritueel is om mijn cappuccino te drinken in een bar waar *Wonder Woman* luidkeels blèrt in nagesynchroniseerd Italiaans. Ze is vrolijk, en een uitstekende tegenhanger van het nieuws. Gisteren stond er in de kop: 'Hagedis gevonden in diepvriesspinazie'. Elke morgen komt er een heel kleine man met een hoofd in de vorm van een schnauzerkop in de bar. In plaats van een *caffè macchiato* te vragen, een espresso die 'bevlekt' is met melk, zegt hij altijd: '*Mi macchia, Maria,*' bevlek me, Maria. Ze vertrekt geen spier.

Als om acht uur de mannen komen, is Ed die dag klaar met schrijven. Hij komt te voorschijn in short en laarzen en wil eigenlijk het struikgewas op het bovenste terras onder handen nemen, maar in plaats daarvan gaat hij naar de groentetuin om onkruid uit te hakken. Plotseling is de orto helemaal van ons. Anselmo ligt in het ziekenhuis met longontsteking, wat vreemd is in juli. Hij belt ons met zijn telefonino om te zeggen dat we 's morgens moeten sproeien, alle aardappels uit de grond moeten halen en ze twee dagen moeten laten drogen in een enkele laag voor we ze in het donker opslaan.

Als we hem een bloemetje gaan brengen treffen we hem aan in een naargeestig zaaltje met zeven andere mannen in ijzeren bedden. Hij zit in ochtendjas op de rand van zijn bed. Meestal borrelt hij over van meningen en grapjes, maar plotseling ziet hij er teer en kwetsbaar uit, met een blote ronde buik die onder de ceintuur uitsteekt. Hij vraagt alles over de orto. Hoeveel meloenen? Hebben we elke dag courgettes geplukt? We weten dat hij vindt dat we sla niet behoorlijk begieten of snijden. We zetten de gele begonia die we hebben meegenomen bij het bed. Als we weggaan horen we hem over de telefoon zeggen: 'Moet je horen, dat appartement aan de weg naar Dogana, daar kan ik je de volgende week in hebben...'

De mannen van Primo zijn *muratori*, metselaars. Tot onze verbazing leggen ze de buizen. We hadden verwacht dat de loodgieters dat zouden doen. Voor de installatie van de bedrading en lichten komen Mario en Ettore, loodgieter/elektriciens. Het zijn van die 'net zag je ze nog en nu zijn ze weg'-mannen – ongelooflijk efficiënt en snel. Mario schreeuwt; Ettore is zwijgzaam. Ze draven, het is toverij, ze zijn *bravissimi*.

'*Squilla il telefono*,' roept Mario uit het raam. Hij heeft de luidste stem in het universum. *Squillare* – rinkelen, en het schelle geluid van de telefoon werkt altijd een beetje op mijn zenuwen. Paolo heeft slecht nieuws. 'De tegels uit Sicilië, zo'n prachtige keus, de vertegenwoordiger vond het echt leuk dat iemand de goede smaak had om die tegel te kiezen, die tegels hebben jammer genoeg een ongeluk gehad in de vorm van een aanrijding van de vrachtwagen en de vrachtwagen is de zee ingereden. De chauffeur is niet gewond, maar de tegels...'

Het kost me een minuut om het tot me door te laten dringen. 'U bedoelt dat mijn tegels in het water liggen?'

'*Sì, mi dispiace; è vero*.' Het spijt hem, maar dat klopt. Dit is zo ongelooflijk dat we allebei in lachen uitbarsten. Zijn er nu visjes in de kisten aan het neuzen? De vrachtwagen is gekanteld en zit vast in het zand. 'We moeten opnieuw beginnen. En het is al bijna zomervakantie. Dan maakt niemand tegels.'

Er zijn heel dierbare vrienden op komst. Niet zo'n goed ogenblik, maar ze zijn altijd welkom. We hopen dat ze een beetje chaos niet erg vinden. We rijden snel naar Paolo en wachten terwijl hij schreeuwend opbelt over de tegels. Je zou denken dat hij met Mars telefoneert. Hij gooit de hoorn op de haak. 'Ze willen niets beloven maar ze zullen proberen ze hier op tijd te krijgen.'

'Als ze niet binnen twee weken hier zijn, kunnen we het werk niet afmaken.'

'*Boh*.' Paolo maakt allerlei gebaren van: wat kun je eraan doen. 'Sicilianen,' verklaart hij.

Gelukkig zijn de mannen nog niet begonnen met het slopen van de vlinderbadkamer. Als compensatie neemt Paolo ons mee naar zijn truck die is volgeladen met de materialen die we voor beide badkamers hebben besteld en met dozen kranen. We gaan ervandoor om boodschappen te doen voor het eten. We willen ravioli met eendenborst en olijvensaus maken voor Sheila en Rob, onze vrienden uit Washington.

Als we thuiskomen, zijn ze er al, zes flessen Brunello op een rijtje op de muur als gastgeschenk, en midden in de voortuin twee wc's, twee wastafels, een bad, een douchebak en een stapel dozen van meer dan een meter hoog. De gehavende badkuip van il brutto is naar buiten gebracht, en iemand heeft er een grote schildpad in gezet. Hij klimt tegen de helling op en glijdt dan weer naar beneden, paniekerig met zijn klauwen over het porselein krassend. Ik weet precies hoe hij zich voelt. Vanuit het Lindeprieel om de hoek horen we de onmiskenbare geluiden van schoppen die op steen stoten en de stemmen van Franco en Emilio die hun litanie van madonnavloeken inzetten. Het lijkt wel of ze een graf voor een kolossus aan het delven zijn. Ze staan er tot aan hun middel in. Zeno's greppel moet nog kilometers langer worden. Ed zet de schildpad in het aardbeienbed, Sheila en ik doppen erwten, Rob zet een cd op van de Righteous Brothers en schroeft het volume op bij 'Unchained Melody'. De mannen steken hun draagbare gaskomfoor aan om de pasta op te warmen die ze voor de lunch hebben meegebracht. Zeno zet de tuinspuit op zijn smerige benen. Ik ben helemaal gelukkig. We zitten op de stenen muur in de zon. Onze buurman Placido roept van de weg omhoog: 'Edward, Frances, ik heb een nieuwe naam voor jullie huis. Je moet het Villa delle Farfalle [Vlinderhuis] gaan noemen, want er fladderen er zoveel boven de lavendel dat het gewoon een wonder is. Net confetti – alsof er elke dag een feest aan de gang is.' Wespen hebben hun intrek genomen in de oude terracotta urn naast me. Er ontbreekt een handvat en hij is eeuwen geleden met cement aan de muur geklonken zodat de wind hem niet omblaast. De bezige wespen komen door een kleine opening naar buiten als helikopters die van een landingsplaatsje opstijgen. Rob trekt een fles Brunello open. Ik hoor de urn gonzen. Rob schenkt in en vertelt dat hij twee keer om Rome heen is gereden over de randweg. Ed, helemaal de dichter, fluistert in mijn oor: '*Vind je het niet zalig - deze urn is net ons huis.*' Hij legt mijn hand tegen de zijkant en ik voel het gegons.

Cynthia, een Engelse vriendin die al veertig jaar in Toscane woont, nodigt ons uit voor het avondeten op de dag dat Sheila en Rob, onze laatste gasten deze zomer, vertrekken. Op dit moment heb ik de aankomst in het hotel, volgende week, van mijn voormalige collega nog voor de boeg. Vandaag zweeft er zo veel stof van de bouw in ons huis dat het tussen onze tenen en op onze oogleden zit. Nog geen teken van de tegels, maar verder verloopt het project zonder een hapering.

We treffen andere stranieri, allemaal Engelse vrienden, aan tafel aan. Als Ed laat vallen dat we niemand bij ons thuis hebben gevraagd omdat we onafgebroken logees hebben gehad, barst het gesprek los. 'Je hebt gasten in twee soorten: uitstekend en verschrikkelijk. De laatsten komen het meest voor. Kennen jullie die uitdrukking: logees zijn als vis, ze blijven drie dagen goed? Zij komt in alle talen voor, de verafgelegen eilanden in de Pacific, Siberië, overal.' Max heeft altijd logees.

Cynthia serveert toevallig een grote vis, helemaal versierd met plakjes olijf die zijn gerangschikt als schubben. 'Weten jullie wat mij is overkomen? Mijn stiefzusje kwam aanzetten met twee verkouden kinderen - en haar auto deed het niet. Ze hees haar vieze koffer op de witte sprei en begon hun ondergoed op een hoop te gooien. Let wel: ik had haar in vijftien jaar niet gezien. Ze bleef tien dagen - nam nooit een bloemetje mee, een fles wijn of een stuk kaas, en heeft zelfs niet eens geschreven om te bedanken. Ze liet een briefje van honderdduizend lire (ongeveer zestig dollar) in de koelkast achter met een briefje waarop stond: "Voor eten". Is dat niet het einde? Erger kan het niet.' Haar ogen schieten vuur. 'En ik nog bang zijn dat ik al die jaren het arme kind verkeerd had beoordeeld.' Ze snijdt de kop van de vis en duwt hem opzij.

Haar vriend Quinton, een detectiveschrijver, schenkt de wijn in. 'Ik heb nooit logees. Te veel inbreuk.'

'Helemaal waar,' beaamt Peter. 'Een paar vrienden zouden met de trein uit Florence komen en ik stond om vijf over één bij het station om ze op te halen. Ze verschenen niet. Ik wachtte tot de trein van veertien over twee binnen was. Toen gaf ik het op. Ten slotte belden ze rond vier uur heel warm en nijdig vanuit het station.'

'Wij hebben eens een logee gehad die me alle kleine potjes jam, plastic douchekapjes en schoenpoetsdoeken uit hotels waar ze onderweg had gelogeerd aanbood als een cadeau. Een paar jampotjes waren open geweest en er zat een beetje boter op het deksel,' vertel ik.

'Best lief,' zegt Cynthia.

'Onzin,' zegt Quinton lachend. 'Die mensen zouden zich thuis nooit zo gedragen.'

'Ze heeft de lekkere zeepjes zelf gehouden,' zeg ik nog.

'Er raakt een steekje los als mensen naar het buitenland gaan,' zegt Ed. 'De woorden: *we zijn dan en dan in Italië*... werken bevrijdend. Het is alsof we een band hebben omdat we als door een wonder op hetzelfde ogenblik op deze vreemde plek zijn.'

Daar is Quinton het mee eens. 'Wij houden het kampvuur gaande en zij zijn de zwervers in de eenzame binnenlanden die veilig aankomen.'

'Het idee dat we aan het werk zijn, komt absoluut niet over. Als je in Italië zit heb je vakantie. Punt uit.' Peter kijkt even op zijn horloge. 'Morgen krijg ik trouwens een oude vriend te logeren.'

Onze buurman Placido komt vragen of we belangstelling hebben voor water uit de stad. We zouden de kosten voor een aansluiting vanuit Torreone kunnen delen. Tegen het midden van de zomer staat zijn watervoorraad op een laag peil en hij heeft net een nieuw grasveld aangelegd dat hij niet wil laten verkommeren. Toen we het huis kochten hebben we geïnformeerd naar watertoevoer uit de stad en gemerkt dat het schandelijk duur was. Anselmo heeft toen een nieuwe, honderd meter diepe put voor ons laten graven, die volgens hem nooit zal droogvallen. Maar Placido heeft een vriend; de kosten bedragen nu maar een kwart van wat we destijds te horen kregen. Je bent het eigenlijk aan je buren verplicht, en als er ernstige droogte optreedt, zijn we beschermd. Waarom niet? We kunnen de leiding laten leggen, hem afsluiten en pas gebruiken als het nodig is. Gelukkig zijn ze al een greppel aan het graven.

Voor we het weten zitten we midden in een immens project naast ons andere immense project. Een gigantische gele dragline graaft een sloot van Torreone, een kilometer verderop, helemaal naar ons huis. De hele dag schraapt hij grond die hij op de weg laat vallen. Mannen met ontblote bovenlijven plaatsen buizen en schreeuwen tegen elkaar. De hitte ligt op ons als de hete adem van een hond die de hele weg naar huis heeft gerend. De mannen hier versjouwen puin, graven, bikken in rots. We denken weer aan de lagen die ze twee jaar geleden met breekijzers uit de vloer van de huiskamer hebben gehaald; maar hier stoten ze op het zware rotsgesteente van de berg. In het gat voor de nieuwe tank zou een Fiat 500 kunnen. Ze leggen touwen om de tank en de vier mannen schuiven hem tot de rand van het gat en laten hem dan in een beheerste val zakken. Daarna zijn de buizen snel aangesloten. Met zijn allen helpen ze Zeno met het graven van de greppel. Ze smelten bijna. Vanuit het huis worden de septic- en waterleidingen gelegd. De elektriciens leggen buizen voor bedrading, voor het geval we ooit buiten elektriciteit willen hebben. Verder wordt er nog een gasleiding gelegd, zodat we de reusachtige groene tank uit de limonaia kunnen halen en de ruimte weer voor de citroenboompjes kunnen gebruiken.

Op de derde dag van het graafwerk langs de weg is de dragline bij ons, hapt hij heuvelopwaarts een spoor uit en wordt de waterleiding ook in de greppel gelegd. We staan er met ontzag naar te kijken. Wie had gedacht dat we nog eens een greppel van driekwart kilometer zouden graven?

Dit is de eerste dag dat Anselmo weer hier is. Hij ziet er bleek uit onder zijn rode baret en hij klimt behoedzaam de trappen naar de tuinterrassen op. Hij overziet de puinhoop die we van zijn tuin hebben gemaakt. We hebben de meloenranken hun gang laten gaan; ze zitten allemaal door elkaar. We hebben niet de juiste zijtakken van de tomaten verwijderd. Kennelijk hebben de worteltjes niet genoeg water gehad, want de grond is keihard, waardoor ze niet goed kunnen uitgroeien. Ik ben de toegewijde student die knikt en vragen stelt. We zijn gaan inzien dat hij altijd gelijk heeft. Hij prikt in het onkruid rond de artisjokkenplanten, knipt de blauwe distels van de planten die in het zaad zijn geschoten. Hij is het met Primo eens – dom om nog een heel septic systeem te installeren, en natuurlijk had de afwatering ergens anders moeten zijn.

Er zijn hier negen mannen aan het werk. Amalia, onze lerares, komt hierheen voor onze Italiaanse les omdat we niet weg kunnen naar Cortona. We voelen ons heel voldaan als ze zich over de balustrade van het boventerras buigt en naar hun gepraat luistert. 'Ik snap niet hoe jullie dit voor elkaar krijgen. Ik begrijp de helft niet van wat ze zeggen. Beseffen jullie wel dat daar beneden vier dialecten worden gesproken?' Intussen is het pleisterwerk in de kleine badkamer aan het drogen. Ingebouwde verlichting en de badkuip zitten op hun plaats. Primo's tegelzetter komt morgen.

In juli ziet de tuin er prachtig uit. Alles wat we hebben geplant, groeit uit tot zijn ideale zelf. Vita Sackville-West heeft eens gezegd dat haar tuin in een toestand van 'volle overvloed' verkeerde. In deze tuin heerst ook overvloed, een overstroming van kleuren. Alleen de dahlia's staan er zielig bij. Er zitten poederige schimmelvlekken op de bladeren en de bloemen verrotten voor ze opengaan. Al het andere heeft zich verspreid, is omhooggesprongen en bloeit op een alles te buiten gaande manier. Ik kijk uit door de ramen op de bovenverdiepingen en denk aan Humphrey Repton, die het Italiaanse huwelijk met een Engels basisontwerp misschien wel zou goedkeuren. Zelfs de potten met uitbundige geraniums aan alle muren dragen een spoor van Humphrey. In elke pot heb ik een ipomoeazaadje geplant. De ranken vallen omlaag langs de muur, slingeren zich om de buitenlampen of kruipen over de stenen. Hun zuiver roze gezichtjes bloeien open in de ochtendzon. Ik heb een oud stenen beeld gevonden van een vrouw met een korenschoof. Ze staat tussen potten hortensia, een knipoogje naar de Italiaanse traditie van tuinornamenten. Egisto, meesterfabbro in Ossaia, heeft niet alleen het originele hek van het huis gerepareerd, maar maakt ook ijzeren bogen voor een pergola met wijnranken bij de ingang van de Meerlaan. We denken nog na over iets met water – een kleine vijver, een fontein? In een antiquiteitenpakhuis in Umbria viel mijn oog op een verroeste, krullerige ijzeren bank die tegen een schutting stond geduwd met een paar even verroeste ijzeren hekken en bedden. Toen we vroegen wat de bank kostte, wist de eigenaar kennelijk niet wat hij hoorde; hij had nooit gedacht dat hij dat wrak zou verkopen. We reden met de bank op het dak van de auto door de bergen terug, ik met een arm uit het raam om een poot vast te houden; dan konden we tenminste stoppen als hij begon te glijden.

Anselmo's potten met citroenboompjes in de tuin zijn puur Italiaans. Hij heeft ze langs bamboe steunkooien geleid. 'Pluk ze, pluk ze,' dringt hij aan. Ik wacht ermee, want ik vind het zo mooi, die gele vruchten die tussen de bladeren bengelen. Na hun snelle groei in het begin zijn de twee Zeemeerminnen gekalmeerd en hebben ze een paar romige platte gele rozen geproduceerd. Alle Sally Holmes-rozen die we tussen de lavendel hebben geplant geven, cheerleaders als ze zijn, voortdurend armenvol witte pompoenen. Ze hebben de decadente lila roos, die toch al een zwakke zuster was, verstikt. Ed vindt een foto van de verwilderde tuin uit de tijd dat we het huis kochten, en nog een van een paar zomers later, toen die niet meer was dan een onbeplant stuk grond met een buxushaag eromheen. Als ik toen had kunnen bevroeden wat we voor elkaar zouden krijgen, zou ik minder slapeloze nachten hebben gehad. Ik vind de gedaanteverwisseling van de tuin net zo heerlijk als de restauratie van het huis. Door deze groene, bloeiende strook vormt het huis een lieve combinatie met de natuur. Verderop schept de cultuur van olijven, druiven, cipressen en lavendel een luchtiger schakel met de natuur, vóór de natuurlijke struiken en brem, de wilde asperges en rozen. Ik houd van dit oord om deze verbindingsniveaus, deze steunpunten tussen thuis en de grote wereld. 'Elke olijf heeft zijn eigen geschiedenis,' zegt Anselmo tegen ons.

'De rozen ook. Ze praten voortdurend tegen me,' grap ik.

Maar rozen kunnen hem niet schelen. '*Mah*,' reageert hij, en hij gaat weer naar de orto.

De vierkante stenen van twaalfenhalve centimeter zien eruit alsof ze altijd al in il brutto hebben gelegen. Weg is de vloer met zwarte en grijsbruine betontegels. De wastafel was in de stenen muur gemetseld. Aan de holte erboven kon je zien hoe lang de eerste eigenaar was. Zelfs ik, met mijn lengte van één meter zestig, moest een beetje door mijn knieën zakken om in de spiegel te kijken. Primo heeft de holte verhoogd en gewelfd, en ik heb een oude spiegel met roestvlekjes gevonden die er precies in past. Alleen door die ene verandering al was het benauwde gevoel van een kat in een poppenhuis verdwenen. Antonio en zijn partner Flavia komen aanzetten. Hun winkel drijft op het maken van lijsten, maar wat ze het liefst doen is decoratieve afwerkingen en ontwerpen maken. Ze hebben een proef bij zich van de Etruskische golf die rond de muur zal lopen. We zitten buiten thee te drinken en te experimenteren met verf om precies het melkachtige blauw, precies de rozige kleur voor de rand te krijgen. Flavia zou geschilderd moeten worden, met haar expressieve bruine ogen en amandelkleurige huid. Ze bindt haar lange haren op en doet er een doek omheen, zodat ze steeds meer lijkt op de madonna die op het punt staat op een ezel te stappen om de lange reis te ondernemen. Toch ontsnapt er nog een lok die door de blauwe verf sliert. Antonio heeft niets van Jozef. Te vrolijk en ironisch. Na een verhitte discussie over de proporties maken ze een plastic sjabloon voor de golf. Het schilderen gaat vlug. Ze tekenen de omtrekken met potlood en schilderen de golven dan met de vrije hand. We hebben het oorspronkelijke houten raam met brede vensterbank, waar in juni een nest lijsters is uitgekomen, gehouden. Ook het zitbad hebben we gehandhaafd, hoewel het oorspronkelijke wel vervangen moest worden. 'Wie koopt die nou?' vroeg Paolo minachtend, toen we informeerden of er nog zitbaden werden gemaakt. 'Ik,' reageerde ik. 'Ik vind dat het bij het huis past.'

Antonio komt me om de paar minuten halen. 'Vind je het mooi? Vind je het echt helemaal mooi?' Hij steekt een sigaret op en Flavia en ik wuiven met overdreven gebaren de rook uit ons gezicht, waardoor hij zich genoodzaakt voelt hem in een verfblik te doven.

'Ja. Wil je alle kamers in het huis schilderen?'

Telkens als ik naar boven ga doe ik de deur even open om te kijken. 'Lieve Ashley,' schrijf ik, 'il brutto is *il carino*, de lieverd, geworden. De kleinste badkamer die er bestaat, maar toegerust met mimosabadzout, de dikste Amerikaanse handdoeken, tuberozenzeep en een verlaten vogelnest op de vensterbank. Wanneer kom je hier baden?' Ze is zo slank dat ze in het onderste gedeelte van de piepkleine kuip kan glippen.

Nu Antonio hier toch is, maak ik een schets van een plank die ik graag in de keuken wil hebben, een over de hele breedte van de ruimte boven de bakstenen richel, waarop ik alle dienschalen zet die ik heb verzameld. Als ik een tweede rij heb, is er voor elk gerecht altijd een passende schotel voorhanden. Hij neemt de maat op; we lopen om het huis heen tot ik precies de roestige kleur heb gevonden die ik wil hebben. 'Ecco fatto,' zegt hij, komt voor elkaar.

Wat niet voor elkaar komt, als juli zijn einde nadert, is de vlinderbadkamer. De tegels zijn onderweg, maar komen pas aan als de tegelzetters van Primo al met vakantie zijn. Omdat we eind augustus weg moeten slaan we de spullen voor de badkamer in de limonaia op en maken we plaats voor de kisten met tegels. '*Pazienza, signora,*' zegt Primo, geduld. 'Volgend jaar zijn er weer nieuwe problemen.' Zeno gooit de greppel dicht. Gereedschap wordt schoongemaakt en in de Ape geladen. Mijn collega komt niet, hij zegt dat hij nog weleens komt als hij bij ons kan logeren. Anselmo hangt vlechten uien en knoflook in de cantina. Antonio installeert de prachtige plank – sommige dingen gebeuren zomaar, als door toverij. Ik laat mijn vermoeide lichaam in de nieuwe badkuip zakken, doop mezelf in het koude water dat door buizen en keien en zand onschuldig, onschuldig weg zal stromen naar het land.

VERDWAALD IN VERTALING

❖

In het menselijk embryo verschijnen in een vroeg stadium sporen van kieuwen bij de keel, zwakke herinneringen aan het feit dat we eens vinnen hadden en vrijelijk door rivieren en zeeën zwommen. Vaak voel ik in mezelf het spoor van nog een eigenschap – opgesloten zijn in één taal. Vrienden die meerdere talen spreken verzekeren me dat er een nieuwe persoonlijkheid te voorschijn komt wanneer je er een nieuwe taal bij leert. Dat is iets om je op te verheugen. Ik zou graag een persoonlijkheid hebben waarbij golvend haar is inbegrepen dat je bij passende pauzes in je zinnen naar achteren kunt gooien, en misschien zo'n getinte Italiaanse bril die er tegelijkertijd sexy én intellectueel uitziet. Ik zou willen dat mijn natuurlijke terughoudendheid verdwijnt als ik Italiaans zo vloeiend spreek dat alle gebaren en ritmen ervan me natuurlijk afgaan. Intussen kan ik zeggen: 'Heb je je goed gewassen?'; 'Meneer, dat is een belediging! Ik eis genoegdoening'; 'Vroeg of laat krijg ik een zenuwinzinking'; 'Catherine, heb je gekeken of de barometer is gezakt?'; 'Waar wij vandaan komen, vieren ze geen feest als er iemand is overleden,' en vele andere nuttige zinnen die ik uit mijn studieboeken heb geleerd. Met deze zinnen kun je niet adequaat reageren als Primo Bianchi met ons de ingewikkeldheden van een *fossa biologica* bespreekt, een biologische kuil, anders bekend als een septic tank.

Twee keer per week breng ik twee uur door in een witte kamer in een palazzo in Cortona. Ik ga er met een mengeling van opwinding en angst heen. Onderweg kom ik langs de papegaai die in een kooi buiten een antiekzaak woont. '*Ciao*,' zegt de vogel, en ik hoor de exacte, kauwende stembuiging van het plaatselijke ciao. Zelfs de vogel heeft er een beter oor voor dan ik. Amalia wacht me op met een stapel gekopieerde oefeningen die ik in haar bijzijn moet maken. Ze is van plan me eindelijk duidelijk te maken wat de verschillen zijn tussen verleden tijd, onvoltooid verleden tijd en voltooid verleden tijd. Volgens mij gaat het zo: ik winkelde; is was aan het winkelen en ging daarmee door; ik heb gewinkeld tot ik erbij neerviel. De drie reusachtige ramen van de kamer kijken uit over de daken van Cortona. We zitten aan een lange tafel, met het gezicht naar een schoolbord. Er is niets wat kan afleiden van de intensieve studie Italiaans. We beginnen met conversatie. Met de helft van haar normale snelheid spreekt ze duidelijk over een film van Benigni, een politicus die terechtstaat, een plaatselijk gebruik. We praten over waar we sinds de laatste les zijn geweest en wat we hebben gedaan.

Ik praat hakkelend, word herhaaldelijk verbeterd, hoor niet het verschil in de manier waarop zij *oggi*, vandaag, zegt en waarop ik het doe. Omdat het plafond zo hoog is, wordt alles wat we zeggen een beetje weerkaatst, wat het trauma vergroot. Bij werkwoorden hoor ik mijn blunders zodra ik ze maak. Gek – soms versta ik bijna alles wat ze zegt. We praten over de doodstraf, ravioli, of de maffia. Ik feliciteer mezelf als ik een slimme vraag stel – misschien merkt ze dat ik niet zo dom ben als ik klink. Andere keren heb ik het gevoel dat mijn brein een grote aardappelgnoccho of een bal *mozzarella di bufala* is, en versta ik de helft niet. Erger nog: soms raak ik het spoor volkomen bijster. Dan lijkt het wel of ze koeterwaals praat. Op zulke ogenblikken zou ik het liefst in tranen uitbarsten of de kamer uitlopen.

Toch is het leren van een nieuwe taal ontzettend leuk. Als ik in de bank wacht op een transactie of voor het benzinestation zit, terwijl de auto wordt gewassen, haal ik mijn lijst verleden deelwoorden te voorschijn. Tijdens de middag*riposa* doe ik soms de luiken dicht en luister ik naar conversatiebandjes. Mijn bandjes gaan voornamelijk over koken. Terwijl buiten de krekels tsjirpen, lig ik in de hitte te luisteren naar instructies waarbij stap voor stap wordt verteld hoe je rijstbeignets en kersensoep moet maken. Het is opwindend om te luisteren omdat ik begin te denken dat ik in een vorig leven Italiaans heb gesproken; ergens diep vanbinnen ken ik deze taal. In zijn mooie roman over de Tweede Wereldoorlog, *The Gallery*, sloeg John Horne Burns de spijker op de kop toen hij schreef: 'Je kunt Italiaans al snel verstaan omdat het klinkt als datgene wat ermee wordt bedoeld. Het Italiaans is zo natuurlijk als de ademhaling van de mens... Het blijft in beweging door zijn aangeboren energie... Het zit vol borrelend gelach. Toch kan het krachtig en verbitterd klinken. Het heeft zelfstandige naamwoorden waarmee je iemand net zo goed op zijn nummer kunt zetten als met een geestigheid. Het is een taal waarin de stem zich op alle toonhoogten beweegt. Je zingt bijna, en je reageert je emoties af met je handen.'

Een van die suggestieve zelfstandige naamwoorden fascineert ons. *Galigiante*. We zijn dol op de klank – een mengeling van 'galant', 'gigantisch' en 'elegant'. Ed zegt: 'Je ziet er vanavond zo, hoe zal ik het zeggen, zo galigiante uit.' Ik zeg: 'Ik vind Parma geweldig. Het is galigiante.' We kijken vol bewondering naar de antieke smeedijzeren bank die we hebben gekocht; werkelijk galigiante in de tuin. Het echte galigiante is op een meer praktische manier in onze vocabulaire terechtgekomen. Toen de wc bleef doorlopen, klom Ed op een ladder om in de stortbak te kijken. Als hij de drijvende bol optilde, hield het geluid op. Je kunt 'drijvende bol in stortbak' niet in een woordenboek opzoeken, dus gingen we naar een handel voor bouwmaterialen om dat hoe-heet-het-ook-weer te kopen en lieten de toestand van gebaren en schetsjes over ons komen. 'Ah,' begreep de verkoper. 'U wilt een galigiante.' Ja, die wilden we.

Omdat ik Italiaans leer terwijl ik hier woon, voltrekt mijn opvoeding zich in het openbaar. In een bar vroeg ik eens om grenadine (*granata*) in plaats van om kwast (*granita*). Ik heb me uitgelaten over de schoonheid van een mand met vis (*pesce*) terwijl ik verrukkelijke rijpe perziken (*pesche*) stond te bewonderen. Stel je voor dat je op een zwarte kool (*cavolo nero*) wijst en zegt dat je een zwart paard (*cavallo nero*) wilt hebben. Piepkleine maar reusachtige verschillen. Het ergste heb ik meegemaakt bij een begrafenis, waar ik de overledene niet aanduidde als *scapolo*, vrijgezel, maar als *sbaglio*, vergissing.

Dat was in het begin. Nu ik meer Italiaans versta krijg ik vaker de gelegenheid om erger voor gek te staan. Omdat ik meer weet steek ik bijvoorbeeld van wal met een beschrijving van een bezoek aan een producent van balsemiekazijn; voor de zoveelste keer vergeet ik daarbij dat er ingewikkelde vragen zullen komen en dat ik werkwoorden zal moeten ophoesten in verbuigingen die ik nog niet heb geleerd. Kan ik het misschien allemaal laten doorgaan voor een soort nieuw dialect? Vandaag vertelde ik Matteo van de frutta e verdura dat een of ander dier zomaar ineens de jonge meloenen en maïskolven in mijn tuin heeft opgegeten. Misschien heeft een wild zwijn of een egel – die woorden ken ik allebei – en dan, o, jee, zie ik het misgaan; ik wil zeggen 'de stengel doorgeknaagd om de maïskolf te laten omvallen'.

Geknaagd – 'gegeten' klopt niet. Het woord voor 'stengel' – nee, geen notie. Omvallen – vergeet het maar. Het beste wat ik kan verzinnen is 'snijden', en dat is niet goed. Geen van de synoniemen die ik ken geven weer wat ik bedoel: de stengel doorknagen zodat de maïskolf omvalt. Even denk ik erover om het hele tafereel uit te beelden met een selderijstengel als maïs en ik als egel, maar een gevoel van fatsoen behoedt me daar godzijdank voor.

Maar toch gaat het goed, niet? Als je er genoeg van weet om iets precies te willen zeggen? Ik word gered omdat drie mensen in de winkel zich in het gesprek hebben gemengd, allemaal met een eigen mening over de identiteit van de ware dader. Beverratten en andere dieren komen ter sprake, maar iedereen houdt het op een egel, behalve één man, die zegt dat het een wild zwijn was omdat de tomaten niet zijn aangeraakt. Als het een egel was geweest, zouden de tomaten natuurlijk ook zijn aangevreten. Ik koop mijn perziken – díe fout heb ik nooit meer gemaakt – en loop de winkel uit, terwijl ik me realiseer dat ik alles heb verstaan, al was ik zelf geblokkeerd door mijn vocabulaire.

Soms vertaal ik niet; *arancia* is arancia en ik luister gewoon, terwijl het beeld van een sinaasappel door mijn geest flitst, niet het woord. Dat is een mysterie voor me: die ogenblikken waarop het Engels wegsmelt tussen het Italiaans en de betekenis. Ik loop onbevangen rond in de stad, voer gesprekjes in de winkels. Een Italiaanse toerist vraagt me, míj!, de weg en ik antwoord vol vertrouwen. Misschien heb ik hem naar de verkeerde kerk gestuurd, maar ik ben ervan overtuigd dat hij die net zo mooi vindt.

Europeanen met de cultuur van de oude wereld, en de ontwortelde miljoenen die de afgelopen halve eeuw zijn verhuisd, vertegenwoordigen tegengestelde uitgangspunten, maar het resultaat is hetzelfde – ze spreken verschillende talen –, terwijl diegenen onder ons die in cultureel opzicht zijn geïsoleerd op de grote landmassa van Noord-Amerika op zijn best Engels spreken. We beginnen al in de minderheid te raken. Over enkele generaties zullen onze nakomelingen tegen hun kinderen zeggen: 'Vroeger bestonden er mensen die maar één taal spraken,' en de kinderen zullen daar verbaasd over zijn. Maar ik ben vastbesloten om met de sterksten te overleven.

Omdat ik vaak blunders heb gemaakt en kokend van woede naar huis ben gegaan, heb ik veel te veel gelegenheid gehad om mijn problemen te analyseren. Ik ben erachter gekomen waarom ik het leren van Italiaans moeilijker heb gemaakt dan nodig was, misschien wel waarom alle talen die ik heb bestudeerd zo ongrijpbaar waren.

Ik heb de gewoonte om alles in een Engels harnas te persen. Hoewel we dezelfde structuren hebben – alle talen kennen in de grond dezelfde spraakonderdelen – kun je op geen enkele rationele manier uit de voeten met de weglating van het Italiaanse voornaamwoord, het op de voorgrond plaatsen van het werkwoord, en het geslacht van zelfstandige naamwoorden. De eigenaardigheden van taalgebruik, die net zo irrationeel zijn, spreken me bijzonder aan omdat ze met metaforen werken. Ik houd van de treffende, beeldende uitdrukking *acqua in bocca* (water in de mond), die betekent: 'Ik zal het voor me houden.'

Iets tussen ons tweeën is iets onder *quattr'occhi*, vier ogen. 'Ik voel me bedrukt' of 'terneergeslagen' wordt *sotto una cappa di piombo*, onder een loden kap. Niet alleen wordt er een beeld opgeroepen, piombo klinkt ook drukkend, als drie lage noten op een bas. Alle Engelse uitdrukkingen voor 'stinkend rijk' halen het niet bij het Italiaanse 'zwemmen in goud'.

Een klank brengt vaak ongewild een betekenis over waar dat niet zou moeten. *Stinco*, een pikant stukje vlees, en ook een plat brood, klinkt onappetijtelijk, zelfs wanneer je weet dat stinco scheenbeen betekent. En hoe typisch buitenlands klinkt het gezegde: '*Non è uno stinco di santo.*' Hij is geen scheenbeen van een heilige, wat wil zeggen: hij is geen heilige. Het woord *bar* roept beelden op van eenzame figuren die gebogen zitten over gemengde drankjes, of van chiquere tafereelen, niet van de Italiaanse versie, die geconcentreerd is op koffie en kleine hapjes. En een Italiaanse 'bar' is bepaald geen 'pub'.

Voor een Engels sprekend iemand is het moeilijk om het gewone woord *più* te zeggen zonder aan een vies luchtje te denken. Dus tuit ik mijn lippen en zeg dat we vanavond in Amico Più eten, een trattoria aan de rand van het dal, waar tot tevredenheid van mijn innerlijke oor soms de stank van varkens over je heen zweeft als je buiten op het grasveld zit te eten.

'Die vriend van je is een knappe kerel maar hij is zo wreed tegen zijn hond,' zei mijn vriendin Deb over de verbluffend mooie Silvano. 'Hij zei steeds tegen het arme beest dat hij dood kon vallen.' Silvano probeerde een gesprek met haar te voeren en zijn *tedesco pastore*, Duitse herder, wilde dat hij alsmaar een stok weg gooide. '*Dai, Ugo, dai,*' zei hij tegen de hond als hij voor de zoveelste keer de stok weggooide. Dai klinkt als *die* (doodgaan), maar betekent gewoon 'geef', zoals in 'geef op, Hugo'.

Uit het Frans weet ik goed dat je, wanneer je hongerig of dorstig bent, honger hébt, dorst hébt. Dat is in mijn geheugen gegrift sinds mijn eerste reis naar Frankrijk. Ik ging alleen naar een restaurant en werd neergezet bij een deur waar vlagen koude lucht in mijn gezicht bliezen. Ik vroeg de ober om een andere tafel en legde uit dat ik het koud had. Toen ik weer in mijn hotel was realiseerde ik me dat ik niet *j'ai froid* had gezegd, maar *je suis fraise*, ik ben een aardbei. De ober had me elegant naar een gezellig tafeltje bij de haard gebracht.

Vreemd dat een kat in het Italiaans anders snort; een kat 'maakt gesnor'. *Ha sonno?*, heb je slaap?, gaat me nu natuurlijk af. Sommige dingen wennen misschien nooit. Als ik niet meer weet hoe het moet en in een soort woordenboektaal verval, blijf ik vaak zitten met: 'Nu ik moeten vertrekken', in plaats van: 'Nu moet ik weg.' Of: 'Ik had mezelf van dit vergeten', in plaats van: 'Dat was ik vergeten.' Vertaling is een benadering; in de oorspronkelijke tekst staat het heel anders.

Mark Twain, die kennelijk een oor had voor taal, heeft zich eens vrolijk gemaakt met een letterlijke vertaling van zijn eigen speech, die hij voor de persclub in Wenen hield:

Ik ben inderdaad de trouwste vriend van de Duitse taal – en niet alleen nu, maar van lang geleden – ja, vóór twintig jaren al... Ik zou alleen doorvoeren een paar veranderingen. Ik zou alleen de taalmethode – comprimeren de overdadige, ingewikkelde constructie, onderdrukken de eeuwige tussenzin, weggooien, vernietigen; verbieden introductie van meer dan dertien onderwerpen in één zin; naar voren trekken het werkwoord zo ver dat men kan ontdekken het zonder telescoop. Met één woord, mijn heren, ik zou vereenvoudigen uw geliefde taal zodat, mijn heren, als u nodig hebt haar voor gebed, Men daarboven haar verstaat.

... Ik zou graag een beetje verbeteren ook het splitsbare werkwoord. Ik zou niemand laten doen wat Schiller deed: hij heeft gedrukt de hele geschiedenis van de Dertigjarige Oorlog tussen de twee lichaamsdelen van een apart werkwoord. Dat heeft wakker geschud zelfs Duitsland zelf, dat heeft geweigerd Schiller toestemming te dichten de Geschiedenis van de Honderdjarige Oorlog – God zij het gedankt! Nadat al deze verbeteringen zullen zijn doorgevoerd, de Duitse taal zal zijn de edelste en mooiste op de wereld.

Ik ben pas laat tot de ontdekking gekomen dat Engels een gesproken taal is, terwijl Italiaans wordt gezongen. Een operadocent in Spoleto heeft me verteld dat ze haar Amerikaanse studenten tijdens de les laat luisteren naar iemand die gewoon Italiaans spreekt, terwijl ze de tonen zelf meezingen met la, la, lala. Dan laat ze hen dezelfde oefening doen met iemand die Engels spreekt. De Engelse stem gaat rustig en regelmatig op en neer, maar de Italiaanse vliegt dramatisch in het rond. Instinctief wist ik het wel. Als mensen naar me toe komen, weet ik, lang voor ik woorden hoor, of ze Engels, Duits of Italiaans spreken. Ik weet het ook door mijn eigen heel vlakke buon giorno en de uitbundige reactie van de Italianen, met omhooggaande en uitglijdende klanken. Het Italiaans van iemand die van huis uit Engels spreekt kan ik veel gemakkelijker verstaan – de manier van praten is nog steeds Engels, ook al zijn de Italiaanse woorden grammaticaal perfect. Het ritme te pakken krijgen – dat is het moeilijkst. De weinige gelukkigen die een natuurlijke aanleg voor *ritmo* hebben worden door Italianen ook verstaan als hun grammatica niet zo deugt.

Jammer dat je een taal niet kunt leren door middel van een reeks injecties met etiketten als 'indirecte voornaamwoorden', 'de uitspraak van *glielo*' en 'terminologie van het tegelzetten'. Maar ik houd mezelf voor: *Roma non fu fatta in un giorno*. Dante, de vijf jaar oude zoon van een Amerikaanse moeder en Italiaanse vader, schakelt met het grootste gemak, zonder erbij na te denken, van Engels over op Italiaans en omgekeerd. Als ik opbel, hoort hij meteen dat ik geen Italiaanse ben. Ik zeg: '*Posso parlare con la tua mamma,*' kan ik je moeder spreken, en hij zegt in het Engels: 'Ja hoor, ze komt er al aan.'

Ik heb onlangs in de krant gelezen dat mensen die op jonge leeftijd meerdere talen leren, dat allemaal doen met hetzelfde vingerhoedgrote plekje in de hersenen. Degenen onder ons die het op oudere leeftijd proberen moeten de nieuwe taal in een totaal ander gebied van het brein onderbrengen. Het nieuwe gebied moet iets weg hebben van een bevroren toendra. Terwijl ik Italiaans studeer voel ik die reis. De nieuwe woorden snorren naar het echte taalplekje – boven in het midden – om vertaald te worden, glijden dan terug naar de nieuwe plek die ergens in de verharde hoek rechtsachter wordt uitgehakt. Onderweg vallen veel nieuwe woorden in verdwaalde kanalen en kloven. Sommige leggen de reis naar de nieuwe mijn zonder ongelukken af. Dat worden woorden die natuurlijkerwijs bovenkomen. *Gioia* is niet meer vreugde, het is gioia. Honderden andere woorden zijn nu zichzelf. Toch overkomt het me dat ik een roman van Pavese oppak en bij de derde alinea al blijf steken. *Piano*, kalm aan, piano, zeg ik tegen mezelf, ik hoef geen examen te doen. Alsof er wel een eindexamen voor de deur staat, concentreer ik me dwangmatig op wat ik niet begrijp. Ik maak lijsten van álle gevallen waarin de onvoltooid verleden tijd wordt gebruikt, ben uren bezig met het opschrijven van voorbeelden van elk geval dat ik niet begrijp, en verzuim intussen voorbeelden van dingen die ik wél begrijp te versterken.

Behalve naar de luxe – en noodzaak – van gemakkelijk kunnen converseren, verlang ik ook naar een nieuwe literatuur. Aan mijn aloude gewoonte om in boekwinkels rond te snuffelen en weg te gaan met een fijne tas boeken is in Italië een halt toegeroepen. Ik ben boekomslagen zeer gaan waarderen.

Terwijl ik hier als buitenlander rondreis of woon, ervaar ik de levenskracht van Italianen die elke dag op straat, in de cafés en op de wegen tot uitdrukking komt. Als ik langs open ramen loop ben ik gebiologeerd door de geur van ragù en de watervallen van gelijktijdige stemmen. Ik ben zo vaak getuige van het rijke uiterlijke leven van Italianen, terwijl ik weet dat literatuur altijd de rechtstreekse weg naar het innerlijke leven is. Romans, essays, boeken over steden of streken, filosofische verhandelingen, poëzie – daarin ligt het grote nieuws over het gebied dat het meest voor me verborgen blijft bij mijn vriendschappen en korte verblijven in dit *bel paese*.

Geleidelijk ben ik 's zomers Italiaanse schrijvers gaan lezen: Eugenio Montale, Umberto Eco, Italo Calvino, Natalia Ginzburg, Primo Levi – alle zwaargewichten van wie het werk in het Engels verschijnt. Soms heb ik een moeilijk boek in het Italiaans gekocht, zoals je een rok koopt die een maat te klein is, in de hoop dat je voor de zomer tien pond afvalt.

We zijn begonnen met hun gidsen. Alle boeken van Slow Food Agricola Editore, vooral de jaarlijks uitkomende gids *Vini d'Italia*, hadden Ed er al snel van overtuigd dat we willen weten hoe de Italianen zelf over eten en wijn denken. Door de Gambero Rosso-gidsen voor restaurants en hotels hebben we gelegenheden gevonden waar het niet druk was en waar een authentieke sfeer heerste. Ze zijn gemakkelijk te hanteren vanwege de duidelijke rangschikking.

Daarna kochten we zo nu en dan een bundeltje gedichten, gewoon omdat het zo leuk was om ze hardop voor te lezen, ook al spraken we de naam van de auteur verkeerd uit, zoals we veel te lang hebben gedaan met Quasimodo. Cesare Pavese onthulde alle donkere, melancholieke lagen van het platteland, die ik had gemist door mijn opgetogenheid over de landschappen die rechtstreeks uit schilderijen van Piero della Francesca en Perugino komen. De verhalen van Leonardo Sciascia lieten me het hart van Sicilië zien, dat ik anders met een hele verzameling angsten en vooroordelen zou hebben benaderd. 'Vroeger was er in oude Siciliaanse huizen een kamer die de *sirocco*kamer werd genoemd. Er zaten geen ramen in en er was geen andere verbinding met de buitenwereld dan een smalle deur die uitkwam op een binnengang, en daar zocht de familie een toevlucht als de wind opstak.' Dat is de weg naar Sicilië – een eiland dat beheerst wordt door het weer en waar de geïsoleerde ligging wordt weerspiegeld in de microkosmos van de familie. Dank je, Leonardo; toen ik er was heb ik me niet overmatig op de maffia geconcentreerd, maar op de wind die door de duizenden palmen ruist.

Het overvloedige Italiaanse gevoel voor ontwerp strekt zich even gemakkelijk tot boeken uit als tot schoenen en auto's. Ik vond de kunstboeken onweerstaanbaar: de scherpe frisse kleuren in zowel de goedkope boekjes over individuele kunstenaars als in de grote werken over het Uffizi en de verzamelingen van het Vaticaan. Romans in paperback trokken me het meest aan. Ik haalde ze een voor een van de plank, keek met verbazing naar de kobaltblauwe omslagen, allemaal met een kleine reproductie van een schilderij erop. Deze boeken voeren me verder de taal in. In een café zitten met een cappuccino, een boek en een dictionaire is geen slechte manier om 's ochtends een uur of twee door te brengen. Natuurlijk heb ik Dante gekocht. Hoe kun je het in Italië laten om Dante te kopen? Ik koesterde een duister geheim – ik had Dante nooit gelezen, alleen stukjes ervan. Een paar regels vertalen levert onmiddellijke genezing op van de leerboekverveling waaraan ik ga lijden als ik zinnen moet vertalen als: het tij liep terug. Zijn hobby is goud. Hun gedrag zal verbeteren. Ze zag er heel bedeesd uit. Ik ben altijd een dwaas geweest. Precies!

Omdat ik nu al zo veel zomers in Italië heb doorgebracht, nemen mijn vrienden aan dat ik vloeiend Italiaans spreek. 'O, Italiaans pik je zo op,' zeggen ze nonchalant, 'het lijkt zo op Spaans.' Nou, ik heb Spaans nooit zo snel opgepikt. Van mijn zomercursus in San Miguel de Allende herinner ik me vooral dat ik in een taxi over ongebaande wegen hobbelde met mijn docent, die een hartstochtelijke belangstelling voor Chichimeca aardewerk had. Hij reageerde meer op mijn interesse in de cultuur dan op mijn behoefte om het verhaal van de kleine muis te vertalen. We groeven in mesthopen om stukjes zwart geschilderd aardewerk te vinden en ik kwam thuis met meer scherven dan woorden.

Maar mijn vrienden hebben gelijk; als je in Italië bent pik je een paar uitdrukkingen op. Italianen zijn zo hoffelijk en enthousiast dat je in de verleiding komt om te denken: *dit is een peulenschil*. Ik spreek allang restaurant-Italiaans, reis-Italiaans, winkel-Italiaans en een heleboel huizenrestauratie-Italiaans. Maar ik heb nooit de onvoltooid aanvoegende wijs of de voltooid verleden tijd 'opgepikt'. Ik versta de verschillende dialecten die in Toscane worden gesproken nog steeds niet, om over de rest van Italië maar te zwijgen. Ik heb in *Italian Cultural Studies* gelezen dat zestig procent van de Italianen een dialect spreekt, en veertien procent uitsluitend een dialect. Omdat we de taal al doende hebben geleerd, is onze woordenschat een heidense mengelmoes van dialect en het Italiaans dat we op cursussen hebben opgedaan. In het plaatselijk dialect verandert de a-klank vaak in een è-klank, wat harder klinkt. Wij horen het verschil niet altijd. We beschikken over een vrij uitgebreide verzameling vloeken omdat we die steeds horen als werkers stenen uit de grond trekken of sloten graven. *Madonna cane, Madonna diavola*, teef van een madonna, duivelse madonna, zijn twee zware vloeken. Het gebruik van sommige uitdrukkingen die we hebben opgepikt ontgaat ons nog steeds. *Non me porte una sega*, betekent zoiets als: kan me geen moer schelen.

Sommige aspecten van deze verbazingwekkende taal kan ik gewoon niet vatten. Onlangs heb ik mezelf toegegeven dat ik afzie van het idiomatische en onbegrijpelijke gebruik van het voornaamwoordelijke bijwoord *ne*, ervan, eraan, et cetera; het Italiaans dat ik spreek, zal het zonder dit onbestendige woord moeten doen. Ik heb het nog niet aan Amalia bekend.

Amerikaanse vrienden zeggen bescheiden: 'Ik heb het er heel aardig afgebracht in Spanje,' of: 'Verbazingwekkend hoe het allemaal terugkomt.' Terugkomt waarvandaan? Ik heb met enkelen van die vrienden gereisd, heb hen op het menu gerechten zien aanwijzen, heb gezien hoe ze onderdanig de verkoper een handvol biljetten voorhouden, zodat hij er het bedrag van hun aankoop uit kan pakken, omdat ze duizelig worden als *duemillequattrocentosettantalire* (2470 lire) uit zijn mond rolt. Eén vriend hangt de school aan van: luid en duidelijk spreken, dan verstaan ze wel Engels. Een ander, die me in Italië kwam opzoeken, ergerde zich dat de winkeliers 'geen poging hadden gedaan om een paar eenvoudige Engelse uitdrukkingen te leren die hun in zaken goed van pas zouden komen', daarbij even vergetend dat we in hún land zijn, en dan ook nog eens in een plattelandsstreek.

Hoewel ik op de middelbare school en universiteit jaren Frans heb 'gedaan', is het nooit echt beklijfd. Ik kwam nooit een Fransman tegen, en mijn lerares op de middelbare school geloofde in de methode van een werkschrift voor werkwoorden, met heel kleine ruimten om alle vervoegingen op te schrijven. Zelfs al hadden we geen benul wat die vervoegingen betekenden, we moesten voor honderden werkwoorden de *passé composé* opschrijven. Het laatste halfuur van de les zette ze krasserige grammofoonplaten met Parijse straatgeluiden op en ging ze met ineengeklemde handen uit het raam staan kijken. We liepen de klas uit onder de klanken van 'Sous les ponts de Paris', terwijl Carl Twiggs een klap gaf op het door een corseletje ingesnoerde achterwerk van Mary Keith Duffy en '*Monobuttock*' riep, verreweg het inventiefste taalkundige moment van het lesuur.

Op de universiteit concentreerde de les zich op 'lab' tapes over *Mon moulin*, brieven in gewrongen Frans, waar ik om zeven uur 's ochtends in een hokje in de gymzaal naar moest luisteren. Nieuws van een verafgelegen Franse molen werd begeleid door het gebonk van een basketbal op de gymvloer en een rondzwevende reuk van ontsmettingsmiddel met dennengeur. Als ik tijdens college moest voorlezen uit *Les Misérables*, ons eindeloze lesboek, zei de professor altijd met een meesmuilende grijns: 'Juffrouw Mayes spreekt Frans met een zuidelijk accent.' Dan klapte ik het boek dicht en ging zitten. Zijn accent van de Midwest was nou ook niet zo aantrekkelijk.

Later heb ik nog colleges Spaans en Duits gevolgd. Ze leken op de een of andere manier allemaal zo namaakachtig. Als die mensen 's avonds naar huis gingen spraken ze natuurlijk gewoon Engels. Een vriendin die dezelfde ervaringen heeft gehad zegt dat ze graag IK HEB TALEN GESTUDEERD op haar grafsteen gebeiteld wil hebben. Hoewel de instructeur Duits een ongelooflijke windbuil was, hield ik het een tijdje vol. '*Pflaumenkuchen*,' pruimentaart, legde hij uit, en hij ging door met: '*Es war einmal ein junger Bauer*,' er was eens een jonge boer. Ik ben met Duits opgehouden toen ik het woord voor tepel tegenkwam: *Brustwarze*. Eén blik, en zelfs ik kon er 'borstwrat' van maken.

Verschillende mensen hier spreken vele talen. Isabella, een buurvrouw, spreekt er acht; haar zoon, die journalist is, spreekt er ook acht, maar niet precies dezelfde. Ze is een eind in de zeventig. 'Ik heb een paar jaar geleden geprobeerd Grieks te leren,' vertelt ze me, 'maar ik begin er moeite mee te krijgen. Vroeger leerde ik in drie weken een taal. Als je Russisch kent, is Pools gemakkelijk. Engels en Frans heb ik als kind gesproken...' Na dit gesprek loop ik knorrig naar huis. Ik heb nog steeds moeite om het gebruik van het eenvoudige woordje *ci* te leren, een kameleon van een woord dat schaamteloos van betekenis verandert, terwijl zij Frans heeft opgepikt als een warme croissant. Ze komt eten en neemt de andere gasten op. 'Welke taal spreken we vanavond?' vraagt ze opgewekt. Tijdens een feestje begonnen haar Deense, Nederlandse en Hongaarse vrienden en zij Franse gedichten voor te dragen. Ze kenden allemaal dezelfde gedichten uit hun hoofd. Vervolgens gingen ze over op Latijnse gedichten.

Ik droom dat ik bij een raam op lichtblauw papier zit te schrijven. Onder het schrijven lees ik de nog natte inkt en zie dat ik een gedicht in het Italiaans schrijf. Maar misschien ben ik het niet. Zou ik het kunnen zijn? De blauwzwarte inkt vormt zich soepel tot woorden, uitdrukkingen, zinnen – zelfs mijn handschrift is mooier in deze droom – en de vrouw die ik ben of niet ben draagt een wollen vest, een donkere jurk. Haar haren zijn opgestoken, net als die van Maria, Anna, Isabella, van de oudere vrouwen die ik hier ken, en die thuis zijn in wijdere werelden dan ik heb gekend. Ik weet dat dit een gedicht is om te worden gezongen, de glanzende inkt, de wind die de hoek van het papier optilt, mijn hand die snel beweegt, ja, mijn hand.

Bergson zegt dat het heden niet bestaat, dat het altijd verdwijnt terwijl het verleden aan de toekomst knaagt. Voor mijn taal en nu voor de uitgebreide verkenning van het Italiaans voelt dat ook zo aan. *Het verleden knaagt aan de toekomst.* Wat je moet zeggen verdwijnt altijd in het uitspreken van de woorden, en ik blijf achter met het verlangen om nog meer te zeggen. Knaagt, daar heb je dat woord weer. De stengel doorknagen om de maïskolf te laten omvallen. Knagen: *rosicchiare*. Taal: 'The House that Jack built', dat kinderrijmpje van Moeder de Gans.

Omdat taal voor mij altijd datgene is geweest waar alles om draait, vind ik het leuk om te ontdekken dat we met heel weinig Italiaans toch vrienden hebben kunnen maken. Mijn moeder dacht altijd dat aantrekkingskracht is gebaseerd op lichaamsgeur. Zulke goede energieflitsen tussen mensen kunnen woorden te boven gaan. In de frutta e verdura verwelkomde Rita me met een omhelzing voor ik iets tegen haar kon zeggen. Tegelijkertijd nodigde onze buurman ons uit voor het avondeten. We wilden eigenlijk niet. We stelden ons drie uur hakkelende woorden en pijnlijke stiltes voor. 'Grazie, mille grazie, ma non parliamo bene italiano. Hartelijk dank, maar we spreken niet goed Italiaans,' zeiden we verontschuldigend. 'Een andere keer, als we het beter spreken...'

Hij keek ongelovig. Zijn wenkbrauwen schoten omhoog. 'Maar jullie eten toch wel?'

ANSELMO'S OPVATTING OVER TOMATEN

❦

'Hebben jullie Sant'Anna-bonen?'

'Nee, daar was het vorige week de tijd voor.' Matteo wijst naar de jonge *cannellini*. 'Nu zijn deze rijp. Overal vandaan – Rome, Milaan – komen ze naar Toscane voor deze bonen.' Ik ken de cannellini. Met een eenvoudige dressing van olie, salie, zout en een heleboel peper zijn ze versterkender dan welke andere bonen ook. Ed heeft ze zelfs weleens als ontbijt gegeten. In Toscane geldt het als opwekkend voedsel.

Als ik de frutta e verdura uitloop, dringt het ineens tot me door: hij zei dat het vorige week de tijd voor Sant'Anna's was. Ik heb die dunne peultjes maar één keer gegeten. Nu zijn ze er een jaar niet meer. Nu Anselmo's tuin zich zo snel ontwikkelt, koop ik bijna geen groenten meer. Ik had nooit kunnen dromen dat het wachtwoord 'seizoen' in het kookboek zo strikt kan gelden. Ed en ik gaan laat op de dag met manden naar de terrassen om ons avondeten bij elkaar te zoeken. Anselmo heeft de hele zomer golven sla gezaaid, zodat we voortdurend salades van jonge blaadjes hebben. We krijgen het niet allemaal op; als de planten zaad schieten, gaat Beppe er met zijn zeis doorheen en bundelt hij het groen voor zijn konijnen. Als we de *bietole*, biet, snijden, komt die terug. Daar hebben ze zo'n leuk woord voor in het Italiaans: *ricrescere*; het klinkt alsof de stengels met geweld door de grond omhoogschieten. We geven zakkenvol weg. Gelukkig heeft Anselmo veel kanteloepen en watermeloenen gekweekt. Ondanks de knagende plunderdieren die uit elke meloen één hap nemen, hebben we meer dan genoeg. Ik probeer ze aan Giusi te slijten, maar die heeft zelf een groentetuin. Als een oogst voorbij is, trapt Anselmo de overblijvende planten en stengels in de grond om ze te laten verteren. Ik vind het heerlijk om aubergine en courgettes te plukken als ze nog klein zijn. De selderij is mislukt; de stengels hebben zich niet ontwikkeld.

In de lente waren we ervan overtuigd dat hij te veel kweekte, en we kregen gelijk. Het is goddelijk. We hebben in ons leven nog nooit zo goed gegeten. Of zo eenvoudig. Anselmo blijkt net zo over tomaten te denken als ik. Ik zwem in de tomaten en daar geniet ik uitbundig van. Elke dag een opgehoopte mand volmaakte, gewoon volmaakte intens rode tomaten. Ik kijk met meer vreugde naar die overvolle manden dan vorig jaar naar mijn nieuwe auto. Nergens aangestoken of beschadigd. Hij heeft drie soorten gekweekt. Een gewone ronde tomaat die hij *locale* noemt. Deze plaatselijke favoriet is een tomaat om in te bijten terwijl je aan het plukken bent – een zoete, druipende, frisse, voorbeeldige tomaat. Voor sauzen heeft hij de ovale San Marzano, met een vleziger structuur en minder sap, gekweekt. Voor salades hebben we kersentomaten, compacte balletjes die barsten van het aroma.

Er is een tijd geweest dat er in Italië geen tomaten groeiden. Stel je die arme Etrusken en Romeinen voor, al die eeuwen mensen die leefden voor de Nieuwe Wereld werd verkend. Ze moesten het met knoflook en basilicum zonder tomaten doen. Nu groeien zo veel mensen op in de veronderstelling dat de bleke klodders die je het hele jaar door in de supermarkt kunt krijgen, tomaten zijn. Ze zouden anders moeten heten. Of misschien een nummer hebben. Ik had gehoopt onze Italiaanse tomaten te combineren met Amerikaanse maïs. Iets lekkerders is toch niet voor te stellen? Omdat de dieren zich aan deze, voor de berg nieuwe gewassen hebben vergrepen, hebben we maar drie miezerige kolven geoogst van de twee pakjes die ik heb gezaaid. Anselmo had geen goed woord over voor mijn maïsveldje. 'Varkensvoer,' verklaarde hij.

De reusachtige zonnebloemen die ik langs de randen van verschillende terrassen hebt geplant, bloeien. Ik pluk in alle vroegte een bos, voor ze de kans lopen om in de hitte te gaan hangen. Plotseling komt er vanachter mijn ronde 'kamer' van zonnebloemen een kleine vrouw te voorschijn. Ik herken haar onmiddellijk uit Eds beschrijving van de plunderaar van narcissen en asperges. '*Buon giorno, signora,*' begroet ik haar, en ik stel me voor. Zelfs nu het zomer is, draagt ze een donker vest.

'*Venga,*' nodigt ze me uit. Haar mand zit boordevol gele bloemen van wilde venkel. Ze neemt me mee naar een plekje achter een bremstruik, een terras hoger. Er staan ruim tien onaangeraakte hoge venkelplanten. Ze heeft een schaar bij zich. Ze knipt de bloemen af en zegt dat ik ze uitgespreid in de zon moet laten drogen en dan tussen mijn handen moet wrijven om de bloemen van de stelen te verwijderen. Ze trekt een plastic tas uit haar zak en begint wat voor mij af te knippen. Ze wijst omhoog naar de rij acacia's en eiken. 'In de herfst kunt u daar de porcini vinden.'

'En truffels?'

'Nooit. Maar wel andere paddestoelen. Ik zal het u laten zien als het weer heeft geregend.'

'Jammer genoeg zijn we dan weg.'

'*Peccato,*' pech gehad. 'Gaat u weer naar Zwitserland?'

'Nee, naar de Verenigde Staten. We wonen in Californië.' Ik herinner me weer dat ze Ed niet scheen te geloven toen hij zei dat hij geen Zwitserse professor was.

Ze schudt haar hoofd. '*Arrivederci*, signora. Venkel kunt u voor alle soorten vlees gebruiken, bij konijn smaakt het erg lekker en altijd bij gebakken aardappels.' Ze begint het terraspad af te lopen, draait zich dan om. 'Ik vind het huis nu mooi.'

Ik ben teruggekeerd naar nog een oude liefde. Vroeger kon je me gebakken tomaten voorzetten als ontbijt, lunch en diner. Room, tegenwoordig een bijna verboden ingrediënt, is er zo lekker bij dat ik een waarschuwing bij de volgende cholesterolcontrole riskeer. Voor sommige zuidelijke koks is het ketterij, maar ik vind rode gebakken tomaten lekkerder dan groene. Ik snijd ze in plakken van ruim een centimeter dik. Dan strooi ik wat bloem op een stuk waspapier, wentel de plakken tomaten er luchtig door en bak ze aan beide kanten in een hete braadpan met drie à vier theelepels pinda- of zonnebloemolie.

Vervolgens draai ik, zoals mijn moeder vóór mij en haar moeder daarvoor, de hittebron helemaal omlaag en giet dikke room in de pan, zodat de bodem is bedekt. Heen en weer schudden om de smaken te vermengen, een heleboel zwarte peper over de tomaten malen, zout naar smaak toevoegen, en een beetje tijm of oregano. Ik vind ze het lekkerst als je ze zonder iets anders erbij eet. Willie Bell wentelde de plakken weleens in maïsmeel en frituurde ze dan, zodat ze knapperiger waren. Met een bord gebakken tomaten voor me voel ik een verlangen naar Willie Bells gebakken kip bij me opkomen, vooral naar haar aardappelpuree met roomjus en romige maïs. Dat we niet moddervet zijn geworden van alle liters room die in de meeste maaltijden werden verwerkt, begrijp ik niet. Willie sneed de maïskorrels altijd van de kolf, kookte ze met uien en gehakte paprika's, en roerde er dan room doorheen. Door het verlangen naar die gerechten moet ik ook weer denken aan haar stoofpot van gele pompoen. Wat mij betreft steken zuidelijke zomergerechten Italiaans voedsel naar de kroon. Willie Bell en mijn moeder zaten hele ochtenden de verrukkelijke piepkleine lange-vingererwtjes te doppen, die ik buiten Georgia nooit heb gezien.

Als Ed grilt legt hij, even voor we gaan eten, dikke plakken tomaat op de gril, gewoon om ze een beetje rokerig te laten smaken. Er gaat niets boven een eenvoudig broodje tomaat wanneer de focaccia, iets tussen brood en cake in, gemaakt is in de hemel, zoals hier in Cortona. Het stevige platte brood met knapperige salie en zeezout erop tilt de in plakjes gesneden tomaat naar het rijk van gastronomische hoogtepunten. We zullen niet gauw uitgekeken raken op verse tomaten. Eenvoudige gevulde tomaten: wat is er nog lekkerder? Eén ding maar – de toevoeging van gehakte hazelnoten. Anselmo heeft ons gewaarschuwd dat die van ons rijp zijn om te oogsten. We hebben ongeveer een kop gekraakt en geroosterd, er een gelijke hoeveelheid broodkruimels door gemengd plus wat gehakte peterselie, en vier grote tomaten gevuld. Een lik boter en een vierkant stukje kaas erbovenop, bijvoorbeeld tallegio, die in de oven smelt. We eten 's avonds een courgettefrittata en die tomaten, met als zuidelijk tintje een kan ijsthee erbij die met een beetje perziksap is gezoet.

Op een dinsdag neemt na de siësta de verblindende hitte van de ochtend af. Ik vind dat we naar Deruta, majolicahemel, moeten. Een Engelse gids van Umbrië doet Deruta af met: 'Een lang bezoek aan Deruta is niet aan te raden. Het is het centrum van de majolica-industrie van Umbrië en langs de toegangswegen ziet men de ene winkel na de andere met alle soorten foeilelijk aardewerk.' Is de schrijver niet goed snik? Ik heb expres een nieuwe keukenplank laten installeren om alle schotels die ik niet heb kunnen weerstaan ten toon te stellen. Er bestaat inderdaad foeilelijk aardewerk in Deruta, maar het meeste is gebaseerd op traditionele regionale ontwerpen en dat is prachtig. Ik vraag me af hoe de ontbijtborden van de Engelse schrijver eruitzien. Mijn borden uit Deruta hebben handgeschilderd fruit en een gele rand, iets wat bepaald een vrolijke noot zou zijn op een sombere Engelse ochtend.

In Italië heb ik de kunst van het opdienen op ovale schotels geleerd. Op de stenen muur zet ik er een neer voor geroosterde groenten, een voor verschillende soorten kaas, een voor brood, en een andere voor het hoofdgerecht. In dit jaargetij hebben we elke avond een schotel met gesneden tomaten zonder iets erop of eraan. De schotels kunnen worden doorgegeven, of de gasten kunnen van de tafel onder de bomen opstaan en zichzelf bedienen – zo vaak ze willen. Kannen ook: kannen voor ijsthee, wijn, water. Het handbeschilderde majolica past helemaal bij de nonchalante en overvloedige Toscaanse stijl van dineren. Ik ben dol op de kleuren. Sommige fel, andere een beetje gedempt en zacht, zoals frescokleuren. Als ik de gele buitentafel of mijn ronde eettafel in San Francisco ermee dek, komen ze onmiddellijk tot leven. Terecht of niet, de indruk wordt gewekt dat er een heerlijk maal aankomt.

Ik heb kopjes met roze bloemen gekocht om met de kerst cappuccino uit te drinken, en nu hoop ik bijpassende ontbijtborden te vinden. Deruta moet honderd winkels hebben waar ze handgemaakte majolica verkopen dat vrolijk is beschilderd met traditionele patronen.

'Welke winkel was het?' vraagt Ed. 'Hoe kun je die nog vinden; er zijn er zoveel.' Zijn enthousiasme voor Deruta is beperkt.

'Die op de hoek, aan het eind van de straat.' Geen andere stad ziet eruit zoals Deruta. Kerk, fontein, gevels zijn versierd met tegels. Het is al eeuwen een centrum van dit oude ambacht.

'*Ah, si signora,*' natuurlijk. De winkeleigenaar belt een vriend die de borden die ik wil hebben uit de studio zal halen. Terwijl we wachten slenteren we langs drie andere winkels in de hoofdstraat en in een daarvan vinden we een lamp voor Eds bureau. Er moeten andere winkels zijn in Deruta: ijzerwaren, kruidenierswaren, schoenen – maar om de een of andere reden zijn ze me nooit opgevallen. Alles is geconcentreerd op aardewerk, elke winkel een variatie op het thema. We blijven staan kijken hoe een vrouw geometrische patronen schildert op kleine schoteltjes. In de bar vraagt een heel oude man met brede bretels die zijn broek bijna tot zijn oksels opsjorren, waar we vandaan komen. Als hij de naam San Francisco hoort wordt hij helemaal opgewonden – in 1950 heeft zijn schip daar aangelegd. Hij herinnert zich de *strada del mercato*. Market Street. Hij staat erop onze koffie te betalen. Jazeker! Meteen aan het eind van de straat had je het water. Als zijn vriend binnenkomt, stelt hij ons voor alsof we bezoekende familieleden zijn. De onmiddellijke band door San Francisco, een stad waar Italianen dol op zijn.

Veel van de keramiekwinkels liggen net buiten de stad aan de Via Tiberina. Mijn zusje en ik hebben hele eetserviezen naar Amerika laten verzenden voor onszelf en voor mijn dochter Ashley. Er was maar één kopje gebroken. Verzenden is duur, maar niet zo duur als thuis Italiaans aardewerk kopen, nog afgezien van de vraag of je de collecties die hier beschikbaar zijn daar kunt vinden. De keuze is verbijsterend. Het populairst is het ontwerp van Raphael in zonnig geel en blauw, met een gestileerde draak in het midden van elk stuk serviesgoed. Het lijkt me niet zo prettig om een draak te zien terwijl ik eet, ook al is het een goeiige zoals die van Raphael.

Omdat ze zijn gescheiden door de Apennijnen hebben veel streken van Italië hun eigen ontwerpen ontwikkeld, naast hun eigen dialecten en gebruiken. In Deruta maken ze de haan van Orvieto, de blauwe vogel van Amalfi, het zwarte mozaïekpatroon van de kathedraalvloeren in Siena. Er wordt ook een poging gedaan tot eigentijdse ontwerpen. Sommige zijn opzichtig; andere zijn speels en gedurfd, prettig om vast te houden, aan een muur te hangen of kleur te geven aan een glazen koffietafel. Je kunt zelfs je eigen eetservies ontwerpen, met je monogram of bloemen die je mooi vindt. Mijn zusje heeft een ontwerp gekozen met een blauw met gele rand en Ashley was weg van het witte servies met een rand van druiven en wijnranken. Toen ik het mijne uitkoos, met een granaatappel, kersen of bosbessen in het midden van elk bord geschilderd, vroeg ik: 'Hoe heet dit patroon?'

De verkoper haalde zijn schouders op. 'Frutta.' Blij dat ik het had gevraagd. Drie maanden later – bestellingen worden meestal individueel gemaakt en beschilderd – arriveerden de borden in San Francisco. Ze pasten zich volmaakt aan bij mijn Amerikaanse keuken.

Vandaag zoek ik een huwelijkscadeau voor de zoon van een vriendin. Espressokopjes? Een theepot? Een prachtige slakom? Na drie of vier bezoeken aan majolicawinkels kijkt Ed nogal verwilderd uit zijn ogen. 'Iedereen vindt een theepot leuk,' dringt hij aan. 'Laten we er nou gewoon een kopen.'

'Welke vind je mooi?' Ik twijfel tussen een pot die helemaal is beschilderd met piepkleine bloemen en groene blaadjes, en een witte met bosjes lentebloemen.

Hij pakt de witte op. 'Laten we gaan.'

Als we naar de snelweg rijden, kijk ik verlangend naar mijn andere favoriete winkels, maar Ed houdt zijn voet ferm op het gaspedaal. 'We kunnen binnenkort eens naar aardewerk gaan kijken in Gubbio en Gualdo Tadino. Dat halen we wel op één dag.' Zegt hij het alleen om mij te plezieren?

Onderweg naar huis stoppen we in Assisi ondanks de vloedgolf toeristen. Mijn favoriete kantoorboekhandel ligt aan de centrale piazza, tegenover de mysterieuze kerk die als een tempel voor Minerva is begonnen. Ik moet een nieuwe voorraad cadeautjes in de vorm van handgedrukt postpapier, prachtige blocnotes, correspondentiekaarten en opschrijfboeken kopen om mee naar huis te nemen. In San Francisco heb ik bijna nooit tijd om te winkelen. Deze uitstapjes om spullen aan te schaffen zijn een traktatie. Ed wil een paar flessen Sagrantino kopen, zijn favoriete Umbrische wijn, die we in Cortona niet kunnen krijgen.

We lopen langs de zacht rozerode kerk van Santa Chiara, langs de huizen van amberkleurige en paarlemoerachtige natuursteen met hun verschoten blauwe luiken. Zoals gewoonlijk liggen twee honden aan weerskanten van de deur van de kantoorboekhandel te slapen. Als ik mijn inkopen heb gedaan, lopen we zoals altijd naar de Chiesa di San Rufino – tegen de stroom toeristen in die op weg zijn naar de beroemde fresco's van Giotto (of, zoals velen beweren, de school van Giotto) in de San Francesco – om naar de bijna primitieve Romaanse gevel met waterspuwers en fantasiedieren te kijken. De kerk staat aan een heerlijk lege piazza met een fontein. We zijn tot halfacht blijven hangen, dan kunnen we net zo goed gaan eten in een favoriet restaurant waar het gebraden konijn uitmuntend is.

Ik vergeet telkens weer dat het in augustus altijd zo snikheet is. Als Giusi een kamer heeft schoongemaakt doet ze de ramen en binnenluiken drie kwart dicht. Als er een zuchtje wind is komt het naar binnen, maar de rechtstreekse aanval van de zon wordt buitengesloten. Mijn koelste wit-linnen jurk raakt me alleen op mijn schouders. Hij hangt omlaag als een nachtjapon. Emily Dickinson droeg alleen wit. Ik heb er begrip voor. Soms is zelfs die jurk me te warm en dan maak ik alle knopen los, om hem vervolgens, wanneer laat in de middag de hitte zich tegen me lijkt op te hopen, uit te gooien en in mijn ondergoed te gaan zitten lezen met de ventilator recht tegen me aan blazend.

De dag dat we tomatensaus maken moet wel de heetste van de zomer zijn. Na een paar tochtjes naar de orto hebben we de gootsteen en een wasmand vol rijpe tomaten. Ed boort ze en ik haal de zaden eruit. We schillen ze niet, want ze hebben een dunne schil, anders dan tomaten voor de handel, die vaak in rubber verpakt lijken. Als ik sap op mijn blouse spat, trek ik hem uit en gooi hem in de wasmachine. Ed heeft al niets anders meer aan dan een short. Algauw druipt er sap van de hakborden op de vloer. We hakken bollen knoflook, een hele streng uien, trekken blaadjes van de tijm, knippen basilicum en gooien een handvol zout in de pan. De keuken zweet de geur van kokende uien uit; wij zweten de geur van kokende uien uit. Daar gaan de kilo's gehakte tomaten de pan in. Ed giet er een fles plaatselijke wijn bij. Alle ingrediënten komen vanhier. Het hele jaar zullen wij en, als we in Californië zijn, onze gasten de julizon voelen bij elke hap. We laten de pan met saus sudderen en beginnen te dweilen.

'Ik heb een smaak in mijn mond, een heerlijke smaak.'

'Wat dan? Ruik je de tomatensaus? Misschien is het dat.' Maar ik ruik niets. We zitten in het Lindeprieel bij te komen, te lezen na de lunch, en proberen een zuchtje wind op te vangen.

'Het is een smaak die ik niet kan beschrijven. Het is net een liedje dat je niet uit je hoofd kunt krijgen. Ik heb het al twee dagen.'

'Lijkt het op kruizemunt of honing of ijzer of zout?'

Hij schudt zijn hoofd. Hij kijkt naar een mier die met een rozenblaadje sjouwt, een deken voor zijn werkkameraad. De mier blijft steken en ploetert dan verder. 'Die smaak, ik denk dat het geluk is.'

We lopen twee terrassen op naar de boom die beladen is met golden delicious. Ze hebben niets knapperigs. Alleen hun zachte kleur is heerlijk. 'Laten we volgend jaar meer appelbomen planten.' Ik gooi mijn appel in de struiken. 'Je zou er behoorlijke appelpasta van kunnen maken.' Ik denk niet dat ik na ons woeste tomatengedoe nog appelpasta ga maken. 'Ik zie een hele rij voor me op dit terras, gezelschap voor deze arme onvolgroeide golden delicious.'

'Hij is niet onvolgroeid; het is een dwergboom.' Ed vult zijn overhemd met appels. 'Misschien een paar potten appelpasta.' Hij is gek op appels. Hij denkt nog steeds met veel plezier terug aan de keer dat hij in de herfst in Iowa een baantje had als appelplukker. 'Ik heb gelezen dat er in de buurt van Rimini een man woont die de limoncella kweekt, een kleine appel met de smaak van citroen, en een appel die *pum sunaja* heet. De zaadjes zitten er los in en ratelen als maraca's, je weet wel, die Braziliaanse rammelinstrumenten. Die man heeft driehonderd soorten appels, verdwenen variëteiten die hij terugbrengt.' Uit zijn toon maak ik op dat we op reis moeten om deze fascinerende man te ontmoeten.

Mijn oorspronkelijke verlangen om hier te wonen kwam deels voort uit het geloof dat Italië eindeloos is en nooit uitgeput kan raken – kunst, landschap, voedsel, taal, geschiedenis. De richting van mijn leven veranderen door dit verwaarloosde huis te kopen en te restaureren, een deel van elk jaar van mijn leven besteden aan het leven in een vreemd land, dat leken zeer riskante daden, zo geen waanzin. In die tijd wilde ik iets voor elkaar krijgen waarvan ik niet wist hoe het moest. Ik dacht – en nu weet ik het – dat Italianen meer tijd opeisen voor hun levens. Na een lang huwelijk en een afschuwelijke echtscheiding dacht ik dat Italië vast een meer dan voldoende vervanging zou zijn voor één man. Ik wilde een grote verandering.

Ik had er geen idee van hoe raak mijn oorspronkelijke intuïtie was. Thuis in Californië voelt tijd vaak aan als een hoelahoep, een eindeloze werveling rond een verankerd lichaam dat op zijn plek heen en weer wiegt. Ik kon de grond hier wel kussen: niet die benarde ruimte waar het verleden aan de toekomst knaagt, maar de vrijheid van een lange dag om onder het grootse wiel van de mediterrane zon een mandje pruimen te gaan plukken. In het laatste deel van de eeuw voortdurend overspoeld worden met nieuwe dingen: acht zomers zijn we al hier en nog steeds zijn we onnozele kinderen. Wat een geluk.

Ik stop twee boodschappentassen vol aardappels, uien, snijbiet, meloen en tomaten, en breng ze in de auto naar Donatella, in het dal. Eerder deze zomer hebben de wilde zwijnen in één vollemaansorgie haar tuin verwoest. Ze is niet thuis, dus laat ik de tassen achter in haar prieel van wilde wingerd, aan de rand van een goedverzorgde olijfgaard. Als ik door het dal terugrijd kijk ik omhoog en vang een glimp op van Bramasole. Ik sta stil, verbaasd dat ik het huis zie als een perzikkleurige veeg tegen de steile heuvelflank, met de muren van de Etrusken en de Medici's erboven. Ver weg staat het helemaal in zijn eigen groene landschap van terrassen en bomen, dan wolken en hemel. Geen enkel teken dat we daar zijn geweest of daar zullen zijn. Als ik doorrijd, snijdt een uitloper van een heuvel het uitzicht plotseling af.

KOU

❖

Op een vroege oktoberochtend in San Franscisco duwt Ed een stapel werk van studenten opzij en begint door een Italiaanse gids te bladeren. Ik ben aan het werk, als een razende aan het werk in mijn studeerkamer – elf afstudeerscripties, memo's, aanbevelingsbrieven, en een stapel correspondentie waaraan ik allang iets had moeten doen. Morgen moeizame vergaderingen en afspraken in drie uithoeken van de stad. Deze gekkenhuisweken lijken zich tegelijkertijd eindeloos uit te strekken en voorbij te vliegen. Ed zet, nog steeds lezend, het espresso-apparaat aan. Mijn studeerkamer ligt tegenover de keuken, reden waarom ik niet zoveel gedaan krijg als zou kunnen. Iedereen die aan het koken is of even de keuken inslentert voor een hapje komt vanzelf bij mij langs. Keukens ontwikkelen krachtige magnetische velden om zich heen en trekken mensen en dieren binnen de vier muren naar zich toe. Mijn theorie wordt bewezen door mijn zwarte poes Sister, die voortdurend midden op de zwart met wit betegelde keukenvloer ligt.

'Lijkt het je niet een perfect cadeau om met Kerstmis weer naar Venetië te gaan?' Sinds de aankoop van Bramasole hebben we al enkele jaren de reis van vierentwintig uur vanuit Californië over de oceaan getrotseerd om daar een korte kerstvakantie door te brengen. We oogsten dan onze olijven, feesten met onze vrienden en ontsnappen aan de waanzinnige drukte van onze gebruikelijke feestdagen.

'Eh, o, ja,' reageer ik. Even later hoor ik hem interlokaal bellen en vervolgens een kamer met balkon aan het Canal Grande bespreken voor 23, 24 en 25 december. De stapels papier gaan er hoe langer hoe minder bedreigend uitzien.

We zijn vanochtend vroeg in Cortona aangekomen vanuit Rome. We blijven hier een week, precies genoeg voor onze favoriete decemberactiviteiten, en dan gaan we met de auto naar Venetië. Aankomst op Bramasole gaat tegenwoordig van een leien dakje. Wat een heerlijkheid, alles werkt (voorlopig); verwarming, warm water – wat een luxe. We hebben zelfs een keurige stapel brandhout – een van de voordelen van het snoeien van olijfbomen.

Terwijl ik uitpak, begint Ed meteen olijven te plukken, een rieten mandje om zijn rode wollen trui gebonden. Als de zon rond vier uur 's middags achter de heuvel zakt, steekt er een kille wind op. Hij sleept een zak naar de cantina en laat dan een hele tijd warm water over zijn handen lopen om ze weer warm te krijgen. 'Nog twee dagen,' zegt hij, 'als we allebei werken. Er zijn ontzettend veel olijven.' We maken een makkelijk diner klaar van *tagliatelle con funghi porcini*, dunne spaghetti met paddestoelen die in onze olijfolie zijn gesmoord. Ed maakt de haard aan en we eten voor het vuur met een bord op schoot. Morgen gaan we de hele dag plukken en daarna in een favoriete trattoria in de bergen pasta met saus van wild zwijn eten. Op de dag dat we de olijven naar de fabriek brengen om ze te laten persen zullen we de nieuwe olie vieren met een feestmaal voor vrienden. We willen eigenlijk wel naar Assisi om te zien hoe de heftige aardbeving die vredige plaats heeft veranderd. Dan is het tijd om ons klaar te maken voor Venetië, waar het misschien kouder is. We hebben jassen, laarzen, handschoenen, en ik heb een verrukkelijke fluwelen shawl gekocht, heel donkergroen, zo groen als een Venetiaanse lagune. Ik hoop dat er sneeuw ligt op de Piazza San Marco. Ed heeft een speciale wijn om mee te nemen. Ik heb gember-leliezeep, en naar seringen geurende kaarsen om in onze kamer te branden. We hebben afgesproken om maar één cadeau voor elkaar te kopen omdat Venetië het hoofdcadeau is. Ik heb een weelderige gele kasjmier trui voor Ed, met een bundeltje gedichten van W.S. Merwin onder de mouw gestopt. Zijn pakje voor mij, waarvan ik een glimp heb opgevangen in zijn koffer, ziet er intrigerend klein uit.

Rond elf uur gaat de telefoon. Sinds we dit huis hebben gekocht, haat ik het geluid van de telefoon. Het doet me denken aan werkers die opbellen om te zeggen dat een pomp niet is aangekomen of dat de zandstraler zijn vakantie aan zee heeft verlengd. Ik lig in bed, behaaglijk tussen flanellen lakens, bijna in slaap vanwege de jetlag, de roman uit te lezen waaraan ik in het vliegtuig ben begonnen. Ik hoor Ed enthousiast antwoorden: 'Hé, hoe is het met jou?' en dan zakt zijn stem. 'Wanneer? Nee. Nee. Hoe lang?'

Hij gaat fronsend, met gebogen schouders op het voeteneind van het bed zitten. Zijn moeder is in het ziekenhuis opgenomen en ze is er ernstig aan toe. 'Ik snap het niet. Twee weken geleden was ze brood aan het bakken. Ze is sterk. Mijn zusje zei myo-een of ander, een bloedziekte. Ik heb het telefoonnummer van de dokter.'

's Morgens pakken we alles weer in en nemen we de trein terug naar Rome. Beppe en Francesco zullen de olijven voor ons plukken en naar de fabriek brengen. De arts was duidelijker dan Eds zusje. 'U kunt beter meteen komen,' zei hij, toen Ed hem belde. 'Het kan elk moment afgelopen zijn. Vandaag, over een week, misschien een maand.' Weer op het vliegtuig stappen, wegvliegen, praktisch onszelf op de heenweg tegenkomen, heeft iets surrealistisch. Soms weerspiegelt het weer emotionele toestanden. Wanneer de luchten keurig emoties uitdrukken in gedichten van mijn studenten, schrijf ik altijd: *pas op voor het toekennen van menselijk gevoel aan de natuur; het is een zwak gebaar*, maar nu vliegen we slingerend over de oceaan, het signaal *fasten seatbelt* voortdurend aan. Vanwege de storm landen we ten slotte in Philadelphia. Alle aansluitende vluchten naar Minnesota zijn afgelast. We laden onze bagage op een wagentje en lopen door winkelgalerijen naar een luchthavenhotel. Tijdens de lange nacht zien we op het weerstation van de televisie de storm verergeren. Waarom sterven mensen met Kerstmis? Een merkwaardige roep om de familie weer naar huis te trekken? Mijn vader is op 23 december gestorven, toen ik veertien was. De jurk van roze tule die ik die avond op het dansfeest zou dragen, hing aan de achterkant van de kastdeur tot hij er futloos uitzag. De kerstboom werd opgeruimd.

Tijdens een onderbreking van de storm vliegen we naar Minneapolis, waar we worden begroet door de laagste temperatuur voor die dag in de geschiedenis. Bij de balie voor huurauto's treffen we toevallig Eds zusje Sharon en haar man en dochter, die net zijn aangekomen uit het zuiden van Californië. Zij gaan ook rechtstreeks naar het ziekenhuis. Zijn broer Robert en zijn andere twee zusjes, Anne en Mary Jo, zijn daar al. Vanuit de aankomsthal lopen we krakerige sneeuw, een woeste ijswind, een messcherpe lucht in. Mijn dunne laarzen lijken niet meer dan sokken. Ed moet de auto uit een blok ijs hakken. We vertrekken naar Winona, twee uur rijden naar het zuiden, over geploegde wegen door sneeuwvelden die ik door mijn nieuwe ogen zie als de afwezigheid van alles. Ik ken Eds moeder niet goed, alleen van één bezoek en van telefoongesprekken op zondagen. Ik weet dat ze Ed heeft grootgebracht om de man te zijn die hij is, en daarvoor ben ik haar immens dankbaar.

De opwinding over het feit dat al haar kinderen tegelijkertijd weer bij haar zijn, heeft haar extra kracht gegeven. Mary Jo heeft haar lippen gestift en ze zit in een stoel. De eerste aanblik valt mee; niet te geloven dat ze in gevaar verkeert. Maar ze wordt moe en als ze weer in bed ligt, ziet haar lange lichaam er broodmager uit, klinkt haar ademhaling griezelig. De kinderen maken een rooster zodat er altijd iemand bij haar is. Eds zusjes logeren in het ouderlijk huis, dus gaan wij naar een merkloos motel. Ed moet steeds denken aan het irreële van Venetië – hoe we hadden verwacht dat we op dit moment in een groot bed boven de onsterfelijke wateren elkaar zouden voorlezen uit Shelley of Mann. Nu glijdt zijn moeder, van wie hij ongecompliceerd en ondubbelzinnig houdt, elk moment verder van hem weg.

Het zijn lange dagen. Heen en weer naar het ziekenhuis. Bezoekers die op hun tenen binnenkomen, de slangen van infusen, de keizerlijke bezoeken van de arts, de boodschapjes. De zusjes zijn bezig met het huis, proberen orde op zaken te stellen en alvast uit te zoeken wat er weg moet, zodat straks niet alles neerkomt op Mary Jo en Robert, die er wonen. Niet dat er veel is. Als ik laden en kasten opendoe zie ik dat zijn moeder het duidelijk niet belangrijk vond in het leven om spullen te verzamelen. Ze heet Altrude, een naam die ik nog nooit heb gehoord. De betekenissen van het woord altruïsme gaan hier goed op; ze is een vrouw die zich aan haar vijf kinderen heeft gewijd. 's Middags maken we lange autotochten. Ed kent het weer van haver tot gort: toen hij opgroeide was hij dol op kamperen in de winter, langlaufen, lopen op sneeuwschoenen, en al die voor mij vreemde activiteiten in een koud klimaat. Totaal verbaasd blijf ik hem vragen: 'Hoe komt iemand erbij om hier te willen wonen? Je vergaat gewoon van de kou.'

'Welnee, je moet gewoon in het ritme komen. Let maar op – als de temperatuur boven het vriespunt komt, ben je in Minnesota verplicht een short en een T-shirt aan de trekken en net te doen of het warm is.'

Ed zit aan het stuur, de middelgrote verwarming loeit. Ik kijk uit het raam. *Venetië: uit een raam komt de geur van gebakken inktvis aanzweven, een laagje poedersneeuw op de leeuwen van de San Marco, een beker dikke, hete chocola bij Florian, waar ze sentimentele muziek spelen.* Maar nee, hier is de zuiverheid van een leger landschap. Een roestrode schuur scherp afgetekend tegen een bleke lucht, het fantastische glinsteren van een bos beijzelde berken, een hert dat over een bevroren meer rent. Zijn hoeven laten wolkjes sneeuw opvliegen. We komen langs kleine stadjes met dicht tegen elkaar gebouwde huizen, de boerderijen waar zijn ouders zijn opgegroeid. *De streek van zijn familie, de streek die hem heeft gevormd. Hij heeft vissen onder doorzichtig ijs zien zwemmen. Zijn leven vóór hij wist wie hij is. Een streek met een verpletterende winter, een doodsgreep die een aangrijpende, intense lente loslaat.*

'Wat doen jullie met Kerstmis?' vraagt zijn moeder. 'Jullie zijn nu allemaal bij elkaar.' Ze zegt niet *waarschijnlijk voor het laatst*, maar iedereen weet dat het zo is. Mary Jo, die al dertig jaar non is, geeft haar elke dag de hostie en ze praten zonder omwegen over de dood. Als ik Ed bij haar bed zie zitten, vang ik nieuwe glimpen op van de zachtheid van zijn karakter. Hij is er gewoon. Hij geeft haar te eten, wast haar gezicht, praat over haar taart van volkoren crackers, haar ritueel van bieteninmaak, de lelijke garage van de buren, en over zijn vader die twee jaar geleden is gestorven.

In Eds oude kamer trekken zijn zusjes een doos boeken uit de kast en Ann houdt een stoffig exemplaar van *De dood in Venetië* van Mann omhoog. 'Hoe is het?' vraagt ze. Door osmose zijn ze Italië interessant gaan vinden. En door te lezen wat ik over ons leven daar heb geschreven, zijn ze dingen over ons te weten gekomen die ze helemaal niet wisten. Omdat ze ver van elkaar wonen en totaal verschillende levens leiden zijn deze vijf, na een jeugd van intens samenzijn in dit kleine huis, uit elkaar gegroeid. Nu gaan de muren leven; verbindingen tussen zenuwcellen worden hersteld; iedereen vertelt zijn verhaal. Mary Jo's herontdekking van een leven buiten haar kloosterorde, het ingewikkelde gezin van Sharon, Anne die weer in Stillwater woont en een evenwicht probeert te vinden tussen baan en moederschap – twee jongens in vieze kleren met koptelefoons die voortdurend in hun oren bonken – het onconventionele leven van Robert die weigerde 'om voor een baas te werken'. Het gefluister: *ze was de koningin van het schoolbal, hij heeft zijn badkamer betegeld met afgekeurde tegels in alle kleuren, zij wil de bank hebben maar hij wil niet dat ze hem krijgt, kijk eens hoe waardig mam eruitzag in haar trouwjurk, we hebben maar één spel met de kerst, ik snap niet dat je met die engerd bent getrouwd, zo herinner ik het me helemaal niet.*

Ed gaat elke ochtend om halfzeven naar het ziekenhuis omdat hij de rustige uren met zijn moeder koestert. 'Wat doen jullie met de kerst?' had ze bezorgd gevraagd. Als je twijfelt, ga dan koken. Op de ochtend voor kerst schuimen Ed en ik de kruidenierswinkels van Winona af en kopen olijfolie, wijn, knoflook, een boordevol wagentje dat we door de bevroren sporen van de parkeerplaats duwen. Zijn moeder is rustig vandaag, bezig te sterven. We gaan naar de notaris; de familie brengt het huis op de markt. We rennen de bloemenwinkel binnen, worden bedwelmd door de vochtige warmte en de geur van rozen en lelies. Kaarsen en bloemen voor haar kamer. Je kunt zo weinig dóen. De temperatuur daalt; hoe ver kan hij zakken? Weer een record. We lopen twee blokjes om en ik ben bang dat we niet thuiskomen zonder bevroren vingers en tenen.

De enige luxe in het eenvoudige motel is de jacuzzi. *Jakoetzie*, zeggen de Italianen. Als we na een laatste laat bezoek aan het ziekenhuis weer in onze kamer zijn, legen we het gratis flesje badschuim in het water, steken een kaars aan en gaan in het wervelende hete water liggen, eindelijk warm.

Op kerstochtend voelt Eds moeder zich goed genoeg om naar de lobby te worden gereden, zodat ze naar de piepkleine gele vogeltjes –

zo groot als een duim – in het vogelhuis kan kijken. Ik vraag me af hoe het voor haar is om de vijf kinderen die ze heeft grootgebracht rond haar bed verzameld te zien; ze zijn nu allemaal veertig tot vijftig jaar oud, leiden hun eigen levens, stralen allemaal gezondheid uit, hebben krachtige knappe trekken en lichamen.

Het is te koud om ergens heen te gaan. De meesten van ons blijven de hele middag in het huis. Als ze in keukenladen rommelen vinden de zusjes het beroemde familierecept voor taart van volkoren crackers, en de drie, die allemaal van zichzelf zeggen dat ze niet kunnen koken, gaan aan het bakken, overleggend hoe dik de custard moet zijn en wanneer je moet ophouden met het kloppen van de eiwitten. Intussen maken Ed en ik pastarolletjes met spinazie en kaas, en een kostelijke stoofschotel van rundvlees met wortels, aardappels en rode wijn. We maken broccolipuree (een van de weinige verse groenten die we konden vinden) en, als Italiaanse noot, gaan we bruschette opdienen.

Als het donker is, brengen we het diner voor Eds moeder op een blad naar het ziekenhuis. Ze eet het stuk taart van volkoren crackers bijna helemaal op en zwaait de zusjes veel lof toe, ook al weten we allemaal dat de custard een beetje dikker had gekund. Wanneer we naar huis rijden, begint het weer te sneeuwen; een glinsterende stilte daalt neer.

Vlak voor het eten zet Ed een tape met aria's van Puccini op. We gaan allemaal aan Altrudes tafel zitten. Ik kijk uit het raam naar de lichten van het huis die in gouden vierkanten op de sneeuw vallen, een tafereel dat zich overal in de witte stad herhaalt. We schenken de wijn in. 'Cheers.' 'Op moeder.' 'Salute.' De ouders zijn afwezig en het huis maakt zich op om een herinnering te worden. Het diner is klaar. We hebben honger en we eten.

Taart van volkoren crackers

Deze lievelingstaart van Eds familie is een klassieker uit de jaren vijftig. In mijn familie werd er aan dezelfde taart een citroensmaakje toegevoegd.

Verbrijzel 12 volkoren crackers tot fijne kruimels met een deegroller.

Vermengen met 1 theelepel bloem, 1 theelepel kaneel en $^1/_3$ kop suiker. Laat $^1/_3$ kop boter smelten en roer die door de kruimels. In een taartvorm drukken.

De custard: meng $^1/_2$ kop suiker met 2 theelepels fijn maïsmeel. Voeg 3 opgeklopte eidooiers bij 2 koppen melk. Vermengen met de suiker en onder voortdurend roeren bij middelmatige temperatuur verwarmen tot het mengsel dik wordt. Roer er 2 theelepels vanille door. Klop 3 eiwitten tot ze stijf zijn. Giet de custard in de taartvorm, schep het eiwit erbovenop en bak bij een temperatuur van 180° tot het eiwit een lichtbruin korstje heeft.

RITMO: RITME

Midden in de El Niño-winter in San Francisco, toen het water met bakken uit de hemel viel, besloten we te verhuizen. Ik zat op een zondag de krant te lezen en zag een kleine tekening van een Spaans/mediterraan huis met twee balkons en met iets wat eruitzag als een hoge palmboom ervoor. 'Moet je dit huis zien – vind je niet dat het op Bramasole lijkt?'

Ed staarde er met open mond naar. 'Leuk. Waar staat het?'

'Dat zeggen ze niet. Vind je dat balkon niet leuk? Je zou het vol kunnen zetten met die gele orchideeën die je overal in San Francisco ziet.' Ed belde de makelaar en kreeg te horen dat het huis was verkocht.

Ons leven op Bramasole heeft gemaakt dat we zoveel mogelijk Italiaanse elementen naar onze Amerikaanse levens willen overbrengen. En wat nog meer meespeelt: de dood van Eds moeder in januari heeft ons gevoel van *carpe diem* versterkt. Onze flat, die ik heb gekocht toen mijn voormalige huwelijk langzaam uiteenviel, is de tweede verdieping van een groot Victoriaans huis. Ik viel voor de schuin aflopende plafondranden en het lijstwerk en al het licht dat door dakramen en dertig ramen naar binnen valt. De eetkamer kijkt uit op bomen en dan op een stadsgezicht, met een streepje van de baai in de verte. Na jaren bewoning weerspiegelden alle kamers onze manier van leven. In het jaar dat we Bramasole kochten had ik de keuken opgeknapt. Zwarte en witte tegels, spiegelglas tussen de kastjes met glazen deuren en de aanrechten, een restaurantfornuis met zes pitten en een oven waarin ik gemakkelijk twee ganzen en een kalkoen zou kunnen braden. Wat we begonnen te missen was het buitenshuis leven. Naar buiten lopen alsof het binnen was, naar binnen lopen alsof het buiten was. Plotseling wilde ik kruiden in de grond en een tafel onder een boom. Het is trouwens goed om te verhuizen. Ik gooi dan alle rommel die zich heeft opgehoopt weg – potten, papieren, schoenen achter in de kast, zwart gevlekte koekjesvormen, versleten handdoeken. Als ik terugkijk op al mijn verhuizingen zie ik dat er bij elke verandering van huis een nieuwe periode in mijn leven begon. Misschien is de irrationele drang om te verhuizen (het is een grote, mooie flat in een goede buurt) ook een voorgevoel van verandering, of het klaar zijn voor iets nieuws.

We begonnen advertenties voor huizen te omcirkelen, op zondagmiddagen rond te rijden als er ergens open huis werd gehouden, of om buurten te bekijken die we nauwelijks kenden, omdat we onze eigen buurt, Pacific Heights, in de verste verte niet konden betalen, gegeven onze wensen. De huizenmarkt was een woeste bedoening: de vraagprijs bleek een uitgangspunt voor wat al snel in een veiling veranderde. Huizen werden verkocht voor honderdduizend dollar meer dan de vraagprijs. Het was verwarrend. Dat vond John, onze makelaar, ook. En we zagen niet eens iets wat we bijzonder leuk vonden. Ik wilde het gevoel van *dit is het* dat ik had gehad toen ik Bramasole voor het eerst zag.

Zo nu en dan gaven we het een paar weken op en dan belde John en zei dat we maar eens op een bepaald adres moesten gaan kijken, dat die bungalow met een grote tuin met sequoia's en een kas misschien iets voor ons was. Toen we op een dag naar het schiereiland reden om een Carmel-achtig landhuisje te bekijken, volgden we een pijl die naar een open huis verwees. We kwamen in een bebost gebied van San Francisco dat oorspronkelijk was aangelegd door de firma Olmstead, die Central Park heeft ontworpen. De huizen stonden te midden van bomen en grasvelden. Het huis in Tudor-stijl dat te koop was verkeerde in 'oorspronkelijke' toestand, wat betekende dat elke plank en vensterbank aandacht nodig had. We knoopten een praatje aan met de makelaar en zeiden tegen hem dat we er sterk over dachten om het maar een jaartje te vergeten, tot de markt wat rustiger werd. 'Ik heb een huis dat misschien wel iets voor u is. Als u me daar om vier uur ontmoet, zal ik het laten zien.' We reden verder om het van charme overlopende landhuisje te bekijken, waar in het eerste uur al stevig werd geboden.

Toen we stopten bij het adres dat de makelaar ons had gegeven, herkende ik het huis dat ik in de krant had gezien, het huis waardoor ik aan het fantaseren was geslagen over verhuizen. 'We hebben dit huis in de krant gezien en gebeld. We dachten dat het was verkocht.'

'Dat was het ook, maar de koop is afgesprongen. Het huis is nog niet terug op de markt.' Een wenteltrapje voert naar een betegelde veranda, waarop een grote gewelfde deur van de eetkamer uitkomt. Drie balkons op de eerste verdieping en een zonnekamer met elf ramen – het huis spreekt mijn taal. Ik zie Sister in dit door licht overspoelde huis van het ene zonnige plekje naar het andere verhuizen.

We kochten het. We hadden onze flat nog niet eens op de markt gebracht, maar we moesten snel handelen. Ik begon brieven en truien te sorteren. Mijn dochter verloofde zich. We leerden Stuart, haar verloofde, kennen. Ashley en ik begonnen plannen te maken voor hun huwelijk. Bezoeken aan fotografen en bloemenwinkels werden ingepast tussen uitstapjes naar de ijzerwarenwinkel om haken en deurknoppen uit te zoeken. Ashley was aan het blokken voor haar schriftelijke PhD-toelatingsexamen, met daarna een mondeling. De tijd van opperste paniek was aangebroken. Verschillende medestudenten waren het vorig jaar gezakt. We adverteerden de flat en hij was binnen drie dagen verkocht. We sloten de koop van het nieuwe huis af en sloopten er kilometers hoogpolig wit tapijt met morsvlekken uit. Het vijfenzeventig jaar oude hardhouten parket in visgraatpatroon dat eronder lag was intact. Vuil, maar intact. We troffen een bakstenen trap aan die onder de verfspatten zat en schoongemaakt moest worden. We begonnen mensen aan te trekken om de vloeren te schuren en in de was zetten, een nieuw bedrading- en alarmsysteem te installeren, het huis vanbinnen te schilderen. Er moest een nieuw pannendak komen. Terwijl ik weg was, werd de verkeerde kamer geel geschilderd. Ashley en ik keken naar trouwjurken – ze besloot al snel dat ze een jurk als een drijvende wolk wilde – en naar trouwkaarten en jurken voor de bruidsmeisjes. We hadden besprekingen met cateringbedrijven. Ed ging tijdens zijn voorjaarsvakantie naar Italië om te snoeien. Ik rende op en neer tussen de twee huizen en had te maken met werkers die geen Engels spraken. De mensen die we hadden ingehuurd spraken Engels, maar toen het karwei echt begon, stuurden ze werkers die net waren aangekomen uit Cambodja, Maleisië, Korea en alle delen van Zuid-Amerika. Vaak konden ze elkaar niet eens verstaan. De restauratie van Bramasole ging zoveel gemakkelijker! Een schilder uit Honduras deed een slaapkamerdeur vanbinnen op slot en trok hem achter zich dicht toen hij naar buiten kwam. Toen ik hem liet zien dat de deur niet openging, keek hij me aan met grote bruine ogen en mompelde treurig zijn enige twee Amerikaanse woorden: '*Fook sheet.*' Ik moest hem even aankijken voor deze populaire krachttermen tot me doordrongen.

Ik had opgewekt gezegd dat ik het enig vond om te verhuizen, dat het leuk zou zijn. Toen de verhuizers er een hele dag over deden om onze meubels en dozen in te laden, begon ik me af te vragen hoe we het ooit allemaal weer uitgepakt zouden krijgen. Sister miauwde de hele weg van onze flat, waar ze altijd had gewoond, naar het nieuwe huis. De boekenplanken die we hadden gekocht – en met drie lagen verf hadden bewerkt – waren bij lange na niet genoeg om al onze boeken te bergen. Zestig dozen werden in het nieuwe souterrain opgeslagen. De bank en gemakkelijke stoelen zagen er in de grote nieuwe huiskamer uit als poppenhuismeubels. De verhuizers begonnen uit te pakken, maar ik wist niet waar vazen en schotels en schilderijen heen moesten. Ze werden in stapels en hopen achtergelaten op de prachtige nieuwe vloeren. We waren vanaf het begin blij met het huis, door dik en dun. Onze slaapkamer heeft een open haard en tot aan het plafond reikende openslaande deuren met uitzicht op een balkon, tropische bomen en, in de verte, de Pacific. Ik heb de muren laten schilderen in een kleur die 'Sicilië' heet, een heel zachte perziktint. Voor ons allebei een studeerkamer, uitgebreide opslagruimte, een kleine ommuurde tuin, en een bougainville die moet zijn geplant toen het huis er pas stond – we waren te opgetogen om ons te laten verpletteren door de lange dagen die we maakten, van zonsopgang tot middernacht. Ed kwam terug na twee weken hard werken op Bramasole. De terugkomst viel hem rauw op het lijf. Er knapte een leiding, en het souterrain begon onder te lopen. Hij stond tot zijn enkels in het water, de telefoon in zijn ene hand, een doos boeken onder de andere arm. Twee loodgieters waren elf uur bezig voor ze het lek vonden. Ik moest drie keer naar het zuiden van Californië om voordrachten te houden. In San Francisco hield ik bij verschillende gelegenheden een lezing. We lieten een nieuw raam maken voor de overloop: helder glas in plaats van een paar starende glas-in-looduilen op een tak. We lieten een tuinman klimop weghakken, een herinnering aan de eerste tijd op Bramasole. De hele garagedeur moest worden vervangen. En dat zou ik haast nog vergeten: ik gaf fulltime les. Ik had tien afstudeerders, colleges en vergaderingen.

We besloten te gaan trouwen. We zeiden het tegen niemand. Ik moest weer denken aan mijn primitieve instinctmatige gevoel dat verhuizen een teken is dat je klaar bent voor een verandering. Ik bestelde twee taarten bij Dominique, mijn favoriete banketbakker, en we stuurden ongeveer dertig dierbare vrienden uitnodigingen voor een housewarming. Toen vertelde ik het aan Ashley en twee vriendinnen. We reden snel naar het centrum voor de vergunning, die schokkend gemakkelijk te krijgen was. Twaalf dollar, hier tekenen. Al die jaren na mijn echtscheiding had ik het onderwerp huwelijk vermeden. Zelfs toen duidelijk was dat Ed en ik altijd bij elkaar zouden blijven, zei ik steeds: 'Waarom zouden we de moeite doen?' Of: 'Kinderen grootbrengen is er voor mij niet meer bij. We zijn volwassenen.' Ik was bang voor de uitspraak van een vriendin: 'Het huwelijk is de eerste stap naar echtscheiding.' Tegen mezelf zei ik altijd: *ik wil me niet twee keer aan dezelfde steen stoten.* Bovendien wilde ik nooit meer financieel afhankelijk zijn. Voor de jaren dat ik gedichten schreef terwijl mijn man werkte, had ik duur betaald. Ik wist dat ik nooit meer zou trouwen als ik financieel niet helemaal onafhankelijk was. Als door een wonder, en dankzij mijn schrijverschap, voelde ik me veilig.

Een karrenvracht bloemen, een grote plank met allerlei soorten kaas, aardbeien, de taarten, gelato, champagne – een huwelijk was nog nooit zo gemakkelijk geweest. Onze vrienden kwamen aanzetten met zeep, planten, kommen en boeken om het huis te verwarmen. Onze dierbare vriendin Josephine, dominee, riep iedereen bij elkaar in de huiskamer om het huis te zegenen. We stonden naast haar voor de haard met Ashley en Stuart. En toen zei Josephine: 'Dierbare aanwezigen, we zijn hier bijeen...' Onze vrienden slaakten verraste kreten en applaudisseerden. Zij sprak over geluk. Ed en ik lazen elkaar gedichten voor. Dat was het.

De volgende dag waren we weer dozen aan het uitpakken, sloten aan het veranderen, verzekering aan het regelen. Maar we grijnsden breeduit tegen de postbode en dansten zo nu en dan in de gang.

Voor Ashley's huwelijk in augustus was bijna alles geregeld. Ze slaagde voor beide examens en mocht een voordracht houden op een conferentie. Stuart nam ontslag bij zijn bedrijf en begon een eigen zaak. Ze richtten een kantoor voor hem in en namen mensen in dienst. Hij voerde telefoongesprekken terwijl we naar restaurants reden. Wie had er tijd om te koken? We waren allemaal zo over onze toeren dat we een rustige indruk maakten. Ze gaven ons een grill cadeau, en op een avond zagen we kans zowel het vlees als de groenten te laten verbranden. Stuart brengt de vreugden en complicaties van drie kinderen uit zijn eerder huwelijk met zich mee. Veranderingen, veranderingen, veranderingen. Het huis zag er karig gemeubileerd, maar helemaal bewoond uit. We woonden er twee weken. In die tijd kwam ik er niet achter waar de vorken waren of hoe de nieuwe wasmachine werkte. Dankzij onze Italiaanse training hadden we een halfjaar huisrestauratie samengebald tot zes weken. Sister keek ons beschuldigend aan en wilde niet wijken van Eds koffer. We waren op zoek naar belastingpapieren omdat we vanwege alle verwarde toestanden uitstel hadden gevraagd. We leverden cijferlijsten in en ruimden onze kamers op de universiteit op. Het was juni. De oppas voor het huis arriveerde. Tijd om naar Italië te verhuizen.

In Italië word ik wakker door de zon, niet door mijn wekker. Nog in shocktoestand door het chaotische voorjaar kijk ik verwezen het raam uit. Ed is opgestaan toen het nog donker was, maar op de bank weer in slaap gevallen. We zijn weer terug voor een zomer op Bramasole. Ik vraag me af of we niet minstens een week alleen maar naar de bomen kunnen staren, zonder tegen iemand te praten. Een verpleegster in de gang zou prettig zijn, een zwijgende in het wit geklede aanwezigheid die schijven meloen op dunne borden zou binnenbrengen en met bleke hand kalmerend over mijn voorhoofd zou strijken. De eerste week van juni – gek, de tuin is op het toppunt van zijn bloei. Zelfs de gele lelies zijn open. De lindebomen die Ed en Beppe in maart hebben gesnoeid, hebben uitgespreide parasollen van jong blad. Sommige rozenstruiken zijn al over hun eerste bloei heen.

Beppe arriveert en Ed gaat op blote voeten en zonder hemd naar buiten om hem te begroeten. Beppe overhandigt hem een zak. '*Un coniglio* voor de signora, genuino.' In zijn zeventig dagen op aarde heeft het konijn niets anders gegeten dan groenvoer, sla en brood. Ik kijk in de zak en zie de kop. 'Gebruik de kop voor saus,' zegt hij tegen me. 'Het vlees van de kop is...' Hij maakt met zijn wijsvinger een draaiende beweging tegen zijn wang, om een verfijnde smaak aan te geven. Beppe vertelt dat het in de lente elke dag heeft geregend en dat alle planten twee weken te vroeg zijn. De lucht voelt zwaar aan van het vocht en het lijkt of ik door een groene lens naar het natte licht boven het dal kijk. Hij vertelt ons dat hij de orto heeft beplant omdat Anselmo weer ziek is. Als we Anselmo later op de dag bellen, klinkt hij zwak maar hij zegt dat hij over een paar weken weer beter is. Ed maakt koffie en we laten ons buiten in de zon in stoelen zakken, klaar om nieuwe krachten op te doen in zijn stralen. We praten over symptomen van posttraumatische stressaandoening en vragen ons af of we die vertonen.

Primo Bianchi komt aanrijden in zijn gehavende blauwe Ape. Als we hem tegemoet lopen zien we dat hij zwaar hinkt. Hij draagt een geperste grijze broek en instappers, niet zijn gebruikelijke werkkleren. Hij gaat meteen op de muur zitten en doet zijn schoenen uit. Zelfs door zijn sokken heen zien zijn enkels er opgezwollen uit. 'Jicht, misschien jicht. Ik heb al een maand niet kunnen werken. En de pillen die ze me geven, zijn slecht voor mijn lever.'

We staan in de startblokken om het badkamerproject af te maken, waarmee we vorige zomer zijn begonnen en dat moest worden stilgelegd toen de Siciliaanse tegels in zee belandden. We zijn ook van plan om voor de limonaia een terras aan te leggen, met een druivenpergola erboven, een voortzetting van ons tuinontwerp. Hij vertelt dat hij het hele regenachtige voorjaar bezig is geweest met de reconstructie van een trapgat in een palazzo. Op zijn knieën op vochtige stenen, cement gieten en sjouwen – geen wonder dat zijn voeten in opstand zijn gekomen. Misschien moeten we iemand anders zoeken, stelt hij voor. 'Nee, nee, we wachten ermee tot jij zover bent,' zegt Ed. 'We vinden je werk en je werklui goed.' We vinden hém ook fantastisch. Hij kan alles maken. Hij bekijkt een probleem, schudt nadenkend zijn hoofd heen en weer. Dan kijkt hij ons glimlachend aan en legt uit hoe we het gaan oplossen. Onder het werk zingt hij toonloze liedjes zoals ik die weleens heb gehoord op een tape van traditionele Toscaanse en Umbrische boerenmuziek. De liedjes lijken zich niet veel verder te wagen dan drie of vier noten die eindeloos worden herhaald in een neuriënd gedreun. In zijn blauwe ogen ligt een verre droefheid die een enorm contrast vormt met zijn directe glimlach. Hij hijst zich overeind en belooft dat hij zal bellen als hij aan het werk kan.

We maken ons zorgen over zijn voeten, maar kunnen ons plezier over het uitstel niet op. Een paar weken *dolce far niente*, zalig nietsdoen, en daar houden we het meest van. Het lijkt toeval dat we steeds maar weer in reusachtige projecten vervallen. De vroege zomer is van een ongekende zoetheid. Het tweemaal, driemaal versnelde ritme van de afgelopen paar maanden begint plotseling te vervagen, en de lange, lange Toscaanse dagen dienen zich aan als geschenken. Zelfs de Dolle Lente kwam voort uit ons verlangen om een stuk van ons Italiaanse leven over te brengen naar San Francisco, hoewel op dit moment het middel erger lijkt dan de kwaal.

Terwijl we de lente weer beleven vragen we elkaar wat we anders hadden kunnen doen. En wat kúnnen we meenemen naar onze levens in het nieuwe huis? Wat is de oorzaak van de dramatische verandering in onze geesten en lichamen wanneer we hier wonen? En is het niet zo dat we in Californië de zaken vaak niet meer in de hand hebben? Als ik te veel hooi op mijn vork neem voel ik mijn concentratie verslappen. Na een paar dagen hier smelt, heelt mijn verstrooide bewustzijn geleidelijk. Zelfs dat is een niveau van geluk: de afwezigheid van spanning. Factor nummer één is duidelijk dat we 's zomers niets aan ons werk doen. Maar we houden van doceren en moeten ermee doorgaan, dat is een gegeven, dus wat kunnen we nog meer doen?

Hier zijn bijna alle media onttrokken aan het dagelijks leven. Ik merk het reusachtige verschil onmiddellijk. Ik bedenk dat mijn gewoonte om het radionieuws aan te zetten als ik naar mijn werk rijd, het natuurlijke ritme van de dag vernietigt. Op een subtiele manier, want de radio aanzetten lijkt bijna een automatisch gebaar, een neutraal gebaar. Maar in het halve uur van mijn flat naar de parkeerplaats bij de universiteit worden drugsbaronnen neergeschoten en kinderen misbruikt door degenen die hen moeten beschermen, ontploffen er autobommen, worden huizen weggeslagen door overstromingen, en heeft mijn ontwakende ziel een lading wereldleed geabsorbeerd. Het bombardement van angstaanjagende, verontrustende beelden is een aanval op het gevoel van welbehagen dat eventueel is ontstaan door een heerlijke nachtrust. Televisie zou waarschijnlijk nog erger zijn; ik kijk nooit naar televisienieuws, behalve als het over aardbevingen en verschrikkelijke problemen gaat. Als ik bij de universiteit uit de auto stap ben ik al gespannen zonder dat ik weet waarom. We denken dat het normaal is om op het nieuws en in de kranten constant te worden overladen met steeds terugkerende verschrikkingen, tot we, zoals hier, zonder leven. Heeft ooit iemand een onderzoek gedaan naar de relatie tussen spanning en het niveau van blootstelling aan nieuws? Hier lees ik twee of drie keer per week de krant, meer dan genoeg om op de hoogte te blijven van belangrijke gebeurtenissen. 'Ik ga de dag beginnen zonder die negatieve dreun,' zeg ik tegen Ed. 'Op mijn voorwaarden.'

'Maar de verkeersberichten vind ik leuk. Alle woorden klonteren samen; het klinkt als een gedicht van Dylan Thomas. Probeer eens cellokwartetten van Bach in plaats van het nieuws.' Hij is meestal minder gespannen dan ik omdat hij op zijn universiteit maar de helft van het aantal colleges hoeft te geven die ik op de mijne geef. 'Zeeën van tijd mee terug nemen, dat is het belangrijkste.'

'Laten we in het nieuwe huis vroeg opstaan en een eind gaan wandelen, zoals ik hier doe. Nog een manier om de dag op onze eigen voorwaarden te beginnen. We zouden naar de oceaan kunnen lopen.'

'Konden we de siësta maar meenemen – vrije uren midden op de dag.'

'Zou je het niet leuk vinden om een vriend te bellen, te vragen hoe het met hem gaat, en niet te horen: "Ik heb het zo druk"?'

'Nou, "Ik heb het druk" betekent verschillende dingen – gedeeltelijk betekent het "Ik ben belangrijk". Maar misschien is je leven leiden zo belangrijk dat we het niet druk zouden moeten hebben. Tenminste niet druk druk, met dat roezemoezende geluid.' Grote ballen van mijn tijd zijn nutteloze vergaderingen in gerold, en zelfonderzoeken en beoordelingen van de afdeling die niemand ooit heeft gelezen. Ed zegt tegen zijn studenten dat ze eens moeten uitrekenen hoeveel weekends ze nog over hebben, gegeven het geluk van een normale levensverwachting. Zelfs jonge mensen zijn geschokt als ze zien dat het er maar 2800 zijn. Dat is het. Afgelopen. *Carpe diem, sì, sì,* pluk de dagen.

We besluiten ons als hedonisten te gedragen. Als we twee dagen lang essentiële voorraden hebben ingeslagen, de laatste eenjarige planten in de grond hebben gezet die we te pakken kunnen krijgen vóór de kwekerijen leeg zijn, en gewoon het leven hebben ingeademd dat we hier zo goed kennen, beginnen we lange wandelingen te maken. De veldbloemen moeten op het hoogtepunt van de eeuw zijn. Al die regen heeft elk verborgen zaadje tot ontkiemen verleid, en vanaf de brandgangen rond de heuvels zien we weiden die een en al bloem zijn en heuvelflanken die goud opglanzen van de ginestre, de brem die zijn geur in stromen op de wind laat zweven. We plukken aardbeien ter grootte van tweekaraats robijnen en gaan ze in het lange gras zitten eten. We rijden in Umbrië rond, kijken naar antiek in de hoop een bureau te vinden. Een winkelier zegt tegen ons: 'Ik kan alles vinden wat u wilt; u hoeft alleen maar te zeggen wat u wilt.' Ik moet weer denken aan de grootse beloften van mijn vader toen ik nog klein was. 'Je kunt alles op de wereld krijgen. Als je maar zegt wat je wilt.' Ik kon nooit iets anders bedenken dan een zwembad, waarop hij dan zei: 'Dat wil je niet; je denkt alleen maar dat je dat wilt.' We rijden naar San Casciano dei Bagni, waar de Romeinen baadden, en eten duivenravioli in het restaurant aan de hoofdstraat, dan verder naar Sarteano en Cetona, met ritten over bochtige wegen door het dromerige platteland.

Wanneer de uitputting die we hadden meegenomen eindelijk verdwenen is, gaan we naar Florence en overnachten daar. Ik moet een jurk hebben voor Ashley's huwelijk in augustus. Je ziet de bruine, purperen en grijze tinten van de herfst al in de etalages. Ed komt meteen in herfststemming en koopt twee gemakkelijke sportjasjes. Tot nog toe heb ik in Florence nog nooit iets anders gekocht dan schoenen en handtassen. Vooral als Jess (Ashley's vroegere vriend en nu onze vriend) hier is, vindt Ed het heerlijk om een dag in mannenmodewinkels door te brengen. Jess en hij steken elkaar aan en ik ben toeschouwer. Nu loopt Ed met mij de ene na de andere winkel in. Ik begin gewend te raken aan de Italiaanse manier van winkelen. Je zegt wat je zoekt en ze laten je dingen zien. Het is verkeerd om alleen maar te snuffelen tussen wat er is uitgestald, want veel winkels etaleren maar één maat. De verkopers zijn er om je van dienst te zijn. De selfservice waaraan wij zijn gewend is hier nog ongebruikelijk. Zodra ik zeg dat ik een jurk moet hebben voor het huwelijk van mijn dochter, wordt de hele winkel binnenstebuiten gekeerd. Ze begrijpen volkomen dat het een *molto importante* gelegenheid is. Ik denk dat de meeste moeders van bruiden geen typische moeder-van-de-bruidjurk willen. Alle jurken van lavendelkleurige kant en beige crêpe die met dat oogmerk zijn ontworpen, blijven vast onverkocht. Het pakje dat ik ten slotte uitkies in een kleine winkel, waar alles speciaal voor de klant wordt gemaakt, is oranje. Ik heb nog nooit in mijn leven een oranje jurk gehad. Het is een berijpt, zijdeachtig oranje, en ik moet twee keer komen passen. Ik mag de ketting van bloedkoraal en parels van mijn zusje lenen. Ik vind prachtige dofgouden schoenen met naaldhakken. Het zal een heerlijke bruiloft worden. Het addertje onder het gras is dat ik mijn ex-man voor het eerst in jaren weer zal zien.

Vittorio belt op om ons uit te nodigen voor een diner op een boot. Het wijncollectief heeft geregeld dat een gezelschap per veerboot wordt vervoerd tijdens een 'progressief diner', zoals wij het altijd noemden, telkens een andere gang op vier plaatsen rond het Trasimenomeer. We komen zondag om twaalf uur bij elkaar in Castiglione del Lago. Als we aankomen, worden glazen prosecco en bruschette met tomaat en basilicum gepresenteerd. We krijgen allemaal een wijnglas en een buideltje dat we om onze nek kunnen hangen om het glas in te bewaren als we niet drinken. Het gezelschap is groter dan we verwachtten. We vinden Vittorio en Celia, hun kinderen en verschillende vrienden van hen. Misschien wel tweehonderd mensen stromen de veerboot op, waar bij de ingang een bar is ingericht. Als we van de steiger wegvaren, nemen veel gasten nog een glas prosecco. Ik geniet van boten en eilanden en de verschuivende lucht als we meedeinen met het op en neer gaande water. We gaan van boord op Isla Maggiore en de hotelstaf serveert pasta met karperkuit en manden uitstekend brood. De werkers van het wijncollectief van de streek rond het meer schenken royaal al hun witte wijnen. Na de pasta is er tijd voor een zeer warme wandeling langs het strand. We stappen weer op de veerboot en varen verder het meer op naar Isola Polvese.

De flessen rode wijn zijn opengetrokken. Er worden verschillende crostini gepresenteerd. Het meer glinstert zilver onder de priemende witte zon. De kinderen worden moe, maar er begint een band te spelen en sommige mensen maken een dansje. Ik ben eraan toe om naar huis te gaan, maar we kunnen niet weg. We zijn nu vier uur onderweg. Op de grasachtige strandjes van Polvese, een leeg eiland voor vogels en klein wild, krioelt het nu van de mensen die erheen zijn gevaren voor een zondagmiddag in de zon. Een man die op een handdoek ligt is zo rood als een kreeft geworden. We lopen met zijn allen over het eiland naar lange tafels in de buitenlucht. We krijgen karper die op de manier van *porchetta*, gebraden speenvarken, is klaargemaakt: gegrild en gevuld met kruiden en zout en gewikkeld in pancetta. Het is een machtig gerecht, vleesachtig.

Als we weer op de boot zijn, realiseer ik me dat de Italianen een enorme training hebben in dit soort uitstapjes. Door alle eerste communies, doopplechtigheden, huwelijken en andere feste zijn ze gewend aan feesten die lang duren. De hele middag zijn onze wijnglazen gevuld. Gezichten glimmen van het zweet. In de bar wordt de ene fles na de andere opengetrokken. De band draait het volume van de luidsprekers op en de zangeres in nauwsluitende jurk begint met 'Hey Jude' en versnelt het tempo dan tot Italiaanse rock. Plotseling is iedereen aan het dansen. De boot wiegelt. Zouden we kunnen omslaan? De achterlijke man danst met zijn moeder, oma's swingen met hun heupen, een man laat zijn dochtertje van drie ronddraaien. De drummer kondigt een voetbalscore aan door de microfoon en iedereen schreeuwt zo dat ik bang ben dat de boot zinkt. We gaan in Passignano weer van boord voor het dessert. Kinderen worden hangerig. Maar als we weer aan boord zijn, blijft de wijn vloeien, worden er flensjes met spinazie en kaas gepresenteerd en gaan we ons achtste uur in van doorlopend eten en drinken.

Eindelijk stevent de veerboot weer op Castiglione del Lago af. We zien de andere twee Amerikanen die aan boord zijn; hij kijkt strak en zij ziet eruit of ze zo in tranen kan uitbarsten. De zon gaat onder en de sorbetkleuren van de hemel weerspiegelen in het water. We leunen over de reling en kijken naar het kielzog, terwijl alle Italianen met de band *like a bridge over troubled waterrrr, I will lay me down* in het Engels meezingen, en dan Italiaanse songs die iedereen kent. Als we ons zonnescherm en fototoestel pakken horen we verschillende groepjes overleggen waar ze zullen gaan dineren. Ze hebben een geheim gen dat wij niet hebben.

Beppes fagiolini, de sperziebonen die we thuis Blue Lake noemen, zijn rijp. Ze zijn mals en klein en je hoeft er de puntjes niet eens af te halen, maar dat doe ik toch maar. Als je ze precies lang genoeg stoomt, ontwikkelt de smaak zich ten volle. Doe je het te kort, dan kraken ze als je erop bijt en smaken ze een beetje bitter. We eten ze zonder iets erbij, met alleen wat olie, zout en peper. Maar geroosterde gehakte hazelnoten of een beetje gesmoorde ui of mijn oude favoriet – plakjes venkel en zwarte olijven – erbij kan geen kwaad. Mijn moeder at sperziebonen graag met dragon, olie en azijn, en spekjes. Ik herinner me nog hoe lekker we dat vonden. Ter nagedachtenis aan dat ultrachique recept knip ik takjes van mijn dragon, die in een levensgrote struik is veranderd. Je kunt natuurlijk altijd een twijgje dragon in azijn stoppen, maar ik zoek in mijn boeken naar andere manieren om het te gebruiken. Pelgrims die in de Middeleeuwen naar het Heilige Land trokken stopten twijgjes in hun schoenen om hun voeten energiek en veerkrachtig te maken. Dat wil ik ook weleens proberen.

Sperziebonen zijn de enige groente die Anselmo niet heeft geplant toen hij vorig jaar onze moestuin inrichtte. Beppes tuin tiert welig, al is hij wat minder ruim van opzet dan die van Anselmo. We hebben uien, aardappels, sperziebonen, verschillende soorten sla, knoflook, courgettes en tomaten. Toen we net hier waren hebben we een paar keer heerlijk gegeten van de artisjokken en asperges waarvoor Anselmo nog had gezorgd. Beppe is van plan venkel te kweken en om de paar weken nieuwe sla te zaaien. We missen Anselmo – zijn ironische humor en bazige heerschappij over de tuin, en ook zijn avontuurlijke geest waardoor we voortdurend in nieuwe situaties belandden. Als we opbellen om te vragen hoe het met hem gaat krijgen we te horen dat hij in het ziekenhuis is opgenomen.

We plukken een bosje lavendel en binden dat aan een pot honing. Wat vreemd om weer naar het ziekenhuis te gaan. Hij is een sterke man, altijd vol meningen en grapjes. Ik zie hem voor me met zijn gezwollen been omhoog, terwijl hij '*Sente, sente,*' luister, luister, in zijn telefonino zegt. Ed parkeert en gaat naar de automaat voor een kaartje. Ik loop door in de richting van het ziekenhuis en sta dan even stil om op hem te wachten.

Ik werp een blik op de zwartomrande *manifesti funebri*, overlijdensberichten, aan de muur. Anselmo's naam. Ik kijk er nog eens vluchtig naar, ongelovig. Dan dwing ik mezelf om me te concentreren. Te lezen. *Gisteren, voorzien van de laatste sacramenten... begrafenis morgen... geen bloemen maar giften voor een goed doel... Anselmo Pietro Martini Pisciacani...* De andere aankondigingen zijn allemaal eenvoudig, maar op de zijne staat een melige Christuskop met een doornenkroon en ten hemel geslagen ogen, omringd door rozen. Omdat hij dat vreselijk zou hebben gevonden, denk ik dat er een vergissing in het spel is. Hij was geen regelmatige kerkbezoeker. Hij kan niet dood zijn. Maar er is niemand anders met die naam. Als Ed eraan komt, wijs ik hoofdschuddend naar de muur. 'Nee. Hoe kan dat nou?'

We lopen door naar het ziekenhuis. Bij de balie zegt Ed: 'Een vriend van ons is hier patiënt geweest en doodgegaan. Is hij hier nog? Anselmo Martini.'

De man aan de balie kan niets vinden – misschien een vergissing, maar dan herinner ik me dat er 'Pisciacani' op het overlijdensbericht stond, de naam die hij haatte en na het overlijden van zijn moeder heeft laten vallen. In dialect betekent Pisciacani hondenpis. 'Pisciacani,' zeg ik.

'O ja, neem me niet kwalijk, hij ligt in de kapel. Als je in het ziekenhuis overlijdt moet je vierentwintig uur blijven.' Hij gaat met ons naar beneden. Ed wacht bij de deur en ik loop naar binnen. Daar ligt Anselmo in zijn bruine pak op een stenen plaat, met zijn voeten naar buiten en een beetje stof op zijn schoenen. Om hem heen zitten vier in het zwart geklede vrouwen te bidden. Ik zet de honing en lavendel bij de deur neer en sla op de vlucht.

Thuis lijkt het terrein doordrenkt met Anselmo's aanwezigheid. Hij heeft die stenen muur opnieuw gebouwd, twee terrassen gezuiverd voor de orto, het gras in het Lindepriel gezaaid. De potten met citroenboompjes, de drie rozen met de kleur van gedroogd bloed en de wijnpers – hij heeft ze ons geschonken met weinig woorden, maar met immens genoegen, dat kon ik merken. Op het derde terras heeft hij twee abrikozenbomen geplant, en vlak bij de weg twee perenbomen. In alle jaren die we hier nog zullen hebben, zullen we blijven genieten van de letterlijke vruchten van zijn arbeid. In de limonaia hangt zijn rode baret aan een spijker.

We hebben het gevoel dat we een dierbare oom hebben verloren. Ed kan nog maar nauwelijks bevatten dat zijn moeder er niet meer is. De dood van Anselmo brengt een dubbele golf verdriet. Het verlies doet gewoon te veel pijn, en dan is er nog het onbegrijpelijke feit dat iemand van wie je hebt gehouden zomaar van de aardbodem is gevaagd. Ik ben nooit ook maar in de verste verte in staat geweest om geboorte en dood, deze essentiële feiten, te peilen. *De prenatale kloof, je kwam eruit, het tumult van leven, licht in, en verder naar de andere leegte... Ik hoop dat ik word verrast met het nieuws dat er een hiernamaals is, als ik het loodje leg. Een non-leven kan ik niet verdragen.* Anselmo heeft tientallen jaren met vijftig of zestig mannen op de donderdagmarkt over het weer, de zaken staan praten, terwijl hij het kleingeld in zijn broekzak liet rammelen. In zijn kantoor aan de Sacco e Vanzetti legde hij altijd al zijn werk neer als we binnenkwamen. Ik vroeg hem de oren van het hoofd over de te koop staande boerderijen op de foto's aan de muur, en als er een bij was die we mooi vonden, zei hij: 'Laten we gaan kijken,' en greep hij zijn hoed. Hij had alle tijd in de wereld. Nu heeft hij helemaal geen tijd meer. *'Honderd jaar leven gegarandeerd en anders geld terug, bestaat niet, jongedame,'* waarschuwde mijn grootvader.

In de kerk is het tjokvol. We blijven in de deuropening staan. Tijdens de mis staan zo'n dertig mannen buiten op de stoep te roken en te praten, net zoals ze op de markt zouden doen. Ik herken er een heleboel. Hun gebruinde gezichten getuigen van werk op het land. De ouderen zijn kort, gekleed in pakken die te warm zijn voor de wrede julizon, de jongeren zijn dankzij het naoorlogse voedsel langer, en ze dragen gesteven overhemden met korte mouwen. Binnen hitte- en wierookwervelingen. Wie zal er flauwvallen? Familieleden ondersteunen elkaar als ze langs de doodskist lopen om ter communie te gaan. Het is moeilijk te bevatten dat Anselmo in die kist ligt. De jammerende katholieke gezangen slepen zich eindeloos voort. De doodskist wordt in de lijkwagen geladen. We hebben deze optochten al meer gezien. Nu sluiten we ons aan bij de stoet die achter de lijkwagen naar het kerkhof loopt. Ik hoop dat hij niet in zo'n ruimte in de muur wordt geschoven, die eruitziet als een la van een toilettafel en die je dertig jaar bezet mag houden. Nee, daar is het pas gegraven gat. Hij gaat de grond in, deze man van de grond. Geen ceremonie, ze laten hem gewoon aan touwen omlaag zakken. Toen mijn vader werd begraven, was de grond zo verzadigd dat de kist even bleef drijven voor hij met een plassend geluid het water inging. *'Dat is helemaal niet waar,'* zegt mijn zusje. *'Ze hebben de kist niet eens laten zakken terwijl we erbij waren.' Ze heeft het bij het verkeerde eind. Ik zie de rozerode deken wegglijden in de armen van de dragers en de bronzen kist naar beneden gaan. 'Je hebt het gedroomd,' houdt ze vol.* Zijn familie komt naar voren en iedereen gooit een handvol aarde op de kist. Hij komt echt onder de grond te liggen. We condoleren de familie. Geen maaltijd of bezoek. Het is maandag, iedereen moet weer aan het werk.

Thuis is Beppe wijnranken aan stalen draden aan het binden. We vertellen hem over Anselmo, hoe vlug het was afgelopen, en hij staat langzaam op, zonder iets te zeggen. Hij neemt zijn pet af en zijn ogen schieten vol tranen. Hij schudt zijn hoofd en wijdt zich weer aan de wijnranken.

Als de opwinding over de dood voorbij is, ebben de schok en het ongeloof snel weg en blijven we zitten met het feit dat iemand afwezig is. Een begrafenis brengt de emoties tot rust omdat zij geen ruimte laat voor twijfel. Het is voorbij – de traditionele sacramenten zijn een wijze manier om de belangrijkste gebeurtenissen van het leven onmiddellijk in je op te nemen. Nu beginnen we te zeggen: *zijn eerste nacht onder de grond, de mannen op de markt verzamelen zich rond de plek die van hem was, kijk, Anselmo's peren.* Het laatst heeft hij hier op het land gewerkt. Hij bezat de oudste kennis over wat waar groeit en wanneer. Hebben we hem ooit genoeg bedankt dat hij Bramasole voor ons heeft gevonden?

'*Hearse* (lijkwagen) is een vreemd woord,' zegt Ed. We lopen vanuit de stad over de Romeinse weg naar huis. 'In Middelengels is het *herse* – dat weet ik omdat het voorkwam in een gedicht dat ik heb geschreven toen mijn vader was overleden. Herse komt van het Latijnse *hirpex*, wat eg betekent. Je weet dat de eg al die tanden heeft – in het Italiaans noemen ze hem *quarante dente*, veertig tanden. Nou, hirpex stamt helemaal van het Oscaanse, Oud-Italiaanse *hircus*, wat wolf betekent, een relatie met tanden. Het was zo vreemd om achter die lijkwagen aan te lopen.'

'Laat me dat gedicht nog eens zien.'

Schorpioenen

De hijgende, zwetende, *cento-per-cento*hitte is vandaag gebroken,
alsof zij even onverwacht kan breken als een lichaamsdeel,
of als de grote glazen wijnfles die op de tegels uiteenspatte
toen ik er met een armvol boeken tegenaan liep
op weg van een boekenkast in de ene kamer naar een andere
    boekenkast
in een andere kamer: de zware teug hitte die ik in mijn longen
    zoog,
mijn blote voeten door scherp glas omringd. Wat me deed
    denken
aan 'boeklongen' (zoals de donkere holle longen van
    schorpioenen
heten), in hun lijven naast elkaar gezet als boeken zonder tekst.
De hele week heeft er een vier centimeter lange zwarte
    schorpioen
in de douche gezeten, niet vanwege de hitte maar omdat

hij een iets kleinere schorpioen heeft opgepeuzeld die er
    al eerder was,
misschien op zoek naar water. De een heeft de ander helemaal
    opgegeten,
behalve drie van de acht poten, die nog op het porselein
    verspreid liggen.
Ik dacht weer aan de vrouw die ik in het restaurant hoorde:
haar veel te grote witte tanden knerpten zich een weg door een
    bordvol
ongepelde garnalen. De schorpioen draagt ook zijn rugschild.
Ook hij heeft bewezen dat hij door kon eten, door het schild
    kon bijten
om zijn ruzie met de ander te beslechten, een ruzie die vast niet
    ging om iets
wat zo belangrijk is dat je ervoor kunt sterven. De een heeft de
    ander volledig in zich, loopt op twee geschiedenissen.
Ik moest denken aan Kronos, hoe hij zijn eigen kinderen at,
    longen en al,
krakend door schedels beet, in hersenen, en toen door Zeus
    verleid werd
ze levend en intact weer uit te braken. Maar wat weten we als we
het niet proberen – het is beter te eten dan niet te eten. En dat
    brengt me
op mijn vader, die op 8 augustus voor het laatst at en voelde dat
    zijn longen,
zakken van goedkope stof, alle lucht naar buiten lieten gaan. Nu
    is de doodskist zijn
nieuwe rugschild, glanzend staal – we zagen dat onze gezichten
    erin vervormden.
Hier hoor ik peren vallen, laat in augustus, huiden doorboord
door scherpe wespen en torren met een glimmend harnas, en
er zweeft een zware zoetheid rond de boom als ik
het beurse fruit ophark: *Hark*, zoals in *eg*, zoals in *lijkwagen*
(degene die ik op 12 augustus volgde) van het Oscaans voor wolf –
vanwege zijn tanden, sterk genoeg om zelfs door botten
    heen te breken.

We hebben de hele zomer geen druppel regen gehad. De flamboyante bloementuin die ik vorig jaar had, is verlept in deze heetste zomer in de geschiedenis. 'Ik kan alleen watermeloen en gelato eten,' zegt signora Molesini van de kruidenierswinkel tegen ons. Hoe we ook sproeien, het gras verbrandt. De wellustige rozen van begin juni hebben geleidelijk hun blaadjes laten vallen. De heel kleine knoppen die ze nog hebben gemaakt, weigeren open te gaan.

In het jaar dat we het huis kochten, was het precies zo. Wolken trokken samen boven ons huis en de donder schudde de vullingen praktisch uit onze kiezen – maar geen regen. Onze put droogde op en ik weet nog dat ik midden in de nacht dacht: *ik moet stapelgek zijn. Ik weet helemaal niet wat ik aan het doen ben.* De verschroeide eiken en acacia's verloren al vroeg hun blad, zodat het leek of de heuvels vol dode bomen stonden. De zomer daarop was het zacht weer en op alle terrassen bloeiden de veldbloemen overdadig. We sliepen tot juli onder een lichte deken. We vinden het heerlijk om dicht bij de hartklop van de seizoenen te leven, zelfs in de verschroeiend droge hitte, die voor het eerst vossen en wilde zwijnen in onze tuin heeft gebracht. 's Nachts hoor ik de cinghiale snuivend over het grasveld lopen, op weg naar de kraan, waar ze water oplikken uit het stenen bassin. Ze schermutselen met, wat – eekhoorns en egels? Dan stormen ze weg met hun vreemde ha ha-geluiden. Ze hebben geen kans gezien om door het hek te breken dat Beppe om de groenten heeft gezet, maar ze doen zich te goed aan de gevallen pruimen.

Begin augustus gaan we terug naar het mistige, koude San Francisco voor het huwelijk van Ashley. Al mijn familieleden uit het Zuiden stromen toe – de clan roert zich. Mijn kamergenoten uit mijn studietijd komen met hun mannen, Ashley's vrienden uit de New-Yorkse kunstenaarskring, Stuarts vrienden en familie. Ashley en haar bruidsmeisjes arriveren met de trouwjurk en hangen hem voor een van de vele nog lege ramen van ons huis, waar hij uit zichzelf een beetje heen en weer wiegelt en plotseling duidelijk maakt dat het huwelijk echt gaat gebeuren. Ashley is ineens overweldigd door de omvang van de gebeurtenis. Ze komt mijn kamer in als ik aan het uitpakken ben en laat zich op het bed vallen. 'Nog goede raad voor me?'

Ik weet nog dat ik aan mijn moeder hetzelfde heb gevraagd. Ze dacht een minuut na en zei toen: 'Draag nooit oud ondergoed.' Ik zeg tegen Ashley dat ik zal proberen iets beters te verzinnen, maar dat ik niet weet of ik dat wel kan. Ze is heel volwassen, en Stuart is dat ook, en ik heb de indruk dat ze niet alleen met liefde en opwinding aan dit huwelijk beginnen, maar ook met een enorme opluchting dat ze na een heleboel verkeerde starts elkaar hebben gevonden. Ashley is een van de meest vastbesloten mensen die ik ooit heb gekend; als ze eenmaal een besluit heeft genomen zet ze met ijzeren wil door.

Iedereen van buiten de stad komt bij ons borrelen en mijn familie blijft daarna eten. Bij deze partij overkomt me een van de vreemdste dingen van mijn leven. Ashley ziet er stralend uit in een korte rode jurk. Twee obers brengen champagne rond en Ed neemt de toespraak die hij zo meteen gaat houden nog eens door. Mijn zusjes, zwagers, nichten en neven maken er een grootse reünie van. Ashley staat in de hal gasten te begroeten. Ik ben met vrienden aan het praten als ik mijn neef de volle hal zie binnenkomen. Op weg naar hem toe stel ik me voor aan de man die met Ashley staat te praten. 'Hallo, ik ben Frances, de moeder van Ashley.' Ik geef hem een hand en zie de verbijsterde uitdrukking op zijn gezicht. 'En ik ben Frank,' zegt hij met een lachje. Mijn ex-man. De vader van Ashley. We zijn een levenlang getrouwd geweest. Ik herken hem niet. Hij is ervan overtuigd dat ik een grapje maak. Natuurlijk ben ik een beetje afwezig door alle arriverende gasten en mijn pogingen om te circuleren – maar toch: ik kijk hem recht aan en ik ken hem niet. Hij heeft eens tegen me gezegd: *ik zou jouw hand in een emmer vol handen herkennen*, een van de merkwaardigste intimiteiten die ik ooit heb gehoord. Ik loop naar buiten en adem diepe teugen lucht in, terwijl ik de schok probeer te verwerken – de breuk van die denkbeeldige verstrengelde navelstreng van het verleden. Hij ziet er niet eens zo anders uit. In de loop van de jaren heb ik hem vele malen voor mijn geestesoog en in dromen gezien. Ik had een vloedgolf van herinneringen verwacht, een directe verbinding met wat nu tot het verleden behoort. Vroeger had ik altijd het gevoel dat ik in een spiegel keek, mijn gelijke-tegenhanger zag als ik naar hem keek. Een hele tijd zal ik nu voelen hoe mijn hand zich uitstrekt om die van een vreemdeling te schudden.

De huwelijksplechtigheid wordt in de openlucht gehouden bij een hotel in het wijngebied, een dromerige droom van een huwelijk, met overal roze en abrikooskleurige rozen, een gouden licht over de wijngaarden op de heuvels, een bruid die als het ware van een wolk neerdaalt, een bruidegom die zich niet schaamt voor zijn tranen als ze op hem toe loopt, en de tenor die ons allemaal samenbindt met Con te, partiro, Met jou zal ik gaan. Haar sluier blijft haken aan een rozendoorn en scheurt, haar vader maakt hem los, steekt het afgescheurde stukje sluier in zijn zak, en ze gaan verder. Een moment, en uit zulke momenten ontstaan mythen.

Het diner: overal in de tuin kaarsen, en een Toscaans feestmaal. Als we gaan zitten, vliegt een sneeuwwitte reiger over ons heen en strijkt neer op een vederachtige boomkruin. 'Een goed voorteken,' zegt iemand. 'Nee, de ooievaar,' reageert iemand anders. In mijn toespraak citeer ik een regel van Rilke: 'Liefde bestaat hierin dat twee eenzaamheden elkaar beschermen, aanraken en begroeten.' Haar vader brengt een welsprekende toast uit op de gasten en op de enorme steun die hun aanwezigheid Ashley en Stuart zal geven. Algauw is Ashley aan het dansen, en dan danst iedereen. Ed rookt een dikke sigaar. Ik zou willen dat iedereen de hele nacht blijft.

Het bruidspaar vertrekt naar warme tropische eilanden. Mijn zusjes en hun gezinnen gaan in de volgende paar dagen weer weg, we zoeken vrienden op, passen ons aan bij het decrescendo, slaan weer aan het pakken, pakken, pakken, en stappen op het vliegtuig voor de lange tocht terug naar Bramasole, met een tas boeken, herfstkleren en een handvol momenten waarmee we ons hele leven toe kunnen.

Het is eind augustus en het heeft nog steeds niet geregend. In vroeger tijden riepen de boeren met gebeden de hulp van heiligen in. Als er geen regen kwam, werd het beeld van de heilige soms geranseld of in de rivier gegooid, of ze sleepten het de kerk uit en stopten zijn mond vol zoute sardines om hem dorstig te maken. Misschien bestaan er nog wel rituelen, maar dan spelen ze zich af in besloten sfeer.

Ik heb negen zomers op deze heuvelflank in Toscane gewoond. Ik heb hier zo nu en dan winter- en voorjaarsvakanties doorgebracht, en vorig jaar zowaar de hele lente. Nu ga ik hier mijn eerste herfst doorbrengen. De feste van augustus – biefstuk en funghi porcini – zijn voorbij; de straten worden met de dag leger nu de toeristen naar huis gaan. De zon is getemd en verzacht het avondlicht tot een rozegouden gloed. Een vroege herfst; de truffels en paddestoelen en worstjes zijn in aantocht. We pellen al groene Siciliaanse mandarijnen, precies de kleur van een papegaai, en kopen appels die smaken als onze oudste herinneringen aan appels. Primo heeft een lading cement en zand achtergelaten; over een week begint hij met het project. Beppe heeft vandaag cavolo nero, zwarte winterkool, gezaaid en venkel voor volgend jaar klaargezet. Hij heeft het laatste handjevol bonen en nog een mand tomaten geplukt. De hele zomer eten we buiten in de lange schemering, nu zijn de dagen zo kort dat we lantaarns aansteken bij het avondeten.

Vittorio, wiens smaakpapillen altijd op de seizoenen zijn afgestemd, belt om ons uit te nodigen voor een diner met gans, het laatste feestmaal van het seizoen. Zijn stem is de roep van de sirene. Onze afdeling van Slow Food heeft net de gerechten en wijnen van de streek rond Verona geëerd met een diner van acht gangen. 'Ik denk bij gans altijd aan Kerstmis,' zegt Ed.

'Nee, na de zomer moet je geen gans eten. Dan zijn ze te oud, te vet. Nu smaken ze het best.' Dus rijden we over bochtige wegen een heel eind de bergen in naar een trattoria, waar we aan twee lange tafels bij de open haard gaan zitten. Vittorio schenkt de wijnen, zijn traktatie, de rode wijnen van Avignonesi die we zo lekker vinden. We zien de wijnmaker van de edele wijngaard aan de andere tafel zitten en drinken hem toe. De antipasti beginnen, de gebruikelijke crostini, geserveerd met de speciale gevulde ganzenhals. De pasta met dikke *ragù d'oca*, ganzenragout, wordt gevolgd door gebraden gans, veruit de beste die ik ooit heb geproefd. Het geluidsniveau stijgt tot je niemand meer kunt verstaan. Dat geeft niets. We eten alleen maar. De baby in de kinderwagen bij het eind van de tafel slaapt overal doorheen.

Margherita, dochter van signora Gazzini, plunderaarster bij uitstek, komt even langs om zich voor te stellen. Toen ze voorbijreed zag ze toevallig dat de dode palm werd gekapt. We hebben de hele zomer gewacht, terwijl hij zijn uitgedroogde takken een voor een liet vallen.

We vinden het vreselijk om hem te rooien, vooral omdat zijn tien meter hoge maat aan de andere kant van het huis het nog uitstekend doet. De volkomen naakte stam, een soort reusachtige olifantspoot, ziet er bizar uit. Zij keek van beneden, terwijl ik uit het raam stond te kijken. De palm is zwaarder en meer solide dan Ed en Beppe dachten, en ze schreeuwen allebei als hij de verkeerde kant op begint te vallen en een pot met geraniums verbrijzelt. Vanaf de eerste blik die ik op Bramasole heb geworpen, is het altijd een droomhuis geweest. Als ik aankom zie ik dat het toebehoort aan de Etruskische Bramasolemuur, aan Torreone, aan Cortona, aan Toscane. Het onttrekt zich aan mijn greep en is toch van mij – de tegengestelden raken elkaar –, en vergankelijk als mijn bezit mag zijn, het is een heftig en primitief bezit. Ik weet nog dat een vriendin van mij een andere vriendin, die aan het scheiden was, aanraadde: 'Wat er ook gebeurt, geef het huis niet op.' 'Je bent de irrationele macht van de huiselijkheid van een vrouw aan het ontdekken,' zegt mijn vriendin Josephine tegen me. 'Bezit heeft altijd een geheime wortel.'

Over dit alles zeg ik niets tegen Margherita. Aangezien ik net kennis met haar heb gemaakt wil ik niet dat ze me als een soort bergprofetes beschouwt. Terwijl Ed en Beppe het karkas wegkruien, vertelt ze me dat haar moeder soms zes tot acht uur per dag op pad is. Niet alleen verzamelt ze allerlei soorten sla, asperges, slakken en paddestoelen, ze snijdt ook groenvoer voor haar konijnen. 'Ze is iemand die graag buiten is,' legt ze uit. 'We weten nooit waar ze heen gaat – soms zwerft ze gewoon door de heuvels. Ze zwerft haar hele leven al over deze berg.'

Ik heb begrip voor die impuls. Terwijl ik boven langs het dal naar de Porta Montanina van de stad loop, lees ik 'To Autumn', de ode van Keats aan de herfst, en voel ik hoe innig zijn woorden met het onderwerp zijn verbonden. Van alle gedichten over dit jaargetij brengt dat van hem me het dichtst bij de onuitsprekelijke sensatie die over me komt als de zomer naar de dag-en-nachtevening van de herfst cirkelt. De inwendige klok draait ook, een instinctieve wetenschap dat er verandering op til is. Eerder bloeiden de bleke hondsrozen in de berm; vandaag zitten de takken vol hel oranje bottels. Er lijkt een kalmerende sfeer van vrede in de lucht te hangen, terwijl het landschap bruin, amberkleurig, geel wordt en het gras opdroogt tot – wat? De tint van leeuwenvacht, de lichtbruine korst van brood, het goud van een versleten trouwring. Een ogenblik geleden was het gras nog helder groen. 'Seizoen van nevels en gele vruchtbaarheid,' schrijft Keats, en ik zie de nevels in het dal, en takken, zwaar beladen met peren die gevlekt, aangevreten en beurs zijn door toedoen van vogels, bijen en wormen. Ik vind het een leuk idee: het seizoen dat met de zon samenspant om de vruchten en wijnranken 'te beladen en te zegenen'. Ik proef zijn zinnen: 'haren, zacht optgetild door wind die in vlagen komt', de voren 'ingedommeld door de damp van klaprozen', 'vul alle vruchten tot in de kern met rijpheid'. En ja, we denken inderdaad dat 'warme dagen nooit zullen eindigen', dat eerste moment in het gedicht waarop de onschuld van het perspectief licht verduistert. De resonerende aanduiding van verandering en kou huppelt losjes over de tong. En daar is hij zo goed in: hij kleurt de geest met wetenschap, terwijl hij zich tegelijkertijd verlustigt in het jaargetij waarin licht in gouden staven over de weg valt. Als ik door de oude Etruskische poort de smetteloze straten van Boven-Cortona inloop, zie ik een vrouw kleine cyclamen in een pot bij haar voordeur zetten. Roze, wit, purperrood, ze heeft alle kleuren vermengd tot een kleine vlam om haar warm te houden in de koude maanden. Prachtig, zeg ik tegen haar, en ze wijst naar donkergroene pieken en een stevige gele knop die zich uit de grond omhoogwerken. 'De krokussen komen in de herfst terug, maar het is maar voor kort en het zijn er maar een paar.' *We laten ons door de aarde meevoeren, zij en ik.* Vroeg op de zondagochtend zit ik op de trap voor de San Francesco naar de klokken te luisteren, en ik wil niets meer dan het opgerolde gedicht in mijn hand, 5000 lire voor koffie en een taartje in de zak van mijn blouse, mijn nieuwe rode instappers, die zo lekker lopen op de hobbelige straten, aan mijn voeten.

Ook 's avonds zwerf ik rond. Ed en ik zijn naar de stad gelopen om een gelato te eten en hij begint een lang gesprek met Edo over de aanleg van een sproeisysteem. Ons wilde grasveld heeft de zomerdroogte niet overleefd. Ik ben uitgebabbeld en ga vast terug, met een zaklantaarn over de Romeinse weg, dan omlaag naar de met cipressen omzoomde weg die naar huis leidt. Voor hij geasfalteerd was weerkaatste de *strada bianca* het maanlicht. Nu, met het asfalt en de *luna nera*, zwarte maan, is het donker op de weg, want de cipressen lijken al het sterrenlicht in hun massieve vormen te absorberen. Ik streef ernaar om alle cipressen in Toscane te zien. Net als de Californische eiken op het platteland rond de Bay Area, lijken ze voor het landschap te spreken. De kale eiken communiceren met licht, geven hun skeletachtige schaduwen aan de heuvels en hun silhouetten aan de hemel. Maar de cipressen spelen geen spelletjes met het licht. Als ze in de hemel zouden staan zouden ze de zwarte gaten zijn, en als ik in Amerika was, zou ik voor geen geld 's avonds alleen over een verlaten weg willen lopen. Omdat elk van deze bomen is geplant voor een jongen uit de streek die is omgekomen in de Eerste Wereldoorlog, zijn het reusachtige verschijningen, niet alleen qua vorm, maar ook door een stilte die in hun vaste rondingen is blijven hangen, iets van het ongeleefde leven van iedere jongen. De toppen, puntig als zwarte penselen, gaan heen en weer tegen de sterrenhemel. Warm van de klimpartij over de heuvel doe ik alle knopen van mijn blauwe linnen jurk open en laat ik hem achter me omhoogwapperen. *O, was het leven maar een en al gevoel*, heeft onze vriend Keats ook gezegd. De bomen zijn grootse metgezellen. Als er iemand aankomt, hoor ik het, want geluid wordt langs de berg meegedragen, zoals de laatste zucht van de gladiator op de laatste rij van het amfitheater wordt gehoord. De bocht om, en daar verrijst het huis boven de weg, een ruwe vertaling van mijn lichaam in een geluidloze taal van ramen, deuren en steen. Ik denk dat Ed vertaald wordt door de olijfbomen en wijnstokken, die nu doorbuigen onder het gewicht van stoffige purperen druiven.

In de tuin boven de weg zie ik de cipressen een op en neer gaande lijn tekenen tegen een hemel waaruit de wind vanmiddag alle wolken heeft weggeblazen. Vallende sterren boven het dal, sterren die al vielen voor de Etrusken er vanaf deze heuvelflank naar keken. Ik herken het ritme van Eds stappen beneden op de weg. 'Ben je thuis?' roept hij naar boven. Vijf, zes sterren schieten langs de hemel. Ik steek mijn handen uit om er een op te vangen.

DANKBETUIGING

❖

Veel dank aan Peter Ginsberg, mijn agent, en Charles Conrad, mijn redacteur bij Broadway Books. Bijzondere dank aan Dave Barbor, mijn agent voor buitenlandse rechten, en Douglas Stewart, beiden werkzaam bij Curtis Brown Ltd. Het is een genoegen geweest om samen te werken met William Shinker, Trigg Robinson, Kathy Spinelli, Roberto de Vicq de Cumptich, en de hele staf van Broadway Books. Veel dank aan Ann Hauk en John Chick.

Veel vrienden zijn belangrijk voor me geweest toen ik dit boek aan het schrijven was: Josephine Carson, Susan McDonald en Cole Dalton, Ann en Walter Dellinger, Robin en John Heyeck, Kate Abbe, Rena Williams en Steve Harrison, Todd Alden, Toni Mirosevich en Shotsy Faust – er is voor jullie altijd een plaatsje aan mijn tafel. Alle dank aan mijn familie en die van Ed – Bramasoles *portone* zal altijd openzwaaien om jullie te verwelkomen.

De mensen die in Cortona wonen hebben me dit boek gegeven; ik hoefde het alleen maar te schrijven. Bijzondere dank aan Donatella di Palme en Rupert Palmer, Giuseppina Paolelli, Serena Caressi, Giorgio Zappini, Giuseppe Agnolucci, Riccardo en Amy Bertocci, Nella Gawronska, de familie Molesini, Riccardo en Sylvia Baracchi, Giulio Nocentini, Antonio Giornelli, Lucio Ricci, Edo Perugini, en aan onze fantastische buren, de familie Cardinali: Placido, Fiorella en Chiara. We hebben geboft dat we in hun midden zijn beland. Mijn grote dankbaarheid gaat uit naar il Sindaco, Ilio Pasqui, en il Consiglio Comunale di Cortona, die me hebben vereerd met *la cittadinanza onoraria*, het ereburgerschap.

Mijn dank aan de redacteuren van *National Geographic Traveler*, *Attaché*, *San Francisco Magazine*, de *San Francisco Examiner*, de *Lands' End* catalogus, en *Within Borders* voor het publiceren van delen van dit boek in hun uitgaven.

VERANTWOORDING

Voor de haiku op blz. 177 is de vertaling van J. van Tooren gebruikt, uit *Een jonge maan*, Meulenhoff Amsterdam, 1973.

INHOUD

7	Woord vooraf
11	Primavera
23	Bittere groenten van de Toscaanse lente
33	Sfuso: losse wijn
41	De lente volgen: de palmen van Sicilië
66	Een Siciliaans menu
71	Wederopstanding
83	We volgen de lente: het waterige Veneto
101	Dieper het land in
120	De wortel van het paradijs
142	Lentekeuken
152	Cirkels op mijn kaart
176	Uit een geel boek: gedachten over reizen
182	AP
194	Kunst inademen
205	Krankzinnige juli: de gonzende urn
224	Verdwaald in vertaling
238	Anselmo's opvatting over tomaten
248	Kou
256	Ritmo: ritme
281	Dankbetuiging
283	Verantwoording